现代社会工作丛书

杜景珍／著

个案社会工作

——理论·实务

知识产权出版社
www.cnipr.com
中国水利水电出版社
www.waterpub.com.cn

内容提要

本书是“现代社会工作丛书”分册之一，它以社会工作发展的新趋势为前提，全书分13章，分别介绍了个案社会工作的各相关方面，如个案社会工作的理论基础，个案社会工作的基本过程、主要方法和技巧等，个案社会工作的价值理念等。

本书在阐述理论的同时辅以相关实例，既有一定的理论深度，又具有实用性和可操作性，可供从事社会工作的相关人员参阅，也可作为社会工作相关专业师生的教材或参考用书。

责任编辑：张宝林　阳　淼　E-mail：z_baolin@263.net；yangsanshui@vip.sina.com

文字编辑：莫　莉

图书在版编目（CIP）数据

个案社会工作：理论·实务/杜景珍著．—北京：知识产权出版社：中国水利水电出版社，2007.9

（现代社会工作丛书）

ISBN 978-7-80198-971-0

Ⅰ.个…　Ⅱ.杜…　Ⅲ.社会个案工作　Ⅳ.C916

中国版本图书馆CIP数据核字（2007）第113886号

现代社会工作丛书

个案社会工作——理论·实务

杜景珍　著

知识产权出版社、中国水利水电出版社　出版　发行（北京市海淀区马甸南村1号；电话、传真：010-82000893；北京市西城区三里河路6号；电话010-68331835　68357319）

北京科水图书销售中心（零售）　电话：（010）88383994、63202643

全国各地新华书店和相关出版物销售网点经销

北京中献拓方科技发展有限公司印刷

720mm×960mm　16开　20印张　308千字

2007年11月第1版　2007年11月第1次印刷

印数：0001—3100册

定价：**30.00**元

ISBN 978-7-80198-971-0

C·016

南京师范大学社会工作
特色品牌专业建设项目资助

前言

萌发写作《个案社会工作——理论·实务》一书的想法大约是在2000～2001年间，那时我讲授“个案社会工作”课程已有五六年。一方面，经过多年的努力，我阅读了大量的专业书籍，有了一定的理论积累，觉得需要对现有的教材作些补充；另一方面，多年来我带领学生去机构进行的实习或服务，以及自己利用业余时间所做的一些个案服务，使我在理论知识增长的同时也获得了对本土社会工作的一些了解和来自亲身经历的实务体验——因此，我想把自己的一些体会和领悟写入教材中。

2002年，我有幸得到美国亚洲基督教联合董事会（简称为亚联董）的资助，前往多伦多大学社会工作学院做为期近1年的访问学者，这1年是我的社会工作学习生涯中具有重要意义的1年，我随多伦多大学的研究生班听了不少课，又去当地的许多机构参观和考察，获得了大量的感性知识，最令我激动的是多伦多大学的社会工作方面的丰富藏书，它们大大满足了我的求知欲。在多伦多的近1年时间里，我深深感受到了我们国内教材中的基于西方文化的社会工作理论和方法是如何与西方国家的历史、国情和文化相贴合的。给我印象很深的是我在某儿童保护机构见习时看到的情况。该机构是针对那些父母因虐待孩子或其他原因（例如吸毒、婚姻暴力）不能履行亲职行为而被暂时剥夺监护权的儿童的保护机构，该机构规定，每个在机构的孩子必须拥有一本小册子，小册子上面详细规定了孩子的各种权利和义务，还告诉孩子，如果他对机构工作人员感觉不满应该如何寻求律师或其他人的帮助。机构要求社会工作者协助儿童，以他们能理解的方式告诉他们小册子上规定的内容。这本小册子上的内容以及我在该机构的所见所闻让我对社会工作伦理中关于案主的知情权、自决权及以案主为中心等方面的内容感到非常亲切和具体。

反观我国类似的儿童机构，虽然保护儿童的出发点是相同的，但我们能让一个孤儿院里的孩子知道这么多吗？我们会告诉孩子他有哪些权利，告诉他如果他感觉工作人员不好，感觉他的权利受到侵害时他该打什么电话，找谁帮助吗？在我国的类似机构里，孩子们更多地被要求充满感激，本属于他们的一些权利似乎常常是由管教他们的大人来行使的，孩子们个人的声音似乎是不重要的。显然，我国的国情与社会工作发源地的西方发达国家有很多的不同。国内已出版的图书中介绍的很多理念、方法和技巧大多基于西方文化背景并与西方国家的国情相吻合，虽然有些价值理念，例如，相信人人有天赋的权利和尊严、应该得到平等对待等，应该是全人类共享的财富，但在具体的运用过程中，因为文化背景、政治制度、经济基础、福利政策和现有服务传递体制等方面的不同，中国的社会工作者会面临许多与西方同行不一样的挑战。在加拿大时，我具体地、深深地感受到了这种差异，因此，尽管我感觉在加拿大的这 1 年，自己在理论知识和技巧学习方面有很大的收获，但回国后却不敢马上动笔写作，我希望我的书能融入我对基于西方的社会工作理念和方法如何在本土条件下运用的思考。

于是，在 2003～2007 年的 5 年里，我带领学生在十七八个不同的社会工作机构（包括社区）实习或服务，这些机构涵盖了社会工作行政机构、社会工作实务机构和社区。我希望通过进一步地熟悉并理解本土现有的社会工作并通过参与一些机构的工作，来深入理解专业社会工作在我国的运用，在此基础上再撰写《个案社会工作——理论·实务》。经过 5 年的探索，我深深地感到，以自己目前的学养，无法完成自己心中所想的那本基于中国国情又融合了西方现代社会工作理论、方法和技巧的本土化了的《个案社会工作——理论·实务》。诚如王思斌教授所指出的，目前中国的社会服务机构所从事的社会工作是“行政性、半专业化的社会工作”[1]，如果按照本土（准）社会工作系统来写，则无法与世界社会工作的专业术语接轨，但如果要在吸收和借鉴西方专业社会工作理论和方法的同时，坚持根据本土的个案社会工作的经验，写出一本既符合专业社会工作理论和方法又贴近中国经验并具有中国特色的个案社会工作著作又是我个人目前力不能胜任的，我想这恐怕需要一大批一线的中国社会工作者和社会工作研究者10年、20年甚至更长时间的艰苦努力和携手合作才有可能接近这个目标。

但是，在与本土的社会工作机构的接触乃至参与其中的某些工作的过程中，我又强烈地感到基于西方的社会工作理念、方法和技巧在本土的运用中并不是想象中的那么困难。实际上，作为受助者的案主是欢迎那些以案主为中心、充满了强烈的人文关怀色彩的专业理念和方法的，来自一线的实务工作者在接受培训时也肯定了专业方法的好处和意义，只是我们目前尚缺乏与运用专业方法相匹配的一套服务传递体制，因而削弱了专业社会工作方法运用的范围和力度。尽管如此，我们仍然能够看到，即使在现有的服务传递架构内，专业方法仍然有着很大的运用空间，只是我们现在多数的实务工作者还缺乏系统、有效的专业训练，相应的制度也不健全，无法全面地运用专业的方法和技巧。

本书旨在为试图运用社会工作专业方法和技巧的社会工作者提供必要的专业理念、比较详细实用而又常用的一些专业个案社会工作方法和技巧的介绍，这些理念、方法和技巧虽然源于西方，但正如上文所说的，其基本理念是全人类应该共享的价值，而基于这种理念上的方法本身就十分强调尊重不同的文

---

[1] 王思斌．试议我国社会工作的本土化．社会学，2001.7.

化和尊重个别性，因此具有很大的弹性和适应性，而书中的示例则大多来自作者与本土社会工作机构接触或参与的一些服务活动的经历，从中读者可以看到专业方法的适用性。我相信，只要我们在学习这些理念、方法和技巧的同时，坚持从实际出发，因地制宜，这些方法的基本原则就一定可以为我国的社会工作者提供有用的参考。

作　者

2007 年 8 月

目录

第一章 个案社会工作的基本概念

第一节 个案社会工作的含义

古人有言，人生不如意者十之八九。的确，在每天的日常生活中，都会有许多的社会角色或者社会任务期待着人们去完成，例如，学习如何做称职的父母、配偶、子女、学生、雇员、同事或是老板等。人们在履行这些角色的过程中，常常会遇到一些困难或问题：可能是夫妻不和，婆媳矛盾，孩子学业不佳并迷恋网络或偷盗、吸毒；也可能是人际关系不良，上司不欣赏，同事不理睬，没有知心朋友，以致情绪低落，失去生活的信心和意义；还可能是家人生病却无钱医治，农村孩子随父母移居他乡却无法进入当地公立学校读书等，不一而足。

这些生活适应或社会角色履行中的困难、问题和需要，在任何社会、任何时候都可能会发生。很明显，个人和家庭需要一些立即的、有针对性的协助，以使他们正常地发挥社会功能。个人和家庭遇到的困难和问题可以通过不同的途径去解决，而关心、同情当事人并协助其解决问题的人也很多，例如家人、朋友、同事、教师、医生、心理师、律师以及社会工作者等——其中，只有社会工作者是广泛面对社会的各阶层人士，全面评估当事人感觉的问题和需要、当事人的资源及不利于其功能恢复的障碍并直接协助其处理各种复杂问题；其他的助人者往往只针对某一问题或一个问题的某一方面进行帮助。

传统上，西方在 20 世纪六七十年代以前，社会工作是根据使用的方法或实施的领域进行分类的，因而，社会工作者被分为个案工作者、团体工作者、社区组织者、儿童福利工作者和学校社会工作者等。其中，以社区居民和整个社区为工作对象的是社区社会工作；以小群体为工作对象的是团体社会工作；而以个人或家庭为工作对象的则被称为个案社会工作。个案社会工作在当时主要由个案社会工作者通过不同的协助方法，借助机构力量协助个人、夫妻或家庭更有效地应对问题、挖掘潜能并恢复社会功能。虽然团体社会工作的案主群体比个案社会工作的更广泛，但其目标仍然着重于个人的问题。这种工作方法在20世纪六七十年代的美国民权运动中受到广泛的质疑。许多少数民族群体、低收入者群体和被压迫的弱势群体都对当时的社会工作提出批评，认为社会工作者并没有满足他们的需要；在社会工作界内部，激进理论和系统理论的拥护者也不满心理动力等理论只专注于案主内在系统，没有回应社会工作中的“社会”部分，不重视社会结构和外在环境对导致案主困难和问题的责任。所以，在20世纪六七十年代，戈登（Gordon）和巴特莱特（Bartlett）等尝试以较有包容性的“社会工作”一词来取代过去所使用的名词。而发轫于20世纪70年代的“结构社会工作”理论认为，社会问题的根源在社会结构之中，因此，改变的焦点应主要在社会结构而不应仅仅在个人。自此以后，“个案社会工作”一词在欧、美等西方国家的使用逐渐减少，更广泛运用甚至取而代之的是直接社会工作或临床社会工作。[1] 进入20世纪90年代以后，生态系统理论已经发展成为社会工作实务的主要理论基础，与之相适应的“通才取向的”社会工作遂成为社会工作的主流。

随着系统理论和生态理论成为社会工作的主要基础，通才社会工作（general social work，有的书中译为“普通社会工作”或“总体社会工作”）的概念被社会工作界普遍接受，现在人们不再把三大社会工作方法看成是彼此独立、截然分开的，而是将它们看作通才社会工作实务中的有机组成部分。

本书所指的个案社会工作是通才取向的社会工作实务的一个主要组成部分，确切地来说它应该被称为“通才取向的个案社会工作”[2]，为

---

[1] 这是一个有争议的话题，请见：威廉姆·法利，拉里·L. 史密斯，斯科特·W. 博伊尔．社会工作概论．隋玉杰等译．北京：中国人民大学出版社，2004.6；Dean H Hepworth，Ronald H Roonep，Jo Ann Larsen. 许临高主编．社会工作直接服务．台北：洪叶文化，1999.36－41.

[2] 所谓“通才取向的个案社会工作”此处意指，虽然个案社会工作者基本上是与个人和家庭打交道，但在分析案主感觉的困难和问题的成因、制定并实施干预目标时，通常把案主放到系统（微观、中观和宏观）中去考虑，也常常需要群体或社区协同作出努力。从具体的方法和技巧而言，本书主要着眼于微观层面。请参见威廉姆·法利，拉里·L. 史密斯，斯科特·W. 博伊尔．社会工作概论．隋玉杰等译．北京：中国人民大学出版社，2004.64.

方便起见，本书中仍称之为个案社会工作，它是传统意义上的个案社会工作的继承和发展。关于个案社会工作的定义，在其近百年来的发展历程中，随着社会的变迁、观念的变化，专家学者有不同的界定，足有几十种，兹介绍几种比较有代表性的定义，如表1-1所示。

表1-1　有关个案社会工作的主要定义

定义提出者与时间	定　义
芮奇蒙（Mary E. Richmond），1922年	个案社会工作包含着一连串的工作过程，它以个人为着手点．通过对个人及其所处的环境进行有效的调适，以促进其人格成长
鲍尔斯（Swithum Bowers），1949年	个案社会工作是一种艺术，这种艺术以人际关系的科学知识与改善人际关系的专业技术为依据，启发与运用个人的潜能和社区资源，促使案主与其所处环境之间有较佳的适应关系
斯梅丽（Ruth E. Smalley），1967年	个案社会工作是一种（社会工作）方法，这种方法通过一对一的（专业）关系，促进案主运用各种社会服务，以增进其个人和一般（社会）的福利
霍丽斯（Florence Hollis），1972年	个案社会工作是一种心理暨社会调适方法。个人社会功能的丧失或不良是因同时受到案主本身内在心理和外在社会环境的影响，所以，个案社会工作的目标是个人内在需要的满足和个人社会关系的协调
《中国社会工作百科全书》，1994年	个案社会工作是社会工作中的一种基本方法，单以个别方式，为感受困难、生活失调的个人或家庭（案主）提供物质帮助和精神支持等方面的服务，以解决他们的问题，增强其社会适应能力
翟进和张曙，2001年	个案社会工作是由专业社会工作者通过直接的、面对面的沟通方式，运用有关人类和社会的专业知识和技术，对个人或家庭提供心理调整和环境改善等方面的支持和服务。其目的在于协助个人和家庭充分认识自身拥有的资源和潜能，完善人格和自我，增进其适应社会和解决困难的能力，从而达到个人或家庭的良好福利状态
许莉娅，2004年	个案社会工作是专业社会工作者遵循基本的价值理念、运用科学的专业知识和技巧并以个别化的方式为感受困难的个人或家庭提供物质和心理方面的支持与服务，帮助个人或家庭减低压力、解决问题和挖掘生命潜能，不断提高个人和社会的福利水平

以上有关个案社会工作的定义，虽然在强调个案社会工作的特征方面有所区别（例如，芮奇蒙的过程说，鲍尔斯的艺术说，斯梅丽的工作方法说，霍丽斯的心理暨社会调适说，以及翟进和张曙的直接的、面对面的沟通方式说），但是对个案社会工作助人本质的认同没有差异，所不同者在于对案主性质的认识。虽然各个定义中没有明确指出这一点，但其中有些定义暗含了对案主性质的假设，例如，在芮奇蒙、霍丽斯的定义中，案主本人可能是“成问题的”，所以需要通过努力以达到增进（完善）其人格（或自我）等目的；《中国社会工作百科全书》和许莉娅的定义中用“感受困难”的个人或家庭（案主）一说较好地避免了“问题案主”的假设；鲍尔斯的定义没有像其他一些定义那样强调案主要适应社会或环境（也避免了“问题案主”的假设），而是表述为“促使案主与其所处环境之间有较佳的适应关系”，应该是一种更好的定义，因为它可能包括案主和环境双方的改变，而不仅仅让案主改变。本书在前辈和同行定义的基础上提出以下定义：个案社会工作是由专业社会工作者通过直接的、面对面的或间接的多方面的干预和服务，运用有关人类关系和个人（或家庭）发展的各种知识和技术，艺术化地帮助个人或家庭预防或解决案主的困难或问题，以使个人和家庭有效地发挥社会功能或与所处环境之间达成良好的适应关系。该定义中的“间接的多方面的干预”，一方面，回应了上文关于“问题案主”的假设，我们认为，尽管有些需要帮助的案主可能本身有一些人格上的或其他社会适应方面的不足，但正如社会工作终极目标所诉求的“社会公平和正义”本身所暗含的，案主之所以陷于困难或问题情景中，常常可能是社会政策或制度安排中的某些不合理因素所致，所以社会工作者干预的重点有时在于改变一些对案主不公平、不合理的政策或制度（这也是本书第十二章中“个案倡导”的题中之意），而这应该属于间接干预的方法。另一方面，个案管理等方法的运用，也已经证明在个案社会工作中，有些案主需要多方面的干预和服务。本书的这个定义体现了通才取向的个案社会工作的特征。

近年来，个案社会工作理论与实务有一个新趋势，即强调对多元文化和性别差异的敏锐感知力，认为种族、民族、地域、性别和文化是影响一个人的态度、身份、选择和机会的重要因素。

示例

10 岁的小鹏是一个 1 年前随打工的父母从农村进城的 3 年级孩子，有一个 12 岁的姐姐。他在老家学习成绩很不错，半年前，父母花了他们近 3 个月的打工收入作为赞助费，让小鹏进了城里一家比较不错的小学，他们一心想让儿子受到较好的教育以改变门庭，希望下一代不再像他们那样辛苦和受人欺负。但是，小鹏到了新学校后并不快乐，他浓重的家乡口音常常无法让老师和同学们明白他的表达，他读英语时的口音被同学说成是“国际口音”，常常引得哄堂大笑，这使他感到很窘迫。因为与老家的课本不一样而落下的课程没有人能给他补上。郊游时，城里的孩子带着从超市买的汽水、巧克力和面包等各种好吃的东西，而他只能吃妈妈烙的大饼和家里烧的白开水，同学们互相交换好吃的，令他又害羞又羡慕。最要命的是，到了城里，他的考试成绩总是排在最后几名，老师常常当着大家的面说农村的孩子就是不一样，同时还对他父亲说最好给他请个家教，而这是他的家庭无法承担的。他哭着对父母说再也不愿去上学了，要求回到原来的民工子弟学校去，气得他父亲经常呵斥他没有出息。后来，小鹏表面上不再闹了，但却再也提不起对学习的兴趣，原本活泼的小鹏现在在学校里几乎不说话，很是孤独。

很显然，对于小鹏来说，他的问题恐怕主要不是学业问题，而是与环境的互动问题。单纯地如他老师所说的请家教，是无法使他恢复对学习的兴趣和体会到上学与小伙伴们在一起的乐趣的。他需要一个对他的情况进行全面评估并作出干预的社会工作者来帮助他与现在的学校环境达成良好的互动。这个社会工作者需要做的工作可能包括：鼓励小鹏，给他以精神支持，并告诉他，面临城市学校和家乡学校之间巨大的反差，他出现一些不适应是很正常的，但是需要花费一些时间努力学习去慢慢地调适，以此来减轻他的紧张心理；如果有需要，还可以安排一个大学生义工帮助小鹏补课，并由社会工作者教以适当的社交技巧以应对在学校里面临的排斥；与小鹏的父母沟通，帮助他们理解孩子面临的适应困难和需要，增加亲子沟通的技巧；与小鹏的老师交流，以增加老师对小鹏的理解、接纳和支持，并通过老师影响同学；直接对小鹏的同学开展一些意识提高活动，增加同学对小鹏的理解、接纳和支持。

这个社会工作者如果进一步了解到像小鹏这样的孩子在本校或本社区（社会）还有不少，他可能还需要通过媒体或其他途径为小鹏和类似的孩子呼吁倡导，以增进社会对这个群体的了解、接纳和支持，为类似小鹏的孩子创造一种宽松、接纳和支持的社会氛围。

上面的例子基本上包括了当今通才社会工作的一些基本要素：用系统的视角把案主放到他所处的环境中，全面评估影响案主的内外在因素，通过直接和间接的多方面的干预和服务，促使案主恢复功能或预防社会功能的缺损，最终使案主与环境之间达成良好的互动。

第二节　个案社会工作的历史演进

社会工作作为回应当时社会忧虑和需要的产物，决定了它是一个不断成长和发展的专业，对忧虑和需要的回应总是受当时的事件、社会思潮、知识基础和社会福利政策等因素的影响。社会工作作为一个不算古老的专业，在适应时代需要的过程中，也经历着知识、价值和技术（技巧）的变化和发展，所以，它不像自然科学领域的发明（如避雷针或电脑）那样可以有一个确切的出现时间。它是一个逐渐演进的过程，其上限可以与人类的诞生同时。人类为了生存，具有自助和互助的本性，但严格地来说，只是付出爱心和关怀，不能算是个案社会工作。英国在16～17世纪就已经通过个别甄别的办法，来对乞丐、游民和其他贫民进行分类并作出相应的处理和援助，例如，1601年伊丽莎白女王颁布的《济贫法》将贫民分为能工作者、不能工作者和失依儿童三类分别给以救助。这种对于不同的对象和不同的状况给以区别对待的方法，勉强可以说有个案社会工作的意味。

西方工业革命后，人权获得发展，个体趋向独立，个人获得了一定程度的自由，但同时也失去了原有的基本保障，在遭遇困难和问题时，就必须要有家族以外的人来关怀。于是，政府或民间从事救济的助人者运用一定的方法来帮助社会上需要帮助的人，就有了个案社会工作的雏形，但是早期的助人服务主要是围绕贫困问题的物质资助，对个人情绪的困扰缺乏关注。

为方便起见，以下通过回顾对社会工作的产生具有重要影响的一些人物、事件和组织（或机构）来勾勒出个案社会工作发展的历史轮廓。

■个案社会工作方法的萌芽期：个别化方法的运用和助人自助理念的初步确立（19世纪初～20世纪初）

最早对个案社会工作有革命性贡献的先驱可能是英国格拉斯哥特龙教堂（Tron Church）的牧师托玛斯·查默斯[1]，1814年他在特龙教堂当牧师时，曾访问全体居民，晚间在学校或公共场所与贫民晤谈，设立主日学校与每家接触，了解个人工作能力、生活习惯与家庭经济。1819年到圣约翰教堂任职时，他创造了“程序指引”的救济理论，通过了解案主工作能力的高低、亲朋支援的有无以及居住的时间等，来作为救贫助弱的起点。他强调从激发受助者的道德感入手，以了解、唤醒和激励案主的自尊心、进取心和道德意识为原则，最终达到案主的自助。他同时强调对每个个案的调查和个别处理，以提供适合求助者个别需要的救助。强调个别化，强调在对案主能力和资源了解的基础上的救助，以及不仅仅给以物质援助，而且给以道德激励和鼓舞，重视案主自助等方法和原则，就成为了个案社会工作方法的嚆矢。

1835年，唯一神教派牧师约瑟夫·托克曼（Joseph Tuckerman）受托玛斯·查默斯著作的影响，组织“波士顿预防贫穷协会”，采用了托玛斯·查默斯很多个别化工作方法中的原则，那些原则贯穿于查默斯与贫困家庭、义务访问员的工作中，也体现于合作筹款及社会行动工作中，托克曼自己的著作又影响了后来慈善组织的发展。[2]

成立于1843年的美国“改善穷人状况协会”（Association for Im-proving the Poor），也以个别化的方式解决贫困问题。该协会的目标是“访问穷人的家庭，向他们提供辅导，在其切实努力获取工作的时候给以协助，鼓励他们的自尊和自立，教他们勤俭之道、勤奋和吃苦耐劳”，在绝对必要的时候向他们提供适合其需要的救济——这进一步发展了个

---

[1] 托玛斯·查默斯（Thomas Chalmers，1780～1847年），苏格兰人，其祖父和父亲皆为商人。他生长于节俭、家教严并且自信良好的家庭，后成为苏格兰神学家和道德教授，但他对数学和化学有浓厚兴趣，曾出版过政治和经济学等方面的专著。他首创了救济是助人自助的理论，并将理论付诸实践，其中许多理论在后来被用作帮助穷人的指南。

[2] Barker R L. Social Work Dictionary. 3rd. Washington，D. C.：NASW Press，1995.

案社会工作方法。

1869 年，慈善组织协会（Charity Organization Society，简称 COS）在英国伦敦成立，随后在英国其他城市以及美国和世界其他各地纷纷成立。这一组织的工作主要是对申请救济的人进行调查并确定其需要，统一登记、记录并跟踪，发放救济，并通过“友善访问员”（主要是中上层社会经济地位的妇女志愿者）在进行物质帮助的同时，也教以生活技巧、节约意识并进行道德规劝。

友善访问员在深入调查案主的过程中，发现贫民并不是他们原先想象的那样都是由于个人道德上、能力上存在缺陷和不足，这些贫民应该被区别对待。这一时期的“全国慈善与矫治会议”上发表的各种论文都明确阐述了个别化的原则。其中有论文的作者认为“贫困者和那些陷入比贫困更糟糕的麻烦中的人，并没有足以把他们归为一类的共同的生理上、智力上或是道德上的特征”[1]

友善访问员在进行访问和调查的过程中逐步认识到，要想使助人有良好的效果，必须对助人者进行培训和督导。最早对个案工作者进行培训的记录出现于 1879 年的 COS 年度报告中。1890 年之后，培训内容不仅有讲课和讨论，而且还有实务训练，并且也不仅注重对案主的物质状况和生活环境的了解，而且开始注意了解案主思想形成的过程和行为机制。1893 年，在英格兰，由济贫院和慈善组织协会建立了一个两年制的“慈善学校”，开了社会工作教育与培训之先河。[2]

在慈善组织运动的影响下，1905 年，第一个家庭福利会成立，之后以玛丽·芮奇蒙[3]和弗朗西斯·H. 麦克莱恩（Frances H. McKlean）为

---

[1] 威廉姆·法利，拉里·L. 史密斯，斯科特·W. 博伊尔. 社会工作概论. 隋玉杰等译. 北京：中国人民大学出版社，2004. 66.

[2] 王思斌. 社会工作概论. 北京：高等教育出版社，1999. 81，304.

[3] 玛丽·芮奇蒙（Mary E. Richmond，1861～1928 年），生于美国，幼时父母即死于肺结核，由生活在巴尔的摩的外婆带大。高中学历的她于 1889 年开始其社会工作生涯，当时在巴尔的摩慈善组织协会做临时性的会计工作，因能干在 2 年后升为该协会的总干事。她有 3 部著作出版：《在穷人中进行友好访问》（1899 年）、《社会诊断》（1917 年）、《什么是个案社会工作》（1922 年）。1921 年，她被史密斯学院（Smith College）授予文学硕士（荣誉）学位，以表彰她建立了一个新专业的科学基础。请见：Haluk Soydan. The History of Ideas in SocialWork. Birmingham：Venture Press，1999. 77-95.

先驱的家庭服务组织数量迅速超过300个，向成千上万的当事人提供个别化服务。[1]

由于慈善组织协会在当时的广泛影响，到19世纪中期以后，以个别化方法助人已经得到普遍的认同。虽然个案调查和个别化的救助以及兼顾物质救助和精神支持的方法与专业的个案社会工作还有一定的距离，但是在方法上已经可以被视为现代个案社会工作的雏形。

“个案社会工作”一词，最早可能是由纽约慈善组织协会早期的一个秘书爱德华·T. 德温（Edward T. Devine）首创的。[2] 1897年他在一篇文章中第一次采用了该词，几年后，玛丽·芮奇蒙写了几篇文章，描述了可以运用于个案社会工作框架中的方法，但她没有用到这个词。1911年又有几位社会工作领域的著名人物用到该词，自此以后，该词得以确立。但是，该词的流行主要归功于玛丽·芮奇蒙的著作，她的著作已经影响了好几代人。

玛丽·芮奇蒙是个案社会工作实务理论的第一个陈述者，她的伟大在于她早期对这个学科的理论和方法的贡献。她于1917年出版了《社会诊断》一书，这部著作实际上发展了一种科学的方法指南——它借鉴自然科学的方法，可以称之为实证主义，导向社会诊断的过程，从而开出对案主的处方计划——其要点如下：

（1）对案主证据的收集。

（2）对案主家庭证据的收集。

（3）对家庭以外相关环境的证据的收集。

（4）不同来源的证据的比较。

（5）证据的诠释。

芮奇蒙在《社会诊断》中实际上发展出了一个评估结构的最初框架，但她不是用评估，而是用“诊断”这个医疗术语，开了社会工作医疗模式的先河（关于该模式的特点，详见本书第四章有关医疗模式与生态模式之比较部分）。芮奇蒙对诊断的界定是：尽可能精确地界定案主

---

[1] 威廉姆·法利，拉里·L. 史密斯，斯科特·W. 博伊尔．社会工作概论．隋玉杰等译．北京：中国人民大学出版社，2004.66.

[2] Haluk Soydan. The History of Ideas in Social Work. Birmingham; Venture Press, 1999.89.

所处的情景（Situation）和人格，即弄清与案主有关的所有人的情况以及与案主社区的社会情形有关的方面。

《社会诊断》一书的出版被公认为是社会工作（个案社会工作）专业化的开端。1922年丙奇蒙又出版了《什么是个案社会工作》一书，进一步发展了她的理论框架，阐释了个案社会工作的原则、步骤，其中包括调查、诊断和处置。

芮奇蒙的著作都基于她的一个基本假定：社会问题的原因主要在个人——或者是因为个人道德上的不足，或者是由于缺乏对社会资源的合理利用。仔细、通盘并系统地对那些有需要的人的服务证据进行调查，然后把所有证据汇集以便工作者能够得到一幅精确的关于案主所处情景的全景图（picture），是社会工作过程的核心，这就是“科学的慈善”。因此，到玛丽·芮奇蒙时期，人们发展出一种共识：助人是科学的，科学又是建立在事实基础上的，而事实则导向答案。因此，关于如何助人的答案就在于对事实的收集上，从而发展出了对诊断（评估）的格外的强调，这种对诊断的重视也是当代社会工作所强调的。

■个案社会工作理论和方法多元纷呈时期（20世纪20～60年代）[1]

在弗洛伊德精神分析学派创立以前，个案社会工作者忙于调查、取证，希望借此能够弄清案主陷入困境的原因，并根据当时对案主的主要假设，即他们有个人道德和行为上的缺陷和不足，来进行劝告和说教，常常不考虑案主本人的看法和想法，便代替他们做许多事。

弗洛伊德精神分析学派的发展，为工作者提供了一个崭新而神秘的潜意识领域，在这一学派看来，人类行为由潜意识而引发的动机比由意识引发的动机更多。这一发现，使社会工作者对个人治疗的方法产生了很大的变化。在第一次世界大战后的十余年间，工作者对诊断的理解已经发生变化，原因在于弗洛伊德的精神分析法对社会工作者的影响。与聚焦于社会条件不同，工作者更多地关注个人经历的价值和意义，关注

---

[1] Louise C Johnson, Robert W McClelland & Carold D Austin. Social Work Practice - AGeneralist Approach. Canadian Edition. Allyn and Bacon Canada. 2000. 20－31.

的中心在于个人，包括行为、态度和关系的详细研究，尤其强调儿童时期的经验。与前一时期强调收集社会情景资料不同，个案工作者主要依赖那些对案主经历有意义的信息，通过仔细与案主交谈，来获得理解案主情况所必需的资料。对于治疗，这一时期重点强调工作者和案主的关系，有意义的互动被认为是对理解案主和发展治疗至关重要的一种经验分享。

经历了20世纪30年代的大萧条和第二次世界大战，人们逐渐认识到社会因素对个人问题形成的影响，这让社会工作者又回到对社会和现实因素的考虑上。这一时期，以美国宾州大学教授奥托·兰克（OttoRank）为首，加上后继者宾夕法尼亚大学的约瑟·塔夫特（JessieTaft）和维吉尼亚·罗宾逊（Virginia Robinson）等人形成的“功能派”，认为人的行为受个人意志的影响，一个人有了意志就可以控制并组织他的行为。20世纪30～50年代是功能派发展的鼎盛时期，该派强调这样一种策略：在有限的时间里着力解决机构功能所及范围内的那些问题。该派不把案主看成是病态或偏差的人，而是看作一个要求特别的服务的人，它不是导向治疗，而是导向“工作者与案主一起工作”，认为当专业关系发展，个人之间开始互相影响时，变化的机会就出现了。20世纪三四十年代，另一个重要的理论家、哥伦比亚大学的戈顿·汉密尔顿（Gordon Hamilton）在其所著的《个案社会工作的理论和实践》（1940年出版，1951年修订）一书中提出了个案社会工作理论，以“诊断”的概念闻名。1940年，她对“诊断”一词的解释是：“理解问题本身及有问题的个人的一个操作性假设”，此外，她还认为诊断包括案主对情景的个人解释。

这个对诊断的解释导向了“人在情景中”这个概念的发展。她把情景看成是评估性的而不是治疗性的，认为评估考虑案主可得到的资源并且清楚认识到问题与个人和社会都有关。戈顿·汉密尔顿经典而系统的陈述大大影响了以后的实践，成为20世纪60年代心理社会学派的先导。

在20世纪60年代末，海伦·波曼（Helen Harris Perlman）在其《个案社会工作：一个问题解决过程》（1957年）一书中提出了一个新的个案社会工作理论，被称为“问题解决学派”。在许多方面，这个新的理论是诊断派和功能派的混合，标志着两派分歧的终结。波曼把个案社会工作看成是一个问题解决过程，其中案主和工作者的关系是至关重要的。她的关注点在于人格的自我功能，适应则被视为重要的自我功能的一部分，而应对（coping）是“人在情景中”的观点的一个方面。

■新的理论和方法继续发展并走向整合（20世纪60年代初～70年代中期）

20世纪60年代初～70年代中期是美国社会动荡时期，诸如学生运动、黑人运动和女权运动等各种民权运动风起云涌，新的问题领域和新的案主群体的出现需要新的理论和方法去发展新的服务。在这一时期，系统理论成为所有社会工作的重要理论基础。随着新的服务的演进，新的案主群的出现，人们发现这些案主并不能很好地适合传统的个案社会工作、团体社会工作和社区社会工作的范畴，因此，需要一个整合的方法来回应这些案主呈现出的复杂的问题和情景。于是，整合了微观、中观和宏观层面的社会工作的通才方法应运而生。

这个时期的另一个趋势是，许多新的实践方法的发展大多聚焦于一些特别的需要。这个趋势开始于20世纪60年代，家庭成为一个被关注的单位，家庭治疗模式随之出现。同时，危机干预、行为修正、任务中心和社会行动等模式都得到发展，它们既丰富了工作者的选择，又恰当地回应了当时许多新的需要。

■重视文化、种族和性别因素时期（20世纪70年代中期～90年代初）

20世纪70年代中期～90年代初，西方主要国家正处于一个萧条、失业和重建社会福利公共角色的时期，这是人们关注无家可归者、艾滋病人、药物依赖及和平与正义的时代。评估被看成是动态的，其中不仅特别重视文化和种族因素对个人、家庭行为和案主使用帮助的能力的影响，而且关注性别对个人发展和行为的影响。

系统理论和通才方法几乎被普遍地接受。女性主义视角已出现，即强调承认案主系统的社会、政治压力，增权于案主，努力去改变案主的环境体系。

■增权和个案管理的出现（20 世纪 90 年代至今）

20 世纪 90 年代以后，增权[1]不断被强调为一个目标或实践策略支持生态范式；个案管理由边缘状态逐步发展成为个案社会工作领域一个独立而重要的模式；同时，女性主义方法开始被一些社会工作者应用于许多案主群体。

第三节　个案社会工作的构成要件[2]

个案社会工作是个案社会工作者根据国家有关的制度、法律和法规所从事的一种有目的、有组织的服务活动，工作者必须秉持专业价值，把专业知识和方法以适当的方式传递到有需要的人群中。因此，它与一般的助人活动有区别。一般来说，无论工作者依据的学派如何，工作方式如何，只要是个案社会工作，大多包括案主、问题或需要、工作者以及机构等要件。以下就个案社会工作各构成要件及其内涵作一些探讨，以进一步帮助理解个案社会工作。

■机构

机构是以提供非营利性服务为目的的组织，可以是公立的，也可以是民间开办而得到政府有关部门批准认可的。它至少应该有一个以上的工作人员，有固定的办公场所，可以使工作者与当事人在机构的目标下建立专业关系。机构应该有自己独特的服务对象或群体，有一定的经费来源，同时，还必须有一套可操作的规章制度规范员工的服务活动。条件许可的最好还应该设有督导制度，以更好地引导实务工作者，引导案主发挥自我功能，也会同工作者利用社会资源，依托机构的信誉，吸引社会各界人士，提供精神和物质等多重支援。借助机构以提供个案服务也是专业社会工作不同于社会一般人做好事之处。

---

[1] 增权概念出现于 20 世纪 70 年代，但是作为一种普遍的策略和行动，则主要出现于 20 世纪 90 年代。具体内容详见本书第七章。

[2] 参考：蔡汉贤主编．个案工作原理与实例研析．台北：台北市社会福利学会印行，1979.13.

■案主

案主（client）[1] 是接受个案社会工作专业服务的人。他们有不同的称呼，有称为当事人的，有称为服务对象的，有称为顾客（customer）的，也有称为合作者（partner）的。本书在不同场合交换使用这些不同的称呼。案主又分为自愿性案主和非自愿性案主：自愿性案主是指那些遇到困难和问题，依靠自己的力量无法解决，自愿向有关服务机构申请并符合机构所规定的资格的求助者，他们应该有自决的认识，并有责任参与到问题解决的过程中；非自愿性案主一般是一些违反了法律、法规或道德规范而对本人或他人造成危害但又不愿意主动求助的人，如一些家庭暴力的施虐者、非行少年和吸毒者等，工作者为了挽救案主本人或保护被案主侵害的他人而主动出击。

■问题或冲突

问题或冲突是工作者和案主共同关心的核心所在。案主必须要感到有不适应的问题或冲突：冲突，既可以是自己内心的冲突，也可以是自己与他人的冲突或与制度的冲突；所谓的问题，既可以是情感方面的，也可以是经济方面、就业方面以及行为方面等，但问题中或多或少都蕴含着意念上的冲突。

■个案社会工作者

个案社会工作者常常统称为“社会工作者”或简称“社工”，这里指负责处理个案的工作者。他们有固定的责任，担当一定的角色，秉持社会工作的专业价值，拥有相关的专业知识和技巧，对案主有尊重、接纳和保密等专业信守。在社会工作发展成熟的国家和地区，一个社会工

---

[1] 对于案主的称呼常常反映着社会工作者不同的理念。顾客之称强调了案主作为一个消费者公民有权选择并要求得到高质量的服务——Fred Powell. The Politics of SocialWork. London; Sage Publication Ltd，2001. 136。合作者之称，则是为了与传统医疗模式把案主病态化相区别，强调案主是一个有力量、有潜能改变和成长的人，应该参与到对自己问题的解决过程中，与社会工作者是平等的，对问题解决也有贡献。案主在有些情景中还常常被称为“求助者”、“受助者”等。

作者必须受过社会工作专业教育，加入相关的专业协会，遵守社会工作专业守则并获得政府相关证照。这些条件互相关联、互为补充，它让社会工作者引以为荣，也使民众深以为信。在中国内地，由于社会工作的专业化和职业化还处在起步阶段，目前还不能完全符合这样一些要求，但是从事实际社会工作的工作者必须信守专业理念，努力充实自己的专业知识以更好地服务于案主。

■专业关系

专业社会工作的助人活动不同于慈善、救济活动或其他一般的做好事，它需要工作者秉持专业价值，运用专门的方法与技巧，以不伤害案主尊严的方式，为案主提供适切的服务，而且它不仅仅以提供服务为旨归，还要激发案主的奋励之气，协助案主学习问题解决之道，培育案主应对未来可能面临的困难和问题的能力，最终达到助人自助的目的。这就需要工作者通过建立和发展与案主之间的专业关系，通过推动案主的积极参与，确立双方共同的目标，一步一步地推进，才有可能达成。而专业关系的好坏，直接影响到案主参与和改变的程度，因此，它被认为是社会工作的核心和灵魂。

■与服务案主有关的法律、法规、政策及其可操作化

社会工作是一种将国家的福利制度转变为一种服务传送到有需要的人群中的服务，因此，个案社会工作者的活动是在国家有关的政策和法规的规定下的一种服务活动，同时，为了使服务活动更加切实可行，社会工作行政部门应致力于使比较抽象、笼统的法律、法规或政策具体化，使其可操作化，以便工作者能够以最少的误（曲）解传递服务。

第四节　个案社会工作的实务领域

个案社会工作的实务领域，也就是个案社会工作在社会生活中实施并发挥作用的范围。社会工作作为回应社会需要的产物，它的实施领域也应该是社会生活中存在社会问题和民众需要的地方。但是，社会工作者的服务活动并不完全取决于社会工作者本人对于社会问题和民众需要

的认定。

从本质上来说，社会工作是一个把国家的福利制度和政策转变为一种制度化的服务的系统，它服务的对象、范围和内容受制于国家社会福利制度和有关的政策规定。换言之，社会工作者对所认定的需要解决的社会问题或有服务需要的群体，如果没有政府相关的政策和财政等方面的支持，是很难有所作为的。因此，本书中所指的社会工作领域，包含了王思斌所说的理想的和实际的两种[1]：理想的社会工作领域是按照人类理想应该进行干预并对之进行改变的社会问题发生领域；实际的社会工作领域是指社会工作者实际已经介入并进行服务的领域。当然，我们应该清楚地认识到，这种分类是相对而言的。实际上，由于资源的有限性和需求的相对无限性，即使在实际的社会工作领域，社会工作者也无力完全满足有需求并且符合资格者的需要。

以中国目前的情况而言，青少年群体、城市流动人口、老人以及艾滋病群体等都是社会工作应该介入的对象或者说领域，但“应该”和“事实”是两个概念。美国社会工作教育委员会早在1959年就开始探讨“实务领域”这个概念。1965年美国著名的社会工作理论家巴特莱特提出了一个分析实务领域的框架，其中包括以下方面：

(1) 作为工作起点的主要关心的问题（情形、现象、任务）。

(2) 建立回应这个问题的有组织的服务（如有相关政策和项目）系统。

(3) 服务的案主群体。

(4) 在这个领域运用的知识、价值和技巧。

巴特莱特认为，只有发展出了相对稳定的有组织的服务、理论、方法和其他特征的一个地方，才可能被视为一个领域。[2]

我们认同巴特莱特的这种专业探讨，因为这促使我们这样一个专业社会工作起步不久、社会工作职业化正在开始的国家思考我们的发展方向。以巴特莱特提出的框架内容来看，中国的社会工作实务界还没有建立起普遍意义上的对某个有需要的群体作出有效回应的有组织的服务系

---

[1] 王思斌．社会工作概论．北京：高等教育出版社，1999.9

[2] Carol H Meyer. The Foundation of Social Work Practice. NASW Press，1995.90.

统，只是在局部地区的某些部门出现了一些可以被称为专业社会工作（个案社会工作）领域的有组织的系统，例如，上海市及其他一些试点城市对青少年的社区矫治服务、对吸毒者的服务等。但是我们也不认为，没有建立起完善的、有组织的普遍的服务传递系统的地方就不能称为“领域”，因为，实际上，有组织的服务系统没有一个刻板的标准，它只有程度、范围和水准的差别。我们更愿意以其他一些学者认同的一个比较宽泛的界定方法来看待个案社会工作的实务领域，即以实务开展的背景来划分领域：①社会工作者服务的场所（setting），如公立的或私人的社会服务机构、政府的或非政府的组织以及其他各种不同的组织（医院、军队、学校等）；②工作者服务的人群，如儿童、老人、施虐者和移民等；③工作者所干预的社会问题，如精神疾病、虐待、老人问题、移民和艾滋病等。以这种界定方法结合中国的国情来划分，个案社会工作主要的实务领域大致包括下列范围。

■以群体来划分

以群体来划分，个案社会工作主要包括儿童、老人和新移民三个方面。

（一）儿童个案社会工作

儿童个案社会工作是以面临生活、学业和社会适应困难或问题的儿童为主要对象，帮助他们解决困难和问题并预防新的困难和问题的发生，对缺乏相关儿童教育知识和技能的儿童的监护人进行适当的指导和帮助。这是针对个案社会工作的“治疗功能”而言的，实际上，儿童个案社会工作者还应该对一些处于危机状态中的儿童（父母或其中任何一方因为无能力或不能为孩子正常成长提供必要的环境，例如父母沉迷于赌博、吸毒或夫妻严重暴力等）进行初级干预，不应该等到孩子受到严重伤害后才采取行动。

（二）老人个案社会工作

老人个案社会工作是以有生活和社会适应困难或问题的老人为主要对象，帮助他们适应生命周期的变化，提供必要的信息和咨询，协调其家人或养老机构工作者与老人的沟通，帮助他们了解老人的生理、心理和社会需要，必要时提供一些诸如经济、志愿服务和健康护理等方面的实际帮助。

（三）新移民个案社会工作

新移民个案社会工作[1]是以从农村进城寻找新生活不满1年的务工者及其家庭为主要服务对象，为因初进城而可能面临语言、生活适应、就学、就业、住房和歧视等许多方面的困难、问题和需要的新移民提供一些必要的信息、咨询及指导，必要时提供一些物质援助或协助，使他们进入社会支持网络，以减少他们的适应困难和障碍，满足其基本需要。

■以场所来划分

以场所来划分，个案社会工作主要包括学校、家庭、医疗卫生部门、社会福利部门和矫治五个方面。

（一）学校个案社会工作

学校个案社会工作是以生活、学业和人际适应方面感觉有困难和问题的学生为主要对象，努力在家庭和学校之间维持一种开放的联系，协助家庭理解在校孩子的教育需要，与老师沟通、协作，帮助老师更好地理解学生本人及其家庭情况，与学校其他工作者一起评估学生的行为和学业等状况和需要，发展出合适的策略和措施来满足学生的需要。

（二）家庭个案社会工作

家庭个案社会工作是以家庭为服务对象，协助有经济困难或家庭人际关系冲突的家庭处理与解决影响其功能发挥的困难和问题，使家庭能够与其所处的环境有良好的互动，发挥家庭的正功能。

（三）医疗卫生部门个案社会工作

医疗卫生部门个案社会工作的服务对象包括两个方面：

（1）综合医院、儿童医院以及慢性病医院的患者及其家属。

（2）精神疾病防治与心理卫生机构的患者及其家属。

个案社会工作者主要关注疾病的生物因素以外的与患病有关的因素，帮助患者消除影响其健康的社会、经济、心理和文化等方面的因

---

[1] 本书同意北京大学中国经济研究中心姚洋教授的提法，将数以亿计的进城农民及其子女称为新移民（参见2005年10月24日《南方农村报》）。

素。例如，帮助患者及其家属适应医院的环境和医护人员，提供相关的信息和知识以消除患者或其家属对疾病的恐惧心理，帮助经济上困难的患者寻求经济资助，帮助患者制定出院计划，以更好地巩固医疗治疗和康复效果，或对死亡者家属提供居丧咨询和支持等。

（四）社会福利部门个案社会工作

社会福利部门个案社会工作主要为社会救济机构、福利性就业辅导与职业介绍机构、老年福利机构、妇女儿童福利机构等场所提供经济性和教育性服务以及其他特定的服务。

（五）矫治个案社会工作

矫治个案社会工作是以违法或犯罪的青少年、服刑犯及其家人、即将或者已经刑满释放人员、药物依赖者等社会特殊群体为服务对象，通过个别化地收集他们的信息并进行相应评估，制定相关的行动计划，协助他们改变与社会期望不相容的行为和态度以及学习新的技能，或通过对环境的某些干预，来帮助他们达成与新的环境的良好互动，最后达到回归和融入社会的目标。

个案社会工作的服务领域，按照以上划分标准，应该还有很多，例如妇女个案社会工作、企业个案社会工作和军队个案社会工作等。对于中国的个案社会工作者来说，如何在服务时借鉴西方的专业价值理念和方法技巧，使之与中国原有的经验有机地整合，在现有的国情下，提供有助于促进案主成长、预防和解决案主的困难和问题并让其在接受服务的过程中感觉受到尊重的服务，是一个充满挑战而又富有魅力的任务。

第二章　个案社会工作价值与伦理

第一节　社会工作价值

■价值的含义

价值是一个多元的、复杂的概念[1]，在不同的时代和不同的文化群体中具有不同的含义。一般而言，价值是指一种合意的（desirable）的概念。平卡斯和米纳翰（Pincus & Minahan）认为，价值是一种信念（belief）、偏好（preference）或合意的假设（desirable assumption）。例如，我们说人与人是互相依赖的，所以我们有义务帮助周围有困难的人，如果这是一种大多数人都接受的信念，那么我们就可以说这是社会的价值观。泰奇斯（Teiches）则将价值定义为某一特定群体或个人所享有的文化传承，这些传承可进一步作为个人或群体成员行为的指引与约束。莫利尔·普姆菲雷（Muriel Pumphrey）给出的价值定义为：价值是由个人或社会群体持有的对所偏好的行为的陈述，其中隐含着一个通常的对一定的途径、结果和生活条件的偏好，常常伴随有强烈的感情。英国社会学家保罗·霍尔姆斯（Paul Halmos）从浩瀚的文献回顾中总结出这样的结论：助人专业的实施是建立在关于人的本质的信念基础上的，这种信念是未经验证也可能不能够验证的关于人的本质的信念，它为助人专业提供了指导和方向。[2]

综上所述，我们认为价值是某一特定群体所偏好的信念或假设，是特定群体对社会中是非、善恶、高低和美丑的一种判断或评价，它规范着该群体的行为。价值的特点是具有主观性，因而它不可被客观地验证。

---

[1] 本书中的“价值”，实为英语中的 values，确切来说应称之为“价值观”。目前国内在社会工作著作或译著中多用“价值”来表示，此处随国内习惯用法。

[2] 潘淑满．个案社会工作．台北：心理出版社股份有限公司，2000. 33 – 34；Louise CJohnson，Robert W McClelland & Carold D Austin. Social Work Practice—A Generalist Ap – proach. Canadian Edition. Allyn and Bacon Canada，2000. 45；Beulah R Compton & Burt Gala – way. Social Work Process. Pacific Grove：Brooks/Cole，1999. 104.

■价值的层次

根据价值的抽象程度，可以把价值分为以下几类。

（一）终极价值

终极价值是最抽象的信念，也最容易被大部分人所接受，例如，公平、正义、人的自由、价值和尊严等。

（二）直接价值

直接价值（proximate values）是比较特定的合意的结果状态，如自己决定如何做作业的自由，以特定的方式处罚自己的孩子的权利等。直接价值比较容易引起争议。

（三）工具价值

工具价值说明达至结果的合意的途径，既是行为准则，如自决和保密，也是个人价值和尊严可操作化的途径，即本书下文所论述的伦理。

■价值的地位

在探讨价值的地位之前，首先假定你是一个社会工作者，下面的这些案例被安排给了你。你会怎么做呢？

示例 1

小敏是一个今年才到儿童福利机构工作的社会工作专业毕业的大学生，她发现福利机构中的孩子被分成了两个部分：一部分是活泼、表达能力较好、长相也不错的孩子，被认为是“拿得出去”的孩子，他们平时得到较多的机会，如参加“六一”儿童节演出，出外参观并和志愿者一起活动等；另一部分则是内向、语言表达不畅、长相一般，甚至有点“怪、丑”或肢体、精神有残疾的孩子，被认为是“拿不出去”的孩子，他们很少有同样的机会。小敏准备对此作一些改变。她计划让那些平时一直没有机会的“拿不出去”的孩子也与其他孩子一样有平等的机会，可是领导认为那些孩子出不了院，将来是永远要留在福利机构里的，在他们身上下工夫是在做“无用功”。小敏感到左右为难，如果不听领导的劝告，她可能面临不能续聘的风险，但如果不尝试自己的改变目标，她又觉得违背了专业价值理念。你认为该怎么办呢？

示例 2

李女士夫妇都是普通工人，他们有两个孩子：大女儿智障，程度介于轻度和中度之间，目前每天去一家服务于智障者的机构接受服务，费用是每月 300 元；二女儿是六年级学生，今年考取了一所重点中学，但学费昂贵。他们的财力难以满足两个孩子的需要，因此，李女士夫妇深感矛盾和为难。他们认为大女儿在机构里会得到比在家里更好的成长，而二女儿的学业和前途也同样重要。他们觉得难以取舍，便来求助于你，你准备如何帮助他们呢？

示例 3

漂亮的初二学生小雅哭着告诉你她被某男老师骚扰了，但她要你坚决不要告诉她的爸爸妈妈和其他人，她说她爸爸很爱她，如果知道心爱的女儿被老师骚扰，他一定会杀了这个老师的，而她不希望爸爸因杀人而离开她，而且她也不希望自己这“见不得人”的事让别人知道，否则她就没有脸面活下去，还不如去死。你会答应她的要求吗？

上面的几个例子中，示例 1 提出了如何平等对待不同案主的问题：在资源有限的情况下如何来分配资源呢？同时，又提出了社会工作者在为案主利益而与机构领导有意见分歧时到底应该站在谁的立场上的问题。示例 2 主要涉及案主自决问题。示例 3 是关于为案主保密与惩罚凶手的矛盾。以上 3 个示例都涉及了社会工作价值和社会工作伦理冲突的情况。社会工作既是科学也是艺术，处理价值观冲突可以说是其“艺术”的一种体现。因此，实务工作者决策时常常是基于价值而不是知识。对从事社会工作的人而言，不仅必须认识并理解社会工作价值和社会工作伦理，而且还应该学会妥善处理价值冲突，否则，仅仅有一股热情和一颗爱心还是不能合适地助人，有时甚至还可能会损害案主的利益。

任何职业都有其自身的价值偏向，以为实践者提供目的和指明方向。社会工作价值是社会工作实务的方向和指南，它不仅决定社会工作的性质、目标和意义，而且决定社会工作的方法和技巧、社会工作者和案主的关系、社会工作的实践领域和伦理原则以及机构和社会工作者的关系等。高登斯坦（H. Goldstein）是这样界定价值和社会工作的关系的："价值被认为是社会工作定义的基础，它们同时被看作是它的唯一基础或不可缺少的基础之一。它们还被认为是社会工作技术的源泉，是对某些人进入某种职业的动机和社会工作与案主关系互动的特征、关系的解释。总之，在社会工作的结构中，价值被置于重要的战略地位。"列维则更具体生动地说明了价值对社会工作的意义："社会工作是一个以价值为本的专业。它不仅是做事情的一种方式，而且是关于做什么事情是有价值的和它应该如何去做的准则。对于人们，它充盈着理想主义的抱负和关于人们应该如何被对待的理想主义理念……对普通凡人不能期待的实践和关照却可以期待于他们（社会工作者）"。❶

知识和价值都是社会工作的有机组成部分，但两者常常容易被混淆。所以，诚如扎斯特罗（Charles H. Zastrow）所说的，在知识和价值之间作出区别并认识到两者各自在社会工作实务中的作用是很重要的。

平卡斯和米纳翰清楚地界定了两者的区别："价值是关于什么东西是对人（人类）合意的或者好的信念、倾向和假定。这种信念的一个例子是：社会有责任帮助每一个人发挥他的最大潜能。它们并非有关世界是怎样的和我们对其知道些什么的断言，而是世界应当如何地认定。既如此，价值陈述不可能被科学地检验，那么它们必须作为信仰加以接受。这样，我们把某一价值说成正确的或者错误的，仅仅在于它与作为标准使用的特定的信念体系或者伦理规范相联系的意义上而言。

相反，我们倾向于作为知识陈述的东西是那些有关能够被证实的世界和人（人类）的观察。一个例子是，在美国，黑人的期望寿命较白人的短。当我们把某一科学陈述说成正确的或者错误时，我们所指的是这种断言通过客观的调查所被证实的程度。"❷

在实际工作中，如果与知识有冲突，那么改变案主的信念是比较容易的，因为只要提供相关的信息或证明就可以。如果要改变基于价值的

❶ 王思斌．社会工作概论．北京：高等教育出版社，1999.41.

❷ 查尔斯·H. 扎斯特罗．社会工作实务——应用与提高．晏凤鸣等译．北京：中国人民大学出版社，2005.49.

信念，则是不容易的，因为这些信念无法说明对错，而且从社会工作价值和方法而言，工作者应该尊重案主的价值信仰。

■社会工作价值

社会工作一直被视为一种利他主义的助人专业，社会工作者常常用“以生命影响生命”来形容该专业并自励。那么什么是社会工作者应该持守的专业价值呢?

社会工作价值，是指为社会工作者所认同、共享并珍视的一套未经验证（或无法验证）的有关人类本质的信念，这些信念反映在日常的专业实施活动中，并指导专业实施的方向和准则。

社会工作实务是建立在一套常常以诸如个人的价值和尊严、人的自决权等原则形式表述的价值之上的。社会工作理论家比斯台克（F. Biestek）和泰彻（M. Teicher）等对此都有详细的阐述，其中尤以阿曼多·莫勒斯（Armando Morales）和勃兰德福德·舍尔福（Brad-fordSheafor）的阐述比较全面而具有代表性，他们认为社会工作专业所持有的价值包括以下方面。[1]

（一）偏好的关于人的概念

偏好的关于人的概念（preferred conceptions of people）主要包括以下内容：

（1）社会工作者相信人有内在的价值和尊严。

（2）每个人有内在的能力和趋向于能使生活更完满的改变的动力。

（3）每个人对他自己和他的人类同胞，包括社会，都有一份责任。

（4）人需要有归属感。

（5）每个人都有一些属于人类的共同需要，但是每一个人又是独特的，不同于他人的。

（二）偏好的对于人的结果

偏好的对于人的结果（preferred outcome for people）主要包括以下内容：

---

[1] Louise C Johnson, Robert W McClelland & Carold D Austin. Social Work Practice—A Generalist Approach. Canadian Edition. Allyn and Bacon Canada, 2000. 46 - 47.

（1）社会必须提供成长和发展的机会，以使每个人能实现他最大的潜能。

（2）社会必须提供资源和服务，以帮助人们满足他们的需要并避免诸如饥饿、教育不足、歧视、医疗和住房不足等问题。

（3）人们必须有平等的机会参与社会的创造。

（三）偏好的手段

偏好的手段（preferred instrumentalities）主要包括以下内容：

（1）人们应该得到尊重和有尊严的对待。

（2）人们应该最大限度地决定自己生活的方向。

（3）人们应该得到激励和帮助来与他人互动，以建立一个能及时回应每个人的需要的社会。

（4）人们应该被视为独特的而不是归为一个没有个性的类别，因为他们有一些独特的生活经历。

综上所述，社会工作的主要价值可简要概括为以下五条：

（1）每个人都有内在的价值和尊严。这意味着社会工作者相信，所有的人无论过去和现在的行为、信念和生活风格或地位如何，他们都有着与生俱来的不可剥夺的作为人的价值和尊严。在助人专业中，这个价值同时还包含了其他一些信念，如无条件的积极的尊重、非占有的温暖和接纳等。对于社会工作者来说，当所帮助的案主的价值观、行为和生活方式与自己的相近时，要做到这一点似乎不太难。然而当遇到诸如强奸、乱伦和虐妻（尤其当社会工作者身为女性时）等类型的案主时，要做到这一点就比较困难了。但是应该切记：社会工作者的职责不是作价值评判或道德评判，而是寻求理解案主及其困难并协助他们寻求答案，除非社会工作者表达出尊重和接纳，否则无法形成良好的专业关系，助人也就成了一句空话。

社会学家查尔斯·库利（Charles Horton Cooley）指出，人们的自我观念很大程度上来自他们与他人的互动与交流。别人的态度正像一面镜子，从中可以看到自己的形象，这就是“镜中之我”理论。如果一个人得到他人尊重并被认为有改变和发展的潜能，那么他就容易对自己感觉良好，并逐渐形成积极的自我观。“镜中之我”理论对于社会工作实务有重要的启发意义。社会工作者接触的案主常常是有某种困难或偏差行为的人，如果社会工作者对他传达出“看不起”或“没救了”等信息，可能会使他形成失败的自我观，而自我价值的高低对案主的改变动机具有重要的影响。根据格拉泽的理论，有失败自我观的人要么从社会中退缩并受着情绪的困扰，要么用犯罪行为和偏差行为来表达自己的不满。相反，当一个知道自己有过错，但又很无助的人忐忑不安地前来求助时（可能硬着头皮等着批评），如果受到了热情、温暖和尊重的接纳，社会工作者对他表达出信任，并表示理解他的处境，愿意以他认为合适的方式帮助他时，他就可能被重新唤起改变的念头，逐渐建立起对自己的信心，并愿意学习和改变，承担起自己的责任以对得起社会工作者对他的尊重。

（2）人有获得必要的资源以解决问题并发展潜能的权利。一部社会工作史的明显特征就是专业的焦点一直是关注社会背景中的个人的福利，尤其是社会经济文化地位比较低下的处于不利地位的群体的福利。关注生活中影响、导致和回应社会问题的环境力量一直是社会工作理论和实践的基本部分。相信这个价值意味着社会工作者要致力于协助案主发现、维持并倡导、开发案主及其环境中有助于案主解决困难和问题的各种资源。一般而言，社会工作者对这一价值表现出较高的认同。影响社会工作者对这一价值的承诺并使其在实际工作中打折扣的原因，可能主要来自社会工作者的个人价值，也可能因为资源有限而难以恰当地满足每个有需要的人。例如，对同样染上艾滋病的患者，有人可能认为因贫困卖血而不小心染上艾滋病的案主值得同情，而对那些因个性风流而染上该病的案主则可能认为是咎由自取，并进而影响到对案主的态度和助人的动力。

（3）每个人的独特性和个别性是有价值的。与接纳和非评断态度密切相关且同样重要的价值是尊重每个人的独特性。社会工作者应该肯定他所服务的每个人是一个独立的存在。每个人的出身不同，身体、智力特征和生活经历不同，因此人与人之间在外表、信念、心理功能、兴趣、天赋、动机、目标、价值观、情感和行为模式以及许多其他方面也不同。即使是同卵双生的孪生子，生活在同样的环境中，也会因为出生的先后次序不同，而形成在孩子中的不同排序，并使他们在社会化的过程中被赋以不同的社会期望，从而形成不同的性格，有自己不同的需求。强调社会工作者必须尊重和维护案主的独特性，从本质上说是为了避免类化以及忽视独特个体的独特需求，从而避免可能导致无法提供有针对性的、个别化的服务。为了维护案主的独特性，社会工作者不仅必须同意上述价值，而且必须富有同理心，能够进入案主的主观世界，以案主的眼光来看待事物、感觉事物，这样才有可能真正理解案主。尊重案主的独特性不仅仅是指尊重其个人的个性，同时还包括了尊重其个人在群体中所表现的特性。每个案主都属于一定的族群或某一族群的不同文化群体，包括因为民族、国别、文化、阶级、性别、性取向、宗教、生理或心理能力、年龄等差异而形成的不同群体。社会工作者必须清楚地意识到，对不同的人和事进行估价是人类普遍的选择。在估价中，重要的是应该承认并尊重多元性。但事实常常是：人们一看到不同，就落到建构错误二分法的“陷阱”中，即倾向于把这种“不同”看成好像是一个优一个劣，结果，自然而然地就作出了一个导向把仅仅是“不同”却视为好坏、优劣、正常或不正常的判断——用这种方法来看待“不同”为看人有高低之分提供了理论基础，并进而导向偏见、歧视和压迫。少数群体（如同性恋人群、麻风病人群体等）在这种视角下容易受到伤害。[1] 当人们珍视多元性时，就开启了一个新的体验、觉知和估价的不同方法，它让人们在“不同”中看到了丰富和长处（strength）。加拿大一个为同性恋者服务的机构中的一个标语“异性恋仅仅是普遍的而不是正常的”（Heterosexual Just Popular，Not Normal）就是很好的说明，它把“不同”仅仅看作是不同，而没有“正常”与“不正常”之分。

尊重一个人的独特性以及相信一个人的经验的真实性并不表示同意或宽恕那个人的想法和作为，社会工作者的职责之一是协助案主看到自己行为背后的认知的非理性成分，帮助案主把扭曲的观念与导致其目前状态的事实联系起来，用新的理性的思维替代那些导致其问题成因的认

---

[1] 少数群体，英文为 minority group，又译为少数民族群体，与 majority/dominantgroup 相对。少数群体不仅仅是指数量上的考量（有时人数上可能并不少），更主要的是指在权力、特权和声望等方面处于政治、社会、经济和文化上的弱势地位。多数群体或者说支配群体的文化和价值观通过正式的机构（如学校、媒体和社会福利机构等）得到传布，他们的社会福利需要得到最大程度的关注和认可；少数群体的声音则不被或较少得到传布和倾听，他们的社会福利需要常常被忽视或剥夺。Joanne C Turner & Francis J Turner . CanadianSocial Welfare. Tronto Pearson Education Canada Inc，2001. 189.

知。社会工作者在同理的同时，还应保持自己的抽离和专业自我，不至于因为过分认同案主的经验而失去了客观的判断力。赫泼沃斯（DeanH. Hepworth）等认为，尊重一个人的独特性并维护他的经验的治疗性意义，是指社会工作者通过相信这些经验的真实性，建立案主的自我认同和自尊感。

康普顿和盖乐威（B. R. Compton & B. Galawa）介绍了将这个价值操作化运用到实践中的几个途径[1]：

1）把人当作一个个的个体来看，避免类化。

2）鼓励案主在问题解决过程中的参与。

3）发现和运用案主的力量。

4）让包括我们自己在内的人负责任。

5）仔细考虑我们的沟通对案主的尊严传达出的信息。

（4）有了适当的资源，人有能力成长和改变，社会工作者应协助案主获得必要的资源。这个价值包含着这样的信念：案主有能力成长和改变，并能够发展出解决自己的困难和问题的方案，同时，案主有权利和能力行使自由选择权。当社会工作者运用“力量视角”（strength per－spective）时[2]，这个价值就会被很好地贯彻。所谓力量视角，是一种与传统的医疗模式相反的看待案主的新视角。传统的医疗模式过多地看到案主的弱点，低估或无视案主的优点和长处，而力量视角则在正视案主的困难、问题和不足的同时，更要首先找出案主的力量和长处，更看重案主积极的一面和未开发的潜力。这种视角不仅对案主产生一种希望和

---

[1] Beulah R Compton & Burt Galaway. Social Work Process. Pacific Grove：Brooks/Cole，1999. 105.

[2] 力量视角，又称为“力量观点”、“优点取向”、“优势视角”和“长处取向”。关于“力量”的内涵，似乎还没有一个公认一致的定义，但该词从20世纪80年代初开始出现于社会工作领域的背景来看，作为对传统医疗社会工作模式把工作焦点集中于案主的“3Ds”［即失功能、缺陷和疾病（dysfunction，deficit and disease)］的一种反动，它的要义是强调案主的能力以及提升案主的自信和希望。总之，“力量”是指案主的一些值得肯定的正向的资源、品质和能力，力量视角是与增权理论密切相关的一种看待受助者的眼光，在社会工作中指强调受助人有迎接挑战和战胜逆境的资源、能力、支持系统和动机的一种观点。Elaine Norman. Resiliency Enhancement—Putting The Strength Perspective Into Social Work Practice. NewYork；Columbia University Press，2000. 1－3；Dnnis Saleebey. 优势视角——社会工作实践的新模式．李亚文，杜立婕译．上海：华东理工大学出版社，2004.

鼓励，同时有助于促进案主的自尊，这些因素反过来又有助于增进案主的改变动机，而动机的激发与成功的结果是不可分割的。

相信人有改变的能力和潜力是关键的价值。对许多人来讲，他们看待自己及自身问题的方式是强烈地受到他人的反馈的影响的，这就是前面提到的“镜中之我”理论。假如社会工作者正向地、积极地看待案主，并表达出相信他有能力解决问题，他就更有可能持有同样的看法，因而表现出相对应的行为。当然，社会工作者的看法必须是现实的，例如，对一个智力障碍者来说，假如生活不能自理，但通过努力能自己系鞋带，就是值得肯定的。如果社会工作者的看法不现实，容易产生对案主的不恰当的期望，最终工作者可能会气馁，也许还会使案主抱怨社会工作者。实际上，大多数问题在一定程度上是可以修正或减轻的，无论如何，大多数案主有能力对自己的问题采取建设性的行动，但是这不会自动发生，它需要社会工作者的催化、推动，而坚持这一价值是这种建设性行为发生的重要保证。

（5）社会工作者应致力于使社会机构更人道并对人的需要负责。尽管个案社会工作者主要提供微观层面的服务，但他们也有责任通过提升改进物质和社会环境的政策和立法来增进案主的生活质量。因此社会工作者不能把自己局限于一般的帮助活动，还应该积极寻求发现问题的环境因素并发起或支持旨在改进人们的环境的努力。

社会工作者应该经常检查自己或其他组织或相关的政策和程序是否能够使案主方便、容易进入所需的资源，以及服务是否以一种增进案主尊严的方式进行。复杂的程序、提供资源或服务的无限期推迟、歧视性的政策、进不去的场所、不方便案主的服务时间、非人性化的程序或使案主有降低身份的体验……所有这些都会大大影响社会工作的助人效果，甚至可能会伤害案主。社会工作者只有坚持这一价值才可能使机构的服务真正令案主满意。

第二节　社会工作伦理

■社会工作伦理的含义和目的

伦理是群体生活的规则，它通过引导人们的行为来达成维护社会秩序的功能。违反伦理就是破坏社会公认的规则，虽然不一定会受到法律的制裁，但是却会受到舆论的谴责或同行的抵制。

社会工作伦理是社会工作依其哲学信念和价值取向发展而成的一套实施准则，是社会工作者用于表证专业特征并指导其行为的一组道德准则或标准，是引导与规范助人活动的依据。价值和伦理的区别在于，前者是抽象的理论层面的对人和社会关系的规定，后者是将这种价值观转化为具体实务活动时在操作层面上对人的行为的一种指导和判断准则。

社会工作伦理守则有以下目的：

（1）守则承认了奠定社会工作使命的核心价值。

（2）守则概括了广泛的伦理原则，这些原则反映了专业的核心价值并建立了用于指导社会工作实务的具体的伦理标准。

（3）当出现专业职责冲突或伦理上的不确定性时，守则用于帮助社会工作者鉴定相关的因素。

（4）守则提供了社会工作专业向一般公众负责（accountable）的伦理标准。

（5）守则使那些对社会工作使命、价值和伦理还不熟悉的社会工作实务新手适应新的工作。

（6）守则明确说明了一些标准，社会工作专业自身能够把它们运用于评估社会工作者是否存在无原则行为（unethical conduct）。

■社会工作伦理的标准

20 世纪 90 年代初，中国社会工作者协会制定“中国社会工作者职业道德”，这是中国内地第一部社会工作伦理守则。由于当时中国内地专业社会工作经验不足，专业人才匮乏，诚如许莉娅所说的，这部守则在专业价值特征、伦理标准和结构方面都存在不足之处。[1] 在新的更为科学、合理的伦理守则阙如情况下，美国社会工作者协会规定的社会工作伦理标准（Ethical Standards）值得中国社会工作者参考，它详细规范了社会工作者作为一个社会工作专业人士与案主、同事、机构、专业

---

[1] 许莉娅主编的《个案工作》一书中，对中国内地第一部社会工作伦理守则（有附录）有较准确的评解，并对制定新的社会工作论理守则提出了很好的参考意见，请见该书第 43 页。

和社会的关系，与社会工作者的所有专业活动有关。[1]

（一）社会工作者对案主的伦理责任

（1）对案主的承诺。社会工作者的重要责任是提升案主的福利，所以案主利益是首要的。但有时，案主应该被告知，社会工作者对社会的责任或特定的法律义务将替代这一承诺。例如，当案主虐待儿童或威胁伤害自己或他人时，社会工作者应该依法报告。

（2）自决和被告知的同意（informed consent）。社会工作者应该尊重和促进案主的自决并协助案主辨识和澄清目标；社会工作者只有在专业关系建立并取得有效的被告知的同意的基础上提供服务。

（3）能力。社会工作者应该确保能够胜任工作，保护案主免受伤害。社会工作者在书面和口头的沟通中都不应该对案主用贬损的语言，而应该用准确的尊重的语言。

（4）文化能力和社会多元性。社会工作者应该理解人类行为和社会中的文化及其功能，承认所有文化都有其长处；拥有其案主文化的知识基础并在为其提供服务时保持文化上的敏感性；学习并理解社会多元性的本质，了解涉及种族、籍贯、肤色、性别、性取向、信仰、精神或身体障碍的压迫。

（5）利益冲突。社会工作者应该警惕和避免干扰专业选择和公正判断的利益冲突，不应该与案主发生双重或多重关系，为了尽最大可能地保护案主利益，必要时应该以合适的转案终止专业关系。

（6）隐私和保密。社会工作者应该尊重案主的隐私并对服务过程中获得的信息保密。

（7）性的和身体的接触。社会工作者不应该与案主有性关系，当身体的接触可能会给案主造成心理伤害时，不应该有身体接触。

（8）服务费用、服务的中断和结束。社会工作者应该确保所定的费用是公平、合理的，与所提供的服务是相称的，要考虑案主的支付能力，同时应该避免接受案主的物品或服务作为专业服务费。当服务由于

---

[1] Leon H Ginsberg. Careers In Social Work. Needham Heights，1998. 195－206. 英文原书中有 6 款 51 条，本书作者根据原文意思概括译为以上 34 条。其中少数条目的翻译参考许莉娅主编的《个案工作》一书附录中的相关内容。

生病或重新安置等原因中断时，社会工作者要设法继续服务。当案主不再需要服务或服务对案主不再有用时，应该结束服务。

（9）缺少决策能力的案主。当社会工作者代表缺少决策能力的案主行动时，社会工作者应该确保案主的权利和利益。

（二）社会工作者对同事的伦理责任

（1）尊重、保密。社会工作者应该尊重同事，与同事友好合作，避免无根据的负面批评，同时应该对与同事合作过程中共享的信息加以保密。

（2）协商并妥善处理冲突。为了案主的最大利益，社会工作者要寻求同事的意见和忠告。社会工作者不应该利用同事与上司的争端“自肥”，也不应该因为与同事的冲突而剥削案主或让案主陷于不适当的冲突讨论中。

（3）转案服务。当社会工作者相信其他专家能够更好地服务于案主并确信有必要时，应该把案主转给其他专家，但应该采取合适的负责任的步骤。

（4）避免性关系和性骚扰。当社会工作者作为督导者或教育者时，不应该与被督导者、学生、受培训者或其他同事发生性关系，也不应该有性骚扰行为。

（5）妥善处理同事的损伤、不胜任和无原则行为。当社会工作者确切知道同事有功能损伤、不胜任和无原则行为时有义务协助同事采取治疗、补救行动，如果同事无动于衷，社会工作者应该通过合适的渠道反映到有关组织或机构。

（三）社会工作者对实务场所（practice settings）的伦理责任

（1）督导、教育和培训方面。从事督导、教育和培训的社会工作者应该在能力所及范围内进行督导和培训，要设定清楚合适的、文化上敏感的界限；应该以公正、尊重的方式在明确标准的基础上评估受督导者和实习学生，不应该与被督导学生发生专业关系以外的关系，以避免剥削或伤害学生的危险，当服务是由学生提供时，要告知案主。

（2）案主记录。社会工作者应该准确、充分、及时地记录服务提供的情况，以推动服务的传递，并确保将来服务的连续性。要尽可能保护案主的隐私，所记内容应限于与服务直接相关者。服务结束后记录应根据有关法律或相关契约保存若干年，以备日后查阅。

（3）付费。社会工作者应该建立并保持开账单的习惯（billingpractices），账单要精确反映服务的内容和本质，并交代服务是由机构中谁提供的。

（4）案主转介。当正在接受其他机构或同事服务的潜在案主前来求助时，社会工作者在同意前应仔细考虑案主的需要。为了尽可能减少混乱和冲突，社会工作者应与案主讨论其他服务提供者与案主当前关系的性质和意义，以及他与新的工作者建立关系的性质和意义，包括可能的利益或风险。如果新案主以前一直接受其他机构或同事的服务，社会工作者应与案主讨论是否请教前任工作者才符合案主的最大利益。

（5）行政、继续教育和员工发展。社会工作行政管理者应该在机构内外倡导、争取资源以满足案主的需要，同时，资源分配的程序要公开、公平；当不是所有案主的需要都能满足时，应该发展出一个非歧视的、基于合适和一贯原则基础上的分配程序，应该采取合理措施确保合适的对员工的督导，保证杜绝组织内违反、干扰或阻碍伦理守则的情况出现；还应该采取合理步骤为所有员工提供继续教育和员工发展（staffdevelopment）的机会，继续教育和员工发展应该致力于介绍与社会工作实务及伦理相关的最新知识和新进展。

（6）对雇主的承诺。社会工作者一般来说应该坚守对雇主和机构的承诺，致力于改善机构的政策、程序、服务的效果和效率。社会工作者应该采取合理步骤，确保雇主了解社会工作者的伦理责任以及在社会工作实务中履行这些责任的意义，社会工作者不得允许机构政策、程序、规章或行政命令妨碍社会工作伦理实践，而是应该确保机构的实践符合美国社会工作者协会伦理守则。社会工作者应该采取行动确保雇佣机构预防和消除在工作分配、雇佣政策和雇佣过程中的歧视。社会工作者只接受公正待人的机构的聘任或在其中安排学生实习。社会工作者应该是他们所在机构的勤勤恳恳的资源管家，他们应该高明地保护好资金，合适地运用资金，不滥用资金。

（7）劳资纠纷。社会工作者可以从事有组织的行动，包括组织和参与工会活动，改善对案主的服务和工作条件。介入到劳资纠纷中的社会工作者应该在专业价值、伦理原则和伦理标准的指导下行动。社会工作者在决定采取行动前应仔细检查相关议题及可能对案主的影响。

（四）社会工作者作为专业人士的伦理责任

（1）能力。社会工作者只能够在现有能力或将要获得必要能力的基础上接受责任或聘用，并应努力使自己成为精通于专业实务、履行专业功能的行家。社会工作者应该习惯性地回顾专业文献，参与与专业实务和专业伦理有关的继续教育，努力使自己的实践建立在已被承认的知识基础之上。

（2）歧视。社会工作者不应该实施、宽恕以及助长任何基于种族、籍贯、肤色、性别、性取向、年龄、信仰和精神及身体障碍等方面的不同而产生的歧视，或与那些歧视合谋。

（3）个人行为。社会工作者不应该让自己的个人行为干扰自己完成专业责任的能力。

（4）不诚实、欺诈和诱骗。社会工作者不应该参与不诚实、欺诈和诱骗的行为。

（5）损伤（impairment）。社会工作者不应该让自己的个人问题、心理社会（psychosocial）的苦恼、法律问题、滥用药物或精神健康问题干扰专业判断和操作，一旦发生这种情况，应该立即求助于专业帮助，调整工作量、结束实务或采取其他必要措施以保护案主和他人利益。

（6）表述失实（misrepresentation）。社会工作者应该对自己作为一个普通个人的言行与作为专业、组织或自己的雇用机构的代表的职业言行作出清楚的区别。社会工作者代表专业社会工作组织发言时，应该准确表述该组织的官方和权威立场。社会工作者应该保证他们向案主、机构和公众展示的关于专业品质、证书、学历、能力、所提供的服务以及达成的结果等都是准确的。社会工作者只能宣称自己实际拥有的专业证件，对那些他人误言或其他不实说法应予以更正。

（7）请求。有些潜在案主情况特殊，容易受到不当影响、遥控或强迫，社会工作者应该避免不适当地引导案主成为自己的服务对象。社会工作者也不应该要求那些因为情况特殊而容易受到不当影响的案主或其他人为自己证明，包括要求案主同意使用案主先前的陈述作为对社会工作者行为的某种证明。

（8）荣誉归属。社会工作者应该只对自己实际所做的工作和作出的贡献承担责任和享受荣誉（包括作者荣誉），也应该诚实地承认他人的工作和贡献。

（五）社会工作者对社会工作专业的伦理责任

（1）专业的整合（integrity of profession）。社会工作者应该致力于维持和促进高标准的实务，支持并提升专业价值、伦理、知识和使命。通过适当的学习和研究、积极的讨论和负责任的专业批评，保护、增进和改善专业的整合，预防未经授权和无资质的社会工作实务。

（2）评估和研究。社会工作者应该监督和评估政策、项目的实施过程和实务干预。从事评估和研究的工作者应该仔细考虑可能的后果，遵守保护评估和研究参与者的指导方针，评估和研究前应该获得参与者的被告知的同意，尊重和保护参与者的福利、隐私和尊严，并被告知保密的局限和参与者拥有的其他各种权利。社会工作者应该正确地报告评估和研究结果，不得捏造和篡改结果，应该纠正出版时发现的错误。工作者还应该警惕和避免与参与者的利益冲突和双重关系，当真实的或潜在的利益冲突出现时，工作者应该以案主利益至上的原则解决冲突。

（六）社会工作者对社会的伦理责任

（1）社会福利。社会工作者应该促进从本土到全球社会的整体福利，推动民众及其社区和环境的发展，倡导有益于满足人民基本需要的生活条件，并促进社会、经济、政治、文化价值和制度与社会公正协调发展。

（2）公共参与和社会、政治行动。社会工作者应该推动公众参与社会政策的形成过程，并采取社会的、政治的行动，以保证全体人民有平等的机会获得满足其基本需要和充分发展所需要的资源、就业、服务和机会，尊重文化和社会的多元性，预防和消除基于阶级、种族、群体、精神和身体障碍、信仰、性别以及性取向等不同而导致的控制、歧视和剥削，促进社会正义。

（3）公共突发事件。在发生公共突发事件时，社会工作者应该最大限度地提供合适的专业服务。

综上所述可以看到，社会工作伦理涉及与社会工作有关的方方面面，其中体现的宗旨是社会工作者如何以民主的、尊重的、人道的方式，实现案主利益的最大化。接下来就其中在实务工作中与案主利益最紧密相关也最重要的方面作进一步的阐释，以增进对社会工作主要伦理的理解。

■社会工作主要伦理

（一）案主自决

比斯台克将“自决”定义为社会工作者“对案主作出选择和决定的自由和需要的实际认同”。案主自决是社会工作专业高度强调的价值（专业伦理），这与相信案主有成长和改变的能力的专业价值是相吻合的。因为社会工作者相信案主是有力量和潜在的能力的，所以，尽管案主一时处于困难或问题情景中，社会工作者仍然把案主看作工作上的合作伙伴，在互相的努力中协助案主寻求问题的答案或促进成长。社会工作者相信，如果自己的角色仅仅是提供方案和随便地给以劝告，自己就不能辨识案主的力量而是培养一种依赖，也降低了案主的身份，使之处于被动合作的不重要的位置，并最终会损害案主的自尊和利益，无法达成社会工作专业“助人自助”的专业目标。

所以，案主为了成长、成熟和有责任，需要学习独立决策并为之产生的结果负责。诚然，在此过程中，错误和痛苦可能会发生，但这是生活的一部分。扎斯特罗指出，在案主自决原则的操作化过程中应该遵循以下四个原则：

（1）自决意味着案主应当意识到，解决他们面临的个人的或社会的问题时存在着多种方法。

（2）自决意味着，是案主而不是社会工作者，才是主要的问题解决者。社会工作者应当认识到，案主拥有问题并因此对解决问题负有主要责任。这一点是社会工作鲜明地不同于其他专业的特点。诸如医生和律师这样的专业人员是按照他们相信案主应当做什么来忠告案主的；与此形成鲜明对照的是，社会工作不应当寻求确定专家-平民的关系，而是平等的主体间的关系。社会工作者的专长不在于知道或者推荐所谓最好的东西给案主，而是在于帮助案主更好地界定问题，开发和考察解决问题的方法，最大限度地提高他们的独立决策能力和机会以及实施案主作出的决定等方面。

（3）自决并不禁止或者限制社会工作者提供观点或者作出建议。事实上，社会工作者有责任让案主分享他们的观点。

（4）即使在社会工作者有保护社会的额外功能的领域里，案主的自决也是可能的和应当被鼓励的。这种额外功能的三个领域是保护服务、监狱以及假释和缓刑。扎斯特罗援引康普顿和盖乐威的观点进一步说明了自决的范围："例如，缓刑机构可能强制执行一条法律条款，缓刑犯必须向缓刑官报告自己缓刑改造的情况，这不是案主自决的问题。但是，在报告的次数、会谈的时间长短、报告的时间以及会谈过程中应当讨论的内容等方面，敏感的缓刑官可以允许案主有广泛的自决。"[1]

需要指出的是，自决不是绝对的，在某些情况下，自决应当受到限制：当案主年幼或智力不足时；当案主的行为或者潜在行为使自己或者他人处于严重的可预见的、明显的危险时。当然，如何界定"危险"还需要社会工作者根据相关法律和专业判断力来定夺。

有一点社会工作者应该记住：即使已经减少了案主的自决权，社会工作者还是应该确保最大程度地行使案主的能力。美国的一份研究表明，一些轻度痴呆的患者仍然显示出可以参与决策的能力。例如，在某智障者服务机构，当工作者尊重智障者的一些想法和看法，如演出时穿什么颜色的衣服、唱哪一首歌时，事情会更顺利地进行，他们的满意度也更高。

（二）被告知的同意

被告知的同意，又称为书面同意书，通俗地说，是指案主应该有知情权。这一原则要求社会工作者用清晰的可理解的语言告知案主关于服务的目的、与服务有关的风险、由于涉及第三方付款人而带来的服务的限制、相关的费用、合理的其他选择、案主拒绝或撤回同意书的权利和服务的时间框架等。如果工作者要对案主录音、录像或让第三方观察服务过程，都必须事先获得案主同意。社会工作者还应该给案主提供"提问的机会"。如果案主没有文化或难以理解工作者所使用的一些基本语言，社会工作者应该采取措施尽可能使其明白，以保证案主的利益。

---

[1] 查尔斯·H. 扎斯特罗．社会工作实务——应用与提高．晏凤鸣等译．北京：中国人民大学出版社，2005.56.

（三）保密原则

保密是指社会工作者应该尊重案主的隐私权。在社会工作者和案主之间口头的或书面的约定，要求工作者保持案主信息的私密性，除非得到案主的书面授权或法律要求，否则，社会工作者不可以把案主的信息与其他任何人分享。保密分为绝对保密和相对保密两种：绝对保密是指与案主工作过程中的一切信息无论在什么情况下都不能泄露，即从案主那里获得的信息不能付诸书面的形式（如个案记录、电脑文档）或与同事、上司讨论；相对保密是指有条件的、在一定范围内可以与有关人员分享。大多数社会工作者认为绝对保密是做不到的，相对保密是有道德和更有意义的。据扎斯特罗介绍，在美国的所有机构都允许（并且事实上是鼓励）其工作人员与同机构的其他专业人员讨论案主的情况。社会工作者常常是团队协作中的一分子，为了帮助案主，他需要与团队中其他助人者分析和讨论案主的情况，以寻求对案主最佳的助人方法和途径。此外，其他一些人员，如管理者、志愿者、书记员以及研究者等也有可能接触案主的个人信息，但这种接触也应该是为了更好地为案主服务的目的。即使如此，也应该遵守保密原则，应该签字同意不滥用保密信息。

社会工作者有必要促进保密的政策和规范的制定，对资料的保密建立严格的标准，确保案主信息被小心地、尊重地对待。

当案主的想法、计划和行为对他自己、他人生命或社会构成严重威胁时，工作者可以甚至应该违反保密的要求，因为对案主的保密权应该让位于他人的权利——“保护隐私权应该止于公共利益开始受到威胁时”。

原则性的要求是理论层面上的，具体实务中的情况远比想象的要复杂得多。如果一位因为婚外恋而染上艾滋病的妻子，不愿意告诉先生她得了艾滋病，因为一旦先生知道真相她将失去丈夫，失去家庭，而她现在深感孤独，不愿意失去家庭，遇到这种情况时社会工作者是否应该遵守保密原则呢？此外，什么样的情况属于“对他人和社会的严重威胁”呢？所有这些，都没有简单的答案，社会工作者应当根据相关法律或机构规定，与督导或机构领导商量后慎重考虑。

从实务工作的立场来看，保密原则在助人工作中是不可或缺的。这不仅体现出对案主价值和尊严的尊重，而且也有实际的意义，因为，如果没有对保密的保证，案主可能不会愿意冒着风险将自己隐藏的秘密、个人问题、反社会思想和行为告诉专业人员。

加拿大的社会工作服务机构不仅对如何保密有详细的规定和严格的要求，而且对万一发生了泄密事件应该如何补救和处理、泄密者会受到什么处分，都有明确的说明，这种对保密的制度安排值得我国的社会工作机构学习和借鉴。

（四）保持专业界限

社会工作者与案主之间除了专业助人关系以外，不得发展双重或多重的其他关系，如经济关系、性关系或朋友关系等，这在欧美等西方国家的社会工作伦理中是特别强调的。其初衷是，一方面，希望通过专业界限的确立和维持，使双方更能集中于与案主的问题解决有关的议题上，因为明确的角色期待、清楚的职责和权利的界定，有利于双方在目标推进过程中尽快地找到自己的位置，完成自己应担负的任务，减少无助于目标达成的非建设性行为；另一方面，由于工作者与案主双方权力的不同，为了避免工作者因为个人政治的、经济的、宗教的或性的利益而利用、剥削案主或对案主造成潜在的伤害。但是，关于社会工作者与案主不得发生双重或多重关系的规定有一定的时效性，例如，在加拿大，有的省份规定为 2 年以内，有的则为 5 年。

中国的文化与西方的有所不同。在中国，社会工作者（或准社会工作者）与案主之间常常发展出模拟家族关系的称谓和与此称谓相应的社会关系，最常见的是工作者与案主互称大伯、大妈或大姐等，这听起来很亲切、自然，并且有些社会工作者确实像父母等长辈一样关心、对待失足青年或其他需要帮助的人，其亲情般的感化作用已经被大量的经验事实所证明。但是近年来，也已经有学者提出质疑，例如，张和清曾针对云南金碧社区禁止吸毒模式中的“家庭式亲情”提出质疑。[1] 中国社会工作在专业化的发展过程中，也应该从更好地促进案主成长和最大限度地保护案主利益的角度思考、探讨这一问题。

---

[1] 张和清．华东理工大学学报（社科版），2000.4：79.

■专业伦理两难的处理

示例

假设你是一个社会服务机构的社工，你的案主李女士内退在家已3年，身体有病需要服药，丈夫生前看病所欠的8000元尚未还清，唯一的女儿在上大学二年级，生活十分艰难。按照政府的有关规定，李女士家符合政府规定的低保条件，你负责帮助她办理了低保手续。但李女士觉得生活还是难以为继，便搬回娘家，尽管她知道，住到她父母、弟弟和弟媳只有50平方米的家也不是办法，但她顾不上太多了，只要娘家暂时还接纳她，她就住过去，把自己的小房子出租，每个月可以增加500元的收入，也好改善一下生活。李女士说因为知道你是一个很有同情心的社会工作者，所以告诉了你，希望你保密。但你知道，李女士家的收入现在超过了政府规定的享受低保的资格线，按规定应该取消李女士的低保资格，但你又觉得李女士家的情况很值得同情，你怎么办？

从上述示例中可以看到，社会工作者在对案主的保密要求和遵守机构政策及政府有关法规的义务之间发生了冲突。实际上，由于社会工作者要同时对案主、同事、机构和社会等几方面履行伦理义务，他常常不能同时满足几个方面的要求，因此这些义务之间可能发生冲突。社会工作者在履行专业服务过程中，这种必须在两个或两个以上存在冲突而又相近或相似的价值或伦理之间选择一个所造成的抉择困境就是伦理两难。洛温伯格和多戈夫（Loewenberg & Dolgoff）以及雷默（F. G. Reamer）等认为，为了解决伦理两难，有必要设立一个价值或原则等级，对重要者优先考虑，以提供一个解决两难的依据。美国学者比较重视雷默提出的如下排序[1]：

（1）他人的生命权、健康权、幸福和生活必需品的价值，高于案主的保密权和个人的其他附带的权利，例如，财产权、教育权和休闲权。

（2）一个人的基本幸福权（行动的必要先决条件）比另一个人的隐

---

[1] Beulah R Compton & Burt Galaway. Social Work Process. Pacific Grove：Brooks/Cole，1999. 163.

私、自由或自决权重要。

（3）一个人的自由权高于他自己的基本幸福权。

（4）一个人服从自觉自愿同意的法律、规章的义务高于在冲突情况下遵守的权利。

（5）在冲突的情况下，一个人的幸福权高于法律、规章、条例和志愿协会的安排。

（6）预防诸如饥饿之类的基本伤害，增进诸如住房、教育和公共援助之类的公共物品的义务高于保持一个人的财产的权利。

很显然，雷默的排序充分体现了西方社会以个人为本的文化特征，在中国的国情下不一定完全适用，但是这种重视个人基本福利的价值观，仍然值得我国的社会工作学者和实际工作者参考。

尽管雷默提出的排序原则是一个有价值的解决伦理两难的参考，社会工作者在把这些原则贯彻到无数复杂的情景中时仍然面临许多不确定性和模糊性，这是社会工作者必须面对的现实。库利等（Corey，Corey& Callanan）提出的一个更具可操作性的步骤似乎为社会工作提供了更有价值的参考，其中包括以下 8 个方面[1]：

（1）辨识问题或两难，尽可能多角度地收集关于这个情景的信息。

（2）辨识出相关的潜在问题，决定出核心的原则和对抗性的问题。

（3）回顾相关的伦理原则。

（4）回顾能运用的法律和法规。

（5）与同事、督导或法律专家磋商。

（6）仔细考虑可能的和很有希望的行动过程。

（7）检验每一种选择的后果。

（8）对一个特别的行动过程作出决定，权衡所拥有的信息和其他选择的影响。

社会工作者不需要按部就班地按照以上步骤行事。然而从事这其中的每一步都全面并深思熟虑地检验问题和选择是重要的。除了这些步骤外，社会工作者也应该确保，在每一阶段的决策过程中，都仔细地证实相关的投入和考虑。

---

[1] 本章价值和伦理部分请参见：Dean H Hepworth，Ronald H Roonep，Jo Ann Larsen. DirectSocial Work Practice. 6th Edition. Pacific Grove，2002. 57 - 67，78.

第三节 自我价值与专业价值

每个人都有自己的一些偏好，有自己评判事物高低、美丑的标准，这就是一个人的个人价值观，在社会工作中被称为“自我价值”（self-values），自我价值观有时与社会工作专业价值观相一致，但也常常有不一致之处。约翰逊（L. C. Johnson）等认为影响自我价值的因素包括以下几种：

（1）个人的文化遗产。

（2）个体所属或渴望加入的群体的价值。

（3）个人的经历。

（4）个人关于人及人类社会的本质的看法。

社会工作专业教育的目的之一就是要强化学生的专业价值，使之内化为社会工作者专业行为的准则。赫淡沃斯等建议通过以下几个途径来强化专业价值的形成：①不断地提高自我意识；②对新的人和事保持一种开放的心态；③增进实践经历。这些建议对相关的专业教学是很有效的。一般来说，通过几年的专业教育，学生们在实习过程中会非常注意自己是否有与专业价值和方法相悖的情况，并且对目前一些社会工作机构服务从业人士的一些不符合专业价值的做法有较高的敏感性，此外，他们也能及时地反思自己未达到专业要求的价值和行为，这得益于专业教学中倡导的“自我意识”教育。坚持与不同人群的接触，能够增进对不同群体尤其是一些弱势群体的了解和接纳。有些学生，在被安排去智障机构前，对智障者很不了解，想当然地认为他们什么都不知道，而且还对这个群体感到很害怕，但是，专业教育中要求他们“对新的人和事保持一种开放的心态”，促使他们抱着一定要试一试的态度去接触这样的机构。作者十几年带领学生实习和服务的经历证明，接触能加强理解，进而能够促使学生对智障者产生很深的感情，并从宏观角度去思考如何改善这个群体的生活环境，增进这个群体的福利。

当然，要求每个社会工作者都能够对所有的人不抱偏见是不现实的。在作出各种增进专业价值的努力之后，如果社会工作者还是不能接纳某种类型的案主，那么，为了案主的利益，也为了社会工作者自己，最好考虑把案主转给其他的社会工作者，或请示督导。

第三章　个案社会工作理论基础

爱因斯坦说过，一个人能不能观察眼前的现象，取决于他运用什么样的理论，理论决定他到底观察到什么。在社会工作领域，常常有一些人认为社会工作既然是实务取向的专业，学那些枯燥的理论有什么用。这是一个认识上的误区。实际上，理论给社会工作者提供了一种看待世界的方式，它给工作者理解问题为什么会发生提供了方向，更重要的是它为解决问题提供了线索。个案社会工作运用的理论有很多，兹介绍几种最主要的理论。

第一节　生态系统理论

生态系统理论（eco - systems theory）是当今通才取向的社会工作实务最重要的理论，该理论源于贝特兰菲（Ludwig von Bertalanffy，1901～1972 年）的一般系统理论和勃伦芬勃雷纳（Uri Bronfenbren - ner，1917 年～）的生态环境说，后经许多社会工作学者的发展，成为分析复杂的人类互动本质的有用框架。该理论在 20 世纪 70 年代开始对社会工作产生大的影响，至今已成为支配性理论。

■一般系统理论

根据巴克雷（Buckley）的观点，一个系统牵涉到一个因果网络中的一组复杂的直接或间接地互相关联的部分，即每一个组成部分在一个特定时期内以一种或多或少稳定的方式与其他一些部分关联。[1] 一个系统可以是任何有可界定的界限和互动部分的单位，这些部分可能是物质的（例如金钱、房子等），可能是社会的（例如个人、家庭系统、朋友、

---

[1] 转引自：Irene Goldenberg & Herbert Goldenberg. 家族治疗理论与技术．翁树澍，王大维译．台北：扬智文化，1999. 63.

邻里等），也可能是经济的（与银行有关的系统），甚至可能是任何发生互动和关联的概念、观念、物质实体、意识形态和理论。与社会工作最相关的系统也许是社会系统，奥尔森（Olsen）认为社会系统是一种社会组织的模式，在其构成的元素之外，还具备了明显的完整统一性，透过界线清楚地与周围有所区别和分隔，而它的次单位在相对稳定模式的社会秩序之中也有部分的关联。简单来说，社会系统就是建构成单一社会体的一系列密切相关的活动。[1]

系统理论一般被认为由奥地利理论生物学家贝特兰菲创立于20世纪40年代。他认为变化可能出现于有机体各部分之间的互动。当时的理论趋向于一种简约化，即通过把整体分解为各个部分来理解整体。系统理论的出现改变了人们看待整体的方法，它把系统看成是一个由各种关系及与其他系统互动作为成长和变迁机制的整体。贝特兰菲把系统理论作为一种组织大的有机体各部分之间互动的方法，后来又被广泛地运用到许多不同的科学领域，例如心理学、精神病学、社会学和社会工作等。为了更好地理解系统理论的互动本质，下面有必要简单介绍一些贝特兰菲使用过的概念。

■系统是如何运作的——相关的术语

每一个系统都是一个有独特的特质或界限的单位，这种特质或界限被称为边界或界线（boundary）。系统通过系统之间以及与环境之间能量的互相交换而成长。如果一个系统能够透过边界互相交换信息、能量或资源，则这个系统就是一个开放系统，一般被认为功能正常；相反，如果一个系统孤立于其周围环境，无法与其他系统发生交换，则被称为封闭系统，一般被认为功能失常，例如，某些少数群体由于受歧视而被拒绝进入许多机构、场所和失去许多机会，导致严重的发展受阻。因此，系统的成长也只有在系统边界具有可渗透性的情况下才能够发生。承认系统成长来源于系统引进能量或者输入来自其他系统能量的能力，那么，开放性是系统发挥功能甚至生存的关键品质。但是，封闭有时也

---

[1] Benyamin Chetkow - Yanoov. 社会工作实务——系统取向．江佩玲等译．台北：五南图书出版公司，2001.9.

被认为是保护系统的一种手段。

系统依赖于能量的流动，输出又有赖于新的输入，太多的输出会导致失序状态，系统这种运用自己的能量维持运行，即除非从边界以外获得输入否则会停止的情况称为熵（entropy）。当输入大于输出时，称为负熵——一种系统的成长状态。

系统和环境之间信息、能量或资源的互换是受到一个被称为反馈（feedback）的过程调节的，这是一种用于断定系统输出是否与系统设定的结果（目标）一致的评估方法。

假如系统感知到输入和输出之间的偏差，它会通过改变输入来变更这个过程。虽然系统处于不断的互动变化中，有时可能呈不稳定状态，但最终系统总是会达到恒定的状态。

■生态环境说

生态环境的概念被认为由勃伦芬勃雷纳所创。勃伦芬勃雷纳认为贝特兰菲的模式假定系统内存在一种线形的因果关系，没有充分抓住在社会系统内出现的复杂的动力。在纯科学情景中，来自环境影响的系统的所有方面都可以小心控制，但在人类社会系统中，有一些额外的环境因素，统称之为生态环境，他把生态环境“视为一组巢状结构，每一个在另一个里边，就像俄罗斯套娃。最里面的一层是最直接控制这个发展着的人的场所……然而下一步总是把我们引向远处，因为它要求超越单个环境（setting）去看它们之间的关系”。

本质上，这个观点说明不能孤立地看待人类的发展，必须将其放到人与环境关系的背景中去考察，而且必须考虑到每个人的环境是独特的。勃伦芬勃雷纳认为“一个人的发展深受这个人甚至不在场时出现的各种环境事件的影响”。如此看来，勃伦芬勃雷纳较之于贝特兰菲进一步认识到了系统互动关系的复杂性。例如，一个孩子受到父亲毒打，线形的因果关系可能认为是父亲脾气不好，可作了进一步的探讨后发现，这个父亲的单位由于厂长转移并挪用公款，突然处于崩溃状态，父亲面临着下岗的威胁，但这位厂长却因为有后台而没有受到太大的惩罚，父亲由此气上加气，而孩子的母亲又因为处境艰难与父亲发生争吵，恰好孩子看到父母吵架而哭闹不已，父亲一时控制不住情绪打了孩子。从这个例子可以看出各因素（系统）之间的交互影响，也即生态环境说所认为的循环因果关系。

■生态系统理论

勃伦芬勃雷纳的生态环境说和贝特兰菲的系统理论并列导向了生态系统视角，即检验系统之间的互动关系。在 20 世纪 80 年代，乔麦（Germain）和吉特曼（Gitterman）在把这些概念运用到社会工作专业方面又迈出了一大步。他们的“生活模式”（life model）概念是生态系统理论的主要陈述。

生活模式把焦点集中于人与环境的不断转换上。它强调在文化的、历史的以及社会的背景中看待个人和家庭的生理心理社会（biopsycho - social）的发展。乔麦为系统间的关系赋予了交易性和“实体间的或其要素间的互相交换”的特征。在其中，每一种变化都会影响其他部分的变化，因此，系统间的关系不再是线形的而是循环的，互动中的每个系统彼此互相影响。作为相互作用的结果，系统呈现出既殊途同归（equifinality，又称为等效性，指以不同的方法达到同样的结果）又多元结果（multi - finality，指相似的情况可能导致不同的结果）的特征。

生态系统视角把个人看成既是他们所处情景的原因也是其所处情景的结果。因为人处于一个动态情景中，他作出的每一个改变在更大的环境上引起了一个反应性变化。

到了 20 世纪 90 年代，乔麦把适应、社会压力、应对、权力和人类关联作为理解人在环境中互动的本质的五个重要概念。在乔麦看来，适应是核心的生态概念，既可以导向改变个人以满足环境要求，也可以导向改变环境以更好地回应人类的需要。人在环境中的互动会导致一种正常的紧张，或者称为生活压力。至于什么是个人感知到的压力，则随着年龄、性别、种族、情感、文化、体力及过去的经验等而有所不同。对个人而言，要想成功地应对压力，必须消灭负面情绪以维持希望，由此问题的解决也才有可能。但是乔麦认为，支配群体滥用权力，既导致社会的和技术的污染，也成了人与环境互动的紧张之源。一个人如何体验这种紧张，以及如何适应这种产生紧张的情景，决定了一个人处理权力不平等和不平衡的能力。“人在环境中”的概念中最重要的是人有发展关系和依恋的能力。无论文化如何不同，在每个社会，人类互相关联、胜任、自我导向和自尊都是人在环境中关系的可预期的结果。❶

由此看来，乔麦对与环境互动中的人持乐观的态度，他认为人不仅仅受环境制约，而且也能改变环境。

■简要评价

生态系统视角指导社会工作者跳出表面呈现的问题而把问题与案主所处的系统相关的各个部分联系起来看，考虑了环境对人的问题形成的影响，较之于医疗模式中把问题的成因归之于个人的缺陷并近乎责备弱者或受害者的做法是一个很大的进步，为工作者进行干预提供了多元的方向。而且，生态系统视角承认人也可以对环境施加影响，可以改变环境以满足人类的需要，这个比较乐观的看法是鼓舞人心的，但它的互动观没有充分考虑各个互动部分之间权力和力量对比的不平衡状况，忽视了案主常常处于权力较小或被剥夺的现状。诚如克劳沃德和皮文（Richard Cloward & Frances Fox Piven）所指出的，“系统理论方法引导社会工作者把案主看成是与社会工作者表面上应该干预的各个不同的‘系统’‘互动’的人，十分温和的辞藻否认了对权力现实的识别。我们知道犯人与监狱‘互动’，精神病人与医院‘互动’，接受福利者与福利部门‘互动’，贫民窟流浪汉与都市当局之间‘互动’，但是，大多数案主不能与这些系统‘互动’，他们受系统的压迫！”❷

詹姆斯与麦金农（James & MacKinnon）等女性主义者也批评系统理论中隐含的假设——系统中所有的部分都促成了问题的产生——认为这个假设将成员置于拥有平等权力的位置。特别令女性主义者不满的是系统理论把循环因果论运用到强暴、乱伦或殴妻等事件中，因为这暗示了受害者与施害者对于制造与维持问题的情景负有同等责任。❸

---

❶ Bruce D Friedman. Systems Theory. In；Jerrold R Brandell. Theory and Practice inClinical Social Work. New York：The Free Press，1997. 3－11.

❷ Ben Carniol. Case Critical. 4th Edition. Toronto：Between the Lines，2000. 42.

❸ Irene Goldenberg & Herbert Goldenberg. 家族治疗理论与技术．翁树澍．王大维译．台北：扬智文化，1999. 463.

第二节 需要理论

需要是社会工作者理解案主及其环境的重要切入点。专业社会工作就是在不断回应社会需要的过程中发展起来的。案主之所以出现问题或陷入困境，常常是由于其需要没有得到满足或是满足需要的内容或途径不当，因此，理解有关需要的一些基本概念，是社会工作者理解案主问题并从中找出解决问题的线索的关键。

■需要的概念

“需要”是英文“need”的中译。约翰逊认为“需要”是“在一个既定的情景中，一个人或一个社会系统于合理期望内发挥功能所必需的东西”[1]从这个定义中，大致可以对此处所说的“需要”作出以下几个限定：

(1) 需要与特定的情景有关，因时、因地、因人而异。

(2) 需要的满足必须是基于合理的期望之内，包括需要的内容必须是现实条件所许可的，满足相关需要的途径必须是社会可接受的。

(3) 这个需要必须是特定的个人或系统发挥社会功能所必需的。

■共同的人类需要

人类个体虽然千差万别，不同的人有不同的需要，但作为一个种群，个体有许多共同的基本需要。赫泼沃斯和陶乐（Charlotte Towle）对人类基本需要的观点如表 3－1 所示。

表 3－1 赫泼沃斯和陶乐对人类基本需要的观点

	人的需要	资源所在地
赫泼沃斯	· 正向的自我概念 自我认同 自尊 自信心	重要他人（父母、亲戚、教师、同辈群体等）所提供的安抚、接纳、爱和正向回馈。

[1] Louise C Johnson，Robert W McClelland & Carold D Austin. Social Work Practice—A Generalist Approach. Canadian Edition. Allyn and Bacon Canada，2000. 7.

续表

	人的需要	资源所在地
赫泼沃斯	· 情绪 感觉被他人需要和看重 同伴 归属感	父母、配偶、朋友、手足、文化上认同的团体、社会网络
	· 个人实现 教育 休闲 自我实现 审美的满足 信仰	教育、休闲、信仰、就业和其他社会机构
	· 生理需要 食物和衣物 居处 健康照顾 安全 保护	经济、法律、医疗单位、政府提供的社会福利体系、急难救助团体、法律协助单位
陶乐	· 物质福利——食物、住所和健康照顾 · 情感和智力成长的机会 · 与他人的关系 · 精神需要的提供	

资料来源：1. Dean H - Hepworth，Ronald H - Roonep，Jo Ann Larsen. Direct Social Work Practice. 6th Edition. Pacific Grove，2002. 7.

2. Louise C Johnson，Robert W McClelland & Carold D - Austin. Social Work Practice—A Generalist Approach. Canadian Edition. Allyn and Bacon Canada. 2000. 8.

从上表可以看到，虽然赫泼沃斯和陶乐所列之内容有具体和概括之别，但其对人类基本需要的观点大致相同，都考虑了人类基本的物质的、情感的和社会的需要。陶乐还指出人的需要与年龄和生活情景相关。例如婴儿的需要一定包括身体照顾、学习机会和与爱他的人建立关系等，而成人的需要则一般是生存机会以满足衣、食、住等，不需要身体照顾（老弱病残除外）。

亚伯拉罕 · 马斯洛（Abraham Maslow）创立了一个呈逐级上升趋势的需要层次理论，其需要层次排列如图 3 - 1 所示。[1]

---

[1] Abraham Maslow. 动机与人格．许金声等译．华夏出版社，1987. 40 - 59.

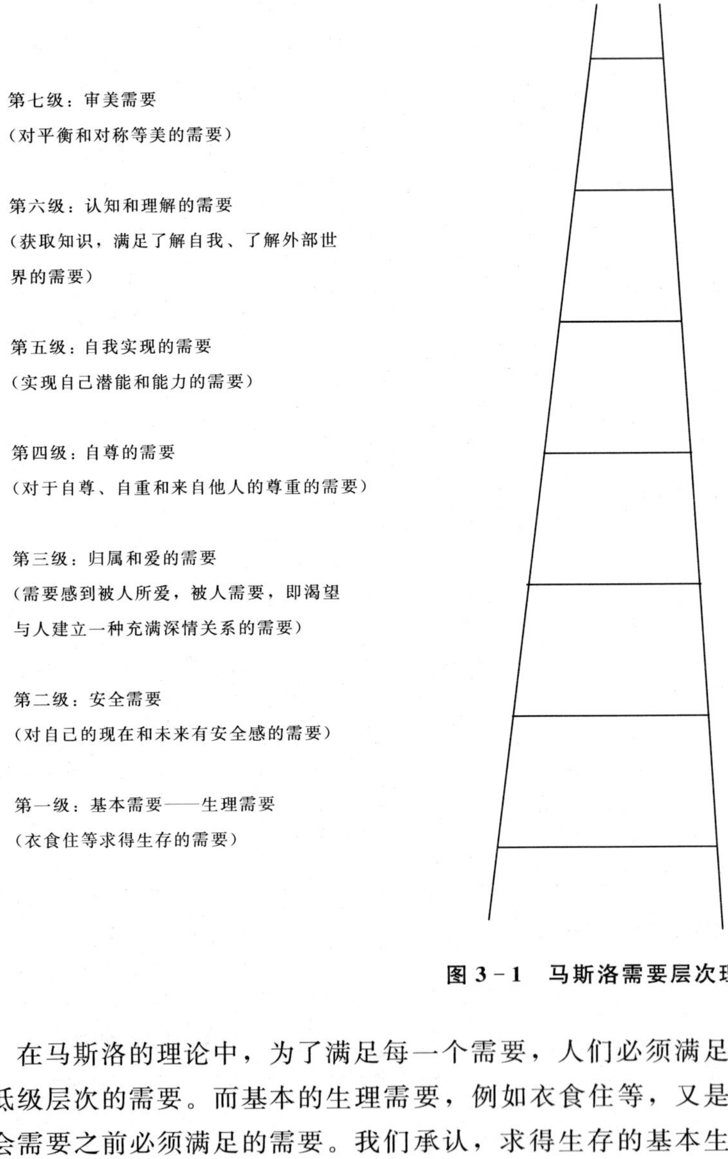

图 3－1　马斯洛需要层次理论

在马斯洛的理论中，为了满足每一个需要，人们必须满足前面的比较低级层次的需要。而基本的生理需要，例如衣食住等，又是考虑其他社会需要之前必须满足的需要。我们承认，求得生存的基本生理需要的满足是其他需要满足的前提，但它与其他需要之间并不一定是高低层次关系，有时它们是同时被需要的，不分轻重。例如，根据依恋理论的创立者、英国精神病学家约翰·鲍尔勃（John Bowlby）的研究发现，幼年与父母长期分离或遭受情感痛苦的儿童（例如战争孤儿或被遣散人员），其中许多人，日后更有可能遭遇行为的、情感的和精神健康的问题。[1] 也就是说，爱、关怀、抚摸等归属和爱的需要与生理需要具有等价性。

近年来，西方社会工作者开始普遍意识到案主对增权的需要，即感觉自己有力量或有为满足自己的需要和改变影响需要满足（need fulfilment）的情景所必需的控制感。我国的社会工作者还需要进一步增进对案主增权需要的认识，在致力于为案主寻求基本的生理需要的同时，应该牢记案主同时还有其他的社会需要，例如增权、自尊和尊重的需要等，这对社会工作者提供适切而更富人道的服务具有重要的方向性意义。

■人类共同需要的特定化及其辨识

约翰逊从人的发展和人的多元性两个视角探讨了人类特定的、适切的共同需要。[2]

（一）人类发展视角下的需要

从人类发展的需要来看，一个人在身体、认知、社会、情感和精神等方面的发展贯穿于其一生。至今，学者们已创建了许多的参考基准，例如智力测量表、认知发展测量表等，来测量一个人在以上各个方面的发展情况，艾里克森（Erik Erikson）的生命周期八阶段表是测量社会情感领域发展状况的有用参考，它建立在对每一个年龄段的心理社会任务的把握上，为社会工作者判断案主是否已获得预期的心理社会成长提供了有益的参考（见本章第三节）。社会工作者应该熟悉人类在以上各个领域发展的参考基准，以作为评估案主发展需要或需要满足状况的参考。

通常情况下，可以通过以下两种方法来辨识人类特定的需要：

（1）在每个生命阶段，人都应该以一定的与特定年龄相吻合的方式发展，为了出现这种发展，必须具备一定的条件。例如，6 个月～2 岁

---

[1] David Howe, Marian Brandon, et al. Attachment Theory, Child Maltreatment andFamily Support. Mahwah: LEA. 1999. 12－13.

[2] Louise C Johnson, Robert W McClelland & Carold D Austin. Social Work Practice—A Generalist Approach. Canadian Edition. Allyn and Bacon Canada, 2000. 9.

大的孩子，为了建立他对成人世界的信任感和安全感，他需要与主要照顾者建立一种亲密的依恋关系，照顾者必须提供及时而有效的舒适的身体照顾和抚摸、亲吻、眼睛接触等爱的表达。

（2）注意在一个特定的生命阶段预期应出现却没有出现的那些进展。这包括过去未被满足的需要和现在正导致社会功能出现问题的需要，也包括辨识发展滞后或预期的发展将不会出现的危险情景。从发展的视角来回应人类的需要，为发展的进展、消除阻碍发展的因素提供了必要的条件。这些条件的具备与否又和个人与环境的互动状况密切相关。

（二）人类多元性视角下的需要

人类虽然有共同的需要，但满足需要的方式受到多元因素的巨大影响，例如文化因素，或身体失能、性别、性取向及社会中对某些群体的歧视性举措等。这个视角有助于认识和理解文化的本质及其对人类发展和功能发挥的影响。例如，同样是对爱的需要，同性恋者想与爱人共同建立家庭的需要可能会而且事实上已遇到远比异性恋者大得多的阻碍，而一个肢体失能的孩子受教育的需要，也许仅仅因为没有无障碍设施而比一般的孩子经历大得多的障碍和痛苦。

人类多元性的视角是从文化相对性的立场来考虑人类的行为。在一个情景中的实用的行为，在另一个情景中则可能是失功能的。在不同文化中所发现的发展模式的偏差不应该被认为一定是反常的或变态的。这样，社会工作者对案主的需要的反应就不是为了测量是否规范，而是确认在案主复杂的文化背景中，当多元因素影响个体的成长和功能时，其感知、经历和事件对他们的意义。

为了理解人的需要，社会工作者还必须充分了解环境因素对人发挥功能的影响。环境因素包括社会的、经济的、地理的和气候的条件，它们构成了个体最直接的环境，歧视性的态度、社会文化期望和极端的气候都对人的行为有影响。此外，工作者也应该充分理解失能的条件对个体功能和发展的影响，其中包括偏见、歧视和身体及精神失能。社会工作者只有对人类的多元性有深刻而全面的了解，才能更好地理解人类的需要，进而才有可能更好地满足人类的多元需要。

第三节　心理动力理论

在社会工作的发展史上，大约从 20 世纪 20 年代到五六十年代，基于心理动力理论（有时与精神分析理论替换使用）的各种方法曾经不同程度地支配社会工作的干预实务，尤其在精神健康、儿童或家庭取向的社会服务机构中，其影响更是巨大，直到生态系统理论出现并替代了其在社会工作实务中的主流地位，心理动力理论在这些领域的影响才渐渐减弱。尽管如此，心理动力理论的一些重要的概念和方法，例如转移、退缩和压抑等，已经不同程度地被社会工作实务界所接受。与此同时，心理动力理论本身也发生了许多变化，产生了一些新的流派，例如客体关系理论和自我心理学等，这些新的流派继续为社会工作界所运用。

■心理动力理论的概念

兰登书屋出版的《心理学词典》对心理动力的定义是“根据与动机有关的过去和现在经验（历）而对人格的一种系统研究”，另一个宽泛意义上的定义是“一切在塑造人格中的力量，包括内在的力量和外在的力量”。

所有心理动力理论模式具有以下共性：

- 相信潜意识。
- 运用移情与反移情的结构。
- 视儿童期的经验为塑造一个人人格的关键。
- 这些概念如何理解以及如何处理，各模式不尽相同。

■心理动力理论的主要范式

心理动力理论发展过程中有两个基本的视角：驱动力范式和关系范式。前者如弗洛伊德的驱动力范式，后者如客体关系范式，兹分别作简要介绍。

（一）弗洛伊德的驱动力范式

弗洛伊德是心理动力理论的创立者。他认为，人格的基本结构由本我、自我和超我构成：本我是生物人的基本方面，它遵循快乐原则行事，具有原始思维的特点，是一股无形的巨大的支配力量；超我是社会人的部分，遵循至善原则，常常过分理性化，把自己作为审视对象，不断追求完美；自我介于本我和超我之间，遵循现实原则，是人格的执行部分，起调节作用。如果一个人不能很好地平衡三者，便会陷入矛盾痛苦之中。弗洛伊德对个体行为（病态）的分析将焦点放在个体内心相抗衡的力量上，以作为了解个体动机、冲突、不舒服及焦虑来源的基础。他认为性和进攻性的驱动是人类思想、情感和行动的主要动机，相对而言，性本能更重要（他把每一种神经症、每一个梦以及每一个外显行为都归于性的作用）。弗洛伊德同时认为，潜意识的过程、冲突和防卫在人类经验中充当主要角色。

弗洛伊德的理论开辟了人类认识自我的一个全新的领域，具有革命性的贡献，其重视儿童期早期经验对成人日后影响的观点对社会工作者具有重要的启发意义，但是他的理论认为人是一个封闭的系统，从而忽视了人的人际和社会背景。正如卡泼儿（Karpel）所指出的，弗洛伊德把自己局限于揭开病人的经验、幻想及内在知觉，实际上否定了家庭的关联性，把家庭只看作个人创伤的来源。家庭关系的潜在正向意义及增强的特质大概被减至最低或完全被忽视[1]，这与当前社会工作界强调的力量取向的主流趋势是相悖的。

艾里克森的生命八阶段周期理论，进一步发展了弗洛伊德的理论，艾里克森承认潜意识，但他把人格的发展看作是一个不断发展的并且是与环境互动的结果。他认为，每一个阶段生命任务的完成情况影响到下一阶段生命任务的完成，而每一阶段生命任务的完成都会让人获得一种增强自我的喜悦，或者如赫根汉说的美德。他的理论被许多人认为是所提出的人格理论中最有价值的一种，其生命八阶段周期如表3-2所示。

（二）客体关系范式

客体关系范式是以客体关系理论为指导的。古典的精神分析理论是

---

[1] Irene Goldenberg & Herbert Goldenberg. 家族治疗理论与技术．翁树澍，王大维译．台北：扬智文化，1999.9.

表 3-2 艾里克森的生命八阶段周期

阶段	大致年龄	心理-社会转变期矛盾	发展顺利者的人格特征	发展障碍者的人格特征
1	0～1（婴儿期）	信任感与不信任感	对人信任，有安全感	面对新环境会焦虑不安
2	1～3（幼儿前期）	自主感与羞怯感	能按社会要求表现目的性行为	缺乏信心，行为畏首畏尾
3	3～6（幼儿后期）	主动感与内疚感	主动好奇，行动有方向，开始有责任感	畏惧退缩，缺少自我价值感
4	6～12（学龄期）	勤奋感与自卑感	具有求学、做事、待人的基本能力	缺乏生活基本能力，充满失败感
5	12～18（青春期）	自我同一与自我混乱	有了明确的自我概念与自我追寻的方向	生活无目的，无方向，时而感到彷徨迷失
6	18～25（青春后期）	亲密感与孤独感	与人相处有亲密感	与社会疏离，时感寂寞孤独
7	25～65（成年期）	创造力与自我专注	热爱家庭、关怀社会，有责任心，有义务感	不关心别人与社会，缺少生活意义
8	65～去世（成熟期）	完美感与失望感	随心所欲，安享晚年	悔恨旧事，消极失望

资料来源：关于八个阶段的年龄及基本冲突（矛盾），各书稍有出入。请见詹姆斯·O. 卢格. 人生发展心理学. 陈德民等译. 上海：学林出版社，1996. 40；赫根汉. 人格心理学. 作家出版社—海南人民出版社，1988. 146-158；樊富珉，费俊峰. 青年心理健康十五讲. 北京：北京大学出版社，2006. 40.

驱动力理论——与生俱来的性与攻击性冲动是人的原始动力。客体关系理论的发展源于早期母子关系研究，尤其是早期经验的长期影响对婴儿长大成人后功能的冲击。该理论认为，婴儿最主要的需求在于与照顾者形成依恋关系，例如母亲。这和弗洛伊德的内在心理、驱动力导向的理论不同，后者认为婴儿的基本挣扎来自性与攻击性的冲动。

客体关系理论的分析重点在于“客体”，所谓客体就是一个人在成长过程中，对他人所形成的心像或主观经验，而不是真实的他人。客体从婴儿期的经验与之后的期望就开始建立。简言之，客体关系理论者相信，个体现在与他人的关系有部分来自早期经验对他人所形成的期望，也就是说，“过去”仍然鲜活地活在个体的记忆中，潜意识地影响着个体现在的生活，即个体仍然根据现况与过去内化的客体的相似性在对他人做反应，而非对这些人的真实行为做反应。[1]

客体关系理论比心理动力的内驱力理论更关注人的内在历程，强调两人之间的关系（母-婴），使之与系统理论中的互动观点有所连接。而且个人内在的议题与过去经验也没有被忽视。客体关系理论所增加的理念，是在与他人的关系中的自我的发展，即从出生开始，一个人需要与他人连接，建立依恋关系——这个理论被广泛运用于对家庭的干预中。

第四节　女性主义理论

女性主义理论和以女性主义视角来协助女性的干预方法在当今的社会工作领域，已经日益成为一股不可忽视的力量。从世界范围内来看，较之于男性，女性处于比较不利的社会、政治、经济和文化背景中，女性更有可能陷于贫困，更有可能成为某些类型的暴力行为的受害者，也更有可能并且事实上已经成为社会某些不公平制度的受害者，因此，对于社会工作者来说，在帮助女性案主时理解这个不平等的事实，保持性别敏感性，站在女性的立场上协助女性就成为一个十分重要的议题。加拿大和美国的社会工作教育界分别在20世纪70年代和80年代初就已经成立相应的机构，旨在推动将女性主义视角引入社会工作教育和实务领域。[2] 中国内地自20世纪80年代以来，女性主义的理论和实践在性别研究领域和实际协助女性摆脱困境方面也逐渐成为一股卓有成效和有影响的力量，但在社会工作界似乎还没有专门的举措来推进女性主义视角进入社会工作教育领域。本节将对女性主义的一些基本概念作简要介绍，希望社会工作界更多地关注这个议题。

---

[1] Irene Goldenberg & Herbert Goldenberg. 家族治疗理论与技术．翁树澍，王大维译．台北：扬智文化，1999. 169－171.

[2] Francis J Turner. Social Work Treatment—Interlocking Theoretical Approaches. 4th Edition. Toronto: The Free Press. 283.

■一些基本概念

在介绍女性主义的基本理论之前，先熟悉一些术语是很重要的。

（一）女性主义

女性主义是英文 Feminism 的中译词，该词伴随着 19 世纪末西方妇女运动而出现，用以概括性别平等理论和妇女平等权利运动，20 世纪开始被广泛使用。实际上，女性主义是一个难以简要概括的复杂的概念，诚如王政所指出的："Feminism 有别于各种'主义'，它不是由几条定义和一系列连贯的概念组成的一种固定不变的学说，更不是排斥异己、追求占据思想领域霸权地位的'真理'，而是一个开放的、动态的、涵盖面极广的各种思想交锋、交融的场所。它历来同时包括理论和实践。"[1] 尽管如此，我们还是必须寻求一个概念性的解释，否则就失去了探讨的基础。

《韦氏新大学词典》（Webster's New Collegiate Dictionary）把女性主义界定为"除了站在妇女的权利和利益立场上的有组织活动外，还是一种关于男女两性间政治、经济和社会平等的理论"。柯斯特-阿西曼和卡伦·凯（Kirst - Ashman，Karen Kay）等认为，女性主义是关于男女两性间平等的哲学，它既包括态度，也包括行为，实际上渗透到生活的各个方面，常常必须站在女性的立场上提供教育和倡导，而且不顾性别，欣赏个体差异和个人成就。[2] 还有学者认为，女性主义是指为妇女争取平等权利和机会的一种信仰和行动；或者说它是一个社会变革的建议以及力求结束妇女压迫的运动。[3] 总之，女性主义代表着关于男女平等的一种观点、一种意识形态以及一种社会运动。

（二）社会性别

社会性别（gender）是相对于生理性别（sex）而言的，是女性主义理论中的重要概念，它是指男女社会角色和责任的差异。社会决定人的哪些行为与特征是可以接受的，这些行为与特征又通过教育、科学、法

---

[1] 王政，杜芳琴主编．社会性别研究选择．三联书店，1998. 8.

[2] Kirst - Ashman & Karen Kay. Understanding Generalist Practice. Chicago：Nelson - Hall，1993. 427.

[3] 转引自：沈奕斐．被建构的女性．上海人民出版社，2005. 86.

律、宗教、文化实践和社会制度等途径传布开来。例如，人们鼓励女孩在家里玩布娃娃，却让男孩出去玩球，由此将这种角色代代相传。实际上男孩可以帮着照顾小孩、做家务，女孩也可以成为运动健将。[1] 女性主义关注的重点之一，就是要挑战传统社会性别中不利于女性发展的性别角色分工模式。

（三）性别角色刻板化

性别角色刻板化是关于人们应该有怎样的符合其性别身份的行为的期望。女性的刻板化形象常常包括女性是“温柔的”、“富于表达的”、“情感性的”以及“缺少竞争性”等，男性的刻板化形象则通常指男性被想象成“富有进取心”、“身强力壮”、“成功”、“理智”以及“勇敢”等。

（四）性别歧视

性别歧视是指基于性别（sex）的偏见和歧视，特别是对女性的歧视，它指涉行为、环境，或滋生基于性别的社会角色刻板化的态度。[2]

（五）社会性别分析

社会性别分析是指从两性关系入手，强调男性与女性之间的社会关系，以及社会关系中权利不平等的状况，同时通过社会性别分析，将个人和家庭层面的不平等以及国家和社区层面的不平等的权利关系有机结合。

■各派女性主义的主要共识

女性主义理论观点受不同的时代、地域或文化的影响而有不同的流派，自 19 世纪末发展至今，蔚然已成派别的就有 10 余家，萨尼尔（Saulnier）将其主要归类为 9 派：黑人女性主义、文化女性主义、生态女性主义、自由主义女性主义、全球化女性主义、后现代女性主义、社会主义女性主义、马克思主义女性主义、激进女性主义，[3] 此外还有心

---

[1] 陈学锋，陈颖，朱晓宇，李晶．儿童权利——参与式多步培训手册．中国儿童中心，联合国儿童基金会，2004. 49.

[2] Krist Ashman & Karen Kay. Understanding Generalist Practice. Chicago：Nelson－Hall，1993. 424.

[3] 潘淑满．个案社会工作．台北：心理出版社股份有限公司，2000. 149.

理分析女性主义、第三世界女性主义等说法。其中，激进女性主义、自由主义女性主义和马克思主义女性主义被称为主要的三大派。各派对男女两性不平等的源头、表现形式和达成平等的途径等方面有不同看法，它们之间的冲突和斗争也复杂而频繁，但它们有一个共同的目标，即消灭性别间的不平等关系。坎贝尔（Campbell）将各派的共识或者称原则概括为以下五点[1]：

（1）相信男女两性是不平等的，而且这种情况是应当加以改变的，即用两性间的平等关系取代等级和不平等。

（2）对既存两性关系的改变将对更广泛的社会关系产生影响。

（3）两性关系是政治性的。

（4）反对划分公众领域和私人领域，认为政治权力既运作于个人层面，又运作于社会层面，即“个人的就是政治的”。

（5）公民的社会权利源于存在本身，而非源于社会地位，即“我存在，因此我有权利”。

■女性主义个案社会工作的主要观点或原则

将女性主义的视角引入个案社会工作服务领域，以此视角分析和看待案主的问题并采取相应的干预措施，这就是女性主义个案社会工作。女性主义个案社会工作的主要观点或原则如下：

（1）重视社会脉络。案主的问题应该放到社会政治结构中去考虑，因为问题常常根植于性别歧视的社会、政治结构中，例如受强暴的女性常常感觉自卑，没脸见人，像是自己犯了什么大错，并且不愿报案，害怕他人知道，这种心理就是传统男权社会单方面对女性“贞洁”要求的一种反映，因此案主的问题不能仅仅被视为是个人的或个别的，而应该进一步了解与评估可能导致女性问题的社会、政治和文化原因，例如，不公平的环境、不平等的权利和机会、社会文化对女性自我概念形成的影响等。换言之，对女性而言，“个人的就是政治的”。

（2）挑战传统的性别角色束缚。女性主义工作者鼓励案主追求自己选择的工作和成就，包括传统上主要属于男性的工作和目标，不要局限

---

[1] 转引自：沈奕斐．被建构的女性．上海人民出版社，2005.92.

于传统赋以女性的一些工作和目标。

（3）聚焦于力量（strength），强调增权（empowerment）。干预的焦点应该集中于案主对力量的认同和增进而不是病态，力量是促成新的变化的基础，而增权能促使案主控制其环境从而获得其所需的能力。关于增权的进一步阐释见本书第七章。

（4）重新界定对正常与偏差的看法。女性主义工作者主张应该重新界定道德和偏差等概念，以免对女性或其他少数群体产生污名化、边缘化或排斥效应。

（5）包容（inclusive）的立场。女性主义工作者认为，大多数诠释男女两性互动经验的理论，都以白人和男性为中心，因此主张解构这种单元的男性霸权理论架构，强调容纳不同意见、多元理论观点的主张。

（6）平等合作（partnering）的立场。女性主义工作者非常重视权力的平衡问题，这一立场意味着工作者不把自己看成专家，相反，他们的行为犹如帮助案主自我增权的催化剂，工作者相信案主可以通过专业关系中工作者个人经验的分享过程来影响案主，案主也可以通过积极参与过程来影响整个干预过程。

（7）解构的立场。女性主义工作者反对“对与错”、“正确与错误”等二元对立论观点，认为这种二元对立观点是权力者为了方便掌控资源而对语言进行操控的一种手段，所以主张重新检验，并解构当前语言的使用。本书第六章所记之例子，例如将“破碎家庭”这种带有污名化色彩的称呼改为“双核心家庭”这样比较中性的称呼，就是对语言解构的一种表现。

（8）重新评估女性所扮演的角色的地位。在性别刻板化的社会中，男性的行为与表现往往被赋予较高价值，而女性所扮演的照顾者角色，其价值和贡献常常被低估或被忽视，因此，女性主义工作者强调应该提高对女性照顾者角色价值的认识，珍视其生活经验及其照顾者角色对整个社会所具有的功能。

第四章　个案社会工作的基本过程

个案社会工作的过程是个案社会工作者和案主及其环境系统不断互动的过程，在这个互动过程中，工作者要发展并维持与案主的良好关系，回应案主的需要，协助案主解决问题。近百年来，社会工作理论和实践家发展出了许多不同的模式，以回应不同案主的不同需要和不同问题，但无论是什么模式，社会工作的过程都是一个建立在知识、价值和技巧的创造性结合基础上的问题解决过程，由一连串的服务所组成。它始于潜在案主面对问题或困扰前来机构寻求专业人员的协助，或社会工作人员基于机构功能外出有目的地寻求可能的服务对象（如针对街头少年帮的外展服务），终止于完成服务或中断服务关系。几乎所有的社会工作学者都同意这种界定，但对个案社会工作发展阶段（过程）的划分，却有许多不同的看法，10 多年来人们经常提到的几种观点如表 4－1 所示。

表 4－1　个案社会工作不同发展阶段的划分

理论提出者与时间	阶段划分
黄维宪，曾华源，王慧君，1995 年	・接案 ・初期评估与社会诊断 ・制定改变的目标 ・选择服务计划 ・建立工作协议 ・持续社会治疗 ・整体评估 ・结案与追踪
廖荣利，1997 年	・申请和接案 ・资料收集和情报研判 ・诊断与服务计划 ・服务与处遇（treatment） ・结案与评估 ・持续服务

续表

理论提出者与时间	阶段划分
张雄，1999 年	·申请与接案 ·研究与资料收集 ·诊断与服务计划 ·服务与治疗过程 ·结案与评估
约翰逊（L. G. Johnson），2000 年	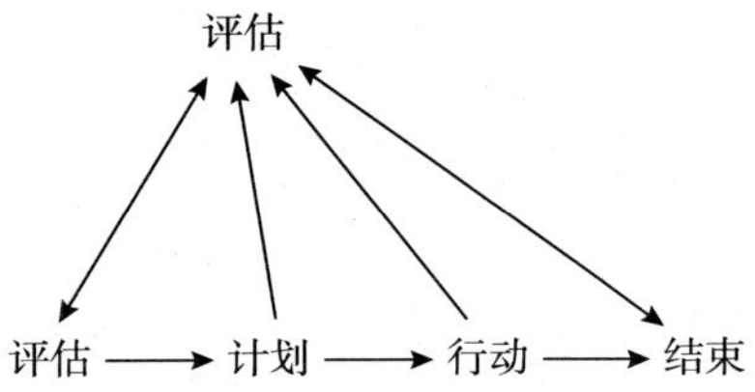
潘淑满，2000 年	·初期阶段 ·预估阶段 ·干预阶段 ·结案阶段
翟进，张曙，2001 年	·关系建立 ·资料收集与诊断 ·目标与计划制定 ·服务提供与治疗 ·结案与评估
赫泼沃斯等，2002 年	·探索、订立契约、评估和计划 ·实施和目标达成 ·结案

综观各派对工作者各阶段工作重点的阐述，其实“质”可谓大同小异，不外乎通过关系的建立，了解案主的需要及其问题和困扰，弄清案主的长处、资源与局限，制定合适的计划，采取行动，提供服务，最后结束服务。本书主要以约翰逊等的《社会工作实务——一种通才方法》、康普顿和盖乐威的《社会工作过程》为参考，结合其他学者和作者个人

的经验，根据个案社会工作者提供服务过程中实际工作的重点，将个案社会工作过程分为关系建立、评估、计划、干预、结案五个阶段。需要指出的是，虽然这五个阶段是一个有步骤的不断递进的过程，但实际上，依步骤进行时，又常常是互相关联或并行发生的，有时甚至是循环的。在评估过程中，需要收集资料，如果工作者表现出倾听、尊重和接纳，则使双方的关系推进一步，有时也有干预（改变）的效果，干预过程中常常产生新的信息，可以作为进一步理解案主的资料并需要重新计划和评估。但是，只有依据正确的评估才有可能作出合适的计划和干预，所以，评估是计划和干预的基础。如果忽视这种问题解决过程之意义，不加以理解，看到问题就想着手解决，那么无法获得协助效果也就不足为怪了。

下面就五个阶段目标、个案社会工作者的工作内容及工作技巧的运用等，加以说明。

第一节　建立关系

■接触潜在案主

（一）接触潜在案主的途径

接触潜在案主是个案社会工作过程中的第一步，工作者和潜在的案主开始接触，通常有三种途径：

（1）个人或家庭带着他们自己无法解决的困难或问题前来求助。

（2）工作者根据机构功能主动外出要为那些没有提出帮助要求的人提供服务，例如，逃学的街童、性工作者、吸毒者、艾滋病感染者、帮派少年或无家可归者。

（3）有人认为某人或某家庭有严重的威胁他们自己或他人福利的问题，因而需要社会工作者的干预。工作者可能去接触那个人或那个家庭，或者转介处强迫规定他们向机构报告，例如经检察院审查判定为需要社区矫正的少年。

（二）潜在案主的分类

根据与机构接触的不同原因，潜在案主可以分为三类：

(1) 自愿性潜在案主（或申请人）。

(2) 非自愿性潜在案主。

(3) 强迫性潜在案主。

这三种潜在的案主，因为来源不同，工作者的工作方法也应该有所区别。

■工作者主要的工作目标

在建立关系阶段，社会工作者主要的工作目标包括以下三个方面：

(1) 与潜在案主进行初步的会谈，根据机构的宗旨、资源和工作者的能力，鉴别、筛选自愿性潜在案主，确定是否接受其申请，了解非自愿性潜在案主寻求协助可能有的压力，帮助其转化为案主。

自愿性潜在案主前来机构寻求帮助，工作者应该简要地探讨他们呈现的问题，最好用一个开放性的问题——例如，“你能告诉我是什么原因让你到这里来的吗?”——工作者也可以进一步了解这个问题已经持续多久了，发生的频率如何，以前做过什么努力去解决它。对于问题的界定，工作者应该遵守两个原则：

1) 对问题的界定，应以案主的界定为主，而不是个案社会工作者单方面所认定。

2) 工作者必须知道刚开始案主所呈现的问题，不一定是案主真正想要解决或要面对的问题。

在进行最初的探询后，工作者应该迅速地把注意力转移到了解申请人想要什么样的帮助，然后根据自己的专业判断决定是否把申请人接受为机构能提供服务的案主。

对于非自愿性潜在案主，情况则完全不同——社会工作者代表机构主动去寻找潜在案主，希望他们接受服务。他们可能不想要服务，可能没有想到社会工作机构能对他们有什么益处，也可能曾有过在接触机构服务时的不愉快经历。这些潜在案主包括逃学青年、流浪儿、性工作者、吸毒者以及慢性精神疾病患者等，他们中的许多人可能自暴自弃，甚至放弃了希望，所以，与他们接触需要工作者具有高度的沟通技巧、尊重、耐心和毅力。与潜在案主沟通意味着社会工作者必须是“易接近的”(accessible)，即工作者的出现应该满足三个条件：

1）出现在对潜在案主而言方便的时间。

2）出现在潜在案主所在的地方。

3）以潜在案主认为可接受的方式提供服务。例如，对街头少年帮的工作，外展工作者必须走到街上，在他们聚会和活动的地方走近他们，以一致性和耐心赢得他们的信任，才能有效开展工作，达成机构的目标。

成功的接触很可能需要工作者提供一些具体的服务。例如，对那些以注射方式吸毒者，工作者可能需要提供一些一次性针头（这在西方发达国家的社会工作中已比较普遍，但在中国尚存有争议），以减少因为共用针头而传播艾滋病的可能性。又例如，当社会工作者要对女性性工作者进行预防艾滋病的宣传工作时，为了接近她们，可能要在她们方便的时候陪她们逛街，提供饭食或帮她们捏捏背等，目前在我国西南实施的“中英性病艾滋病防治合作项目”中培训的志愿者已采用这种方式提供服务[1]，这可以作为工作者进一步开展与目标群体的工作的基础。

对那些被认为有问题而要求社会工作者干预或被转介来社会工作机构寻求服务的被转介者，工作者先要弄清楚几个问题：他们被转介的原因，转介处对他们的情景的看法，转介处是如何界定、看待被转介者的问题的，有什么事实依据，转介处认为案主改变的可能性是什么，转介处寻求的目标是什么。同时，工作者也应该考虑被转介者自己对转介的理解和合意的目标是什么。如果转介处合意的目标是不合适的或不可能的，那么工作者在同意服务之前要讨论这一点，不能贸然接受。

综上所述，最初的与潜在案主的接触，目的在于确定谁是工作者下一步准备付出努力帮助的案主，这需要工作者根据自己的能力和机构的宗旨、资源来作出准确的判断。

对于工作者判定为不符合机构设定的案主资格的人，工作者应该根据其问题的性质和需要的范围，将此人介绍到其他合适的机构去接受服务。转介时，工作者应该根据其能力与动机，耐心而诚恳地向其解释转介的原因。如果有需要，工作者不仅应该提供转介机构的有关信息，而且还必须写好转介记录，以向转介机构说明转介理由以及对该求助者的了解，以免求助者需要将其伤心的问题不断地向不同的机构说明，造成

[1] 南方周末，2004年4月15日。

二度伤害。

（2）建立良好的互动沟通模式，并激发潜在案主面对问题的动机。

无论是在东方还是西方，自古以来都大力提倡人与人之间的互帮互助，帮助别人被视为一种美德，而接受帮助也被社会所理解，一句“谁没有个难处啊”道出了人们对接受帮助者的理解。但是事实上，无论是东方还是西方的文化中，接受帮助都不是一件容易的事，不到万不得已人们一般是不轻易开口求助的，因为求助往往意味着自尊的损失，尤其是当问题的出现被归因为个人品德或人格缺陷时，开口求助的困难会加大。初次与工作者接触的自愿性潜在案主，往往处于情绪最为低落和自卑的时候，他们可能感到非常的无助、自卑或迷茫，但也可能最希望得到帮助——这个阶段的接触在整个助人过程中也许最有动力性——但他们可能又害怕被拒绝或责备，因而感到有点焦虑和不安。为了达到助人的目标，有效的沟通是一个关键。除非工作者表现出对潜在案主的尊重、关心和接纳，否则他们是不会披露一些重要的信息和感情的，更糟糕的甚至在初次接触后不愿意再接触。所以，工作者应当熟练掌握沟通技巧，需要有很强的同理心，倾听潜在案主的叙述，适当地提问，真诚地表达出对潜在案主福利的关心，建立起良好的互动沟通模式，为后面的合作奠定良好的基础。关于如何建立良好的互动关系，本书将在第五章作详细的介绍。

（3）澄清工作者和案主双方的角色和期待，建立初步的工作契约（工作同盟）。

案主或潜在案主在与工作者接触之初往往对助人过程了解甚少，而且他们的期望可能与社会工作者所能提供的帮助有很大出入，这些与实际情况不一致的期望会对社会工作过程不利。

示例

某服务于聋哑儿童的康复中心，吸引了不少家长把孩子送来。该机构收费合理，工作者也认真负责，但几个月后机构负责人林女士接到几个家长表示不满的反馈信息。家长质疑孩子送来机构已经3个月了还是一句话也说不流利，而林女士也抱怨这些家长完全不配合，在孩子回家过周末或节日时未能配合中心的工作，帮助孩子巩固和练习所学内容，使孩子的学习没有连贯性。林女士解释说不同孩子的康复进度和效果是不一样的，家长则认为教学是学校的事，自己的孩子比其他的孩子康复慢，是工作者没有做好工作。林女士深感冤枉，但从这件事中她逐渐明白，康复中心在接受孩子之初，首先应该针对不同聋哑程度的孩子的康复进度向家长有个介绍，同时针对机构如何服务以及希望家长如何配合进行沟通，做到双方对以后如何合作心中有数，在大家彼此认可后才接收聋哑孩子。后来的结果证明这样做是有效的。

赫泼沃斯等提出的几个指导原则可以协助社会工作者在角色澄清中取得积极的效果：

1）确定案主的期待。案主对初次会谈有不同的期望。例如，他们希望工作者提供教导、神奇的解决方法、建议以及希望家人改变等。弱势群体的案主常常不熟悉专业求助的过程，因此谨慎地探讨案主的期望并做适当的修正是十分重要的。有时，不需要工作者引导，案主会提出自己的期望。例如，一位自认为和丈夫都很关心孩子的母亲，对14岁的儿子总是不听父亲的“教导”而发生严重的父子冲突很是不解和伤感，希望家庭社会工作者“对孩子说说，让他知道我们是多么地爱他，而他却多么严重地伤害了我们”，她希望工作者单方面地做儿子的工作。当案主主动表达自己的期望时，如果其中有不适当的成分，工作者要加以澄清，例如，针对上述这位母亲的说法，工作者可以这样说：“我们的看法是家庭是一个系统，彼此之间有相互的关联，常常家庭中一个人出现问题，与整个家庭成员的互动不当有关，所以，需要家庭成员共同参与干预过程。”然而，在许多情况下，案主并不主动说明自己的期望，工作者就要做适当的引导，以了解案主的期待：“你希望我（或机构）怎么帮助你呢？”“当你想到要来这儿时，你想象的情景是什么？”

当工作者面对转介个案或法律规定的案主时，可以借由以下问题引导案主讨论自己的期待：“我们已经探讨过你被转介（或被要求）到这里来的原因，但我还是希望知道你希望从我们的合作过程中得到什么样的结果？”

2）简要地解释一下助人过程的本质。工作者应该向案主指出，在解决案主困难的过程中，工作者和案主是合作伙伴的关系。案主通常希望社会工作者能立即给他们一些可实施的建议，借此迅速地解决问题。因此，当案主被告知他们这种想法无助于问题的解决，应该放弃，同时知道社会工作者实际可提供的是怎样的帮助后，案主通常会感到些微的失望和挫折。此时，社会工作者必须传达出尽力帮助的意愿，澄清不成熟的建议对案主的危害，以免案主产生误解，以为是社会工作者不关心他们，所以不愿满足他们的期待。

示例

工作者：我可以感觉到你渴望尽快解决问题的那份迫切愿望，我也希望能提供一些建议，帮助你解决问题。我的任务是协助你更好地了解你自己和你的问题。我想你恐怕也已得到过不少别人的建议。但我的经验是，对一些人有效的方法对另一些人可能没有效果。我的意思是，我希望我们一起讨论一下你可能的选择，然后你可以根据我们讨论的结果，选出你认为最合适的方法，而这需要时间和许多的思考。

需要强调的是，示例中的工作者不是否认提供建议的价值，而是认为有效的建议必须基于对情景和相关人士的了解，而这需要时间和双方的努力。

综上所述，社会工作者澄清角色和期待的过程，包含以下一些重要的要素：①注意并同理案主的非现实期待和急迫感；②表达帮助的意愿；③解释无法满足案主非现实期待的原因；④依据社会工作者的专业认知，向案主阐明助人过程的内涵，强调双方工作上的合作关系，这种合作性赋以案主积极参与的责任，乃至在问题解决过程中，选择行动方案的自决权。[1]

合作双方角色的进一步澄清，会在后面协商目标和拟订契约时展开。工作者透过对开放态度的解释和自己表达出的开放态度，促使案主接受以开放的态度分享感受、想法和事件的角色。为了促进案主在助人过程中的参与，社会工作者应该向案主强调，案主在会面（session）结束后自己采取行动的必要性。此外，作为合作伙伴，案主应该遵守双方

[1] Dean H Hepworth，Ronald H Roonep，Jo Ann Larsen. Direct Social Work Practice. 6th Edition. Pacific Grove，2002. 87 - 91.

约定的时间安排。最后，工作者必须向案主说明改变过程中可能遇到的困难，以使案主有一定的心理准备。

工作者除了说明对案主的角色期待，对自己的角色加以说明也是十分重要的。工作者最好强调自己的角色是一个更好地帮助案主了解他们自己的困难的合作伙伴，因为，作为局外人，工作者可以协助案主以新的角度看待问题，并发现一些他们忽视的解决方法。此外，工作者还应该强调自己虽然是一个积极的合作者，但最后的决定权还是在案主身上，工作者会帮助他们权衡不同的选择，但工作者的意愿是看到他们发展自己的力量，最大限度地行使独立行动的能力。还有一点也很重要，工作者应该强调自己的功能之一是协助案主着眼于他们能达到的力量和持续的成长上。虽然工作者在助人过程的初期表现以上功能，但还是要鼓励案主在以后的阶段，学着去认识自己的力量并独立成长。

关系建立阶段的最终目的是工作者和案主之间建立一个工作同盟，有学者称之为“治疗同盟”。建立一个工作同盟的三个基本要素是：①双方对所要达到的目标有一个共同的理解；②双方对实务过程有了解；③双方建立了良好的情感。[1]

一般来说，工作同盟在 1～3 次的会期中能建立起来，一些有经验的工作者可能在第一次会期就建立起来了。

第二节　个案社会工作评估

从表 4－1 中可以看到，有的作者用“诊断”一词，有的用“评估”一词。“诊断”与“评估”的区别，实际上反映了传统的医疗模式和现代的生态模式之间的区别。20 世纪 20～60 年代，西方大部分的社会工作项目都运用医疗模式，但是这种模式在 60 年代开始受到质疑，而系统取向的生态模式渐渐受到重视，并自 90 年代以来占主流地位。诊断与评估之间的区别如表 4－2 所示。

---

[1] 于“工作同盟”的说法，得益于 2003 年 3 月作者参加多伦多大学社会工作学院曾家达教授的讲座“临床实务整合模式”，在此谨表感谢。

表 4-2 诊断与评估的区别

不同点	诊 断	评 估
对案主问题成因的看法	主要在案主本身	包括中观层面和宏观层面的案主情景中的环境，至少与案主本身一样重要
工作者关注的焦点	案主的病态：问题是什么？案主出了什么问题？	不仅关注案主感觉的问题，而且更关注案主的力量
工作者改变的目标	主要是案主	不仅改变案主，而且改变不合适的政策和法律等外部系统
案主在过程中的地位	案主被诊断为有问题，社会工作者提供一些服务来“治疗”他，案主比较被动地参与工作过程	因为相信案主有改变的潜力，而且问题的成因可能在外部环境，所以案主是工作者的合作伙伴，他和工作者一样对解决问题有贡献，强调案主积极的参与

■评估的含义和目的

评估（assessment）是个案社会工作实务中真正开始进入协助案主问题解决的第一步，也是关键的一步，目标的制定和干预方案的选择主要依靠评估。一个不正确或不恰当的评估会导致不适当的目标和干预措施，案主也就不可能发生积极的改变。

那么，什么是评估呢？赫泼沃斯等认为评估是指社会工作者和案主之间的一个过程。在此过程中，信息被收集、分析和综合，以提供一幅关于案主和他的需要及力量的简明图案。巴克（Barker）对评估的定义是：“确定问题的性质、原因、演化和后果以及问题中涉及的人格和环境的过程，获得对问题、成因和能够改变什么来减少问题或者解决问题的理解的功能。”综上所述，我们认为评估是工作者和案主双方合作收集、分析与案主问题有关的信息，以确定问题的性质、演变过程，最终获得减轻或解决案主问题的方案的一个过程。

评估过程是一种致力于以下努力方向的工作：

- 理解问题情景中的主要成分。
- 理解问题对案主的意义。

- 辨识案主及其环境中的力量。
- 澄清案主目标的可行性。
- 统合各种专业知识，旨在弄清案主情景中需要改变的要素。
- 计划如何达成合意的改变。

通过这样一个过程，工作者能够理解案主所需所欲、存在的问题及其在情景中的情况；案主能够理解问题，相信自己的管理能力，知道解决方案意味着什么。

■评估的要点

在描述具体的评估技术之前，我们必须先理解评估的几个要点（或者称特性），因为它们对正确的评估十分重要。

（1）案主的参与绝对是必须的。社会工作者应该知道，工作者所认为的案主的真正问题常常可能与案主自己所认为的有很大不同。例如，工作者可能断定案主的问题是酒精上瘾问题，而案主可能觉得真正的问题是那凄惨的贫困问题，因为他酗酒是为了逃避那荒凉而残酷的现实。所以，社会工作干预艺术的内容之一是从不同的角度去看待问题并发展出一个彼此同意的计划。

（2）社会工作评估总是涉及判断。假如解决问题有一个现成的“处方”或“菜谱”就容易多了，社会工作者只需按部就班就行，但是，每个人的生活和情景是一个复杂的整体。力量、弱点和问题的每一种结合都会导致不同的结果。工作者需要对出现在眼前的东西判断出什么是与解决问题相关的，什么是不相关的，这既包括将问题的某些方面抽离出来作评估和干预，也包括将工作者和案主双方感觉很重要的要追踪的东西排出轻重缓急，优先考虑一些被认为是重要的方面。

（3）评估包括力量或者说优点。聚焦于案主的力量是本书强调的一个特点，也是通才社会工作的基本视角，也是“评估”说与“诊断”说的区别所在。案主之所以成为案主，自然是因为有困难和问题，因此，也就容易导向过分地聚焦于案主的困难和问题，所以，再如何强调关注案主的力量都不过分。诚如扎斯特罗所说的，为了有效地利用案主的优点，社会工作者必须首先找出这些优点。着眼于弱点可能损害工作者识别案主成长的潜在能力。社会工作价值理念相信案主有成长和发展的潜能，着眼于弱点将会削弱这种承诺。强调案主力量的另一原因是，案主常常缺乏自信和自尊，而低自信和低自尊常常会导致他们陷入困境、退却或犯罪。力量视角寻求识别、利用、建立和强化案主已有的优点和能力，它为工作者提供了一个业已存在的发现解决方案的途径。

（4）不存在一个单一的、清晰界定的问题。社会工作者处理的问题是复杂的。他们要和案主一起努力，以辨识和界定问题，并确定问题的轻重缓急——这很不容易，因为问题可能是模糊的、多面向的。

（5）评估是一个动态的、持续的过程。评估通常被看作是解决问题的第一步，但问题是，案主的问题、力量和结局可能是模糊的，很多情景随时会发生变化，工作者必须保持警惕，随时注意并经常地调整、修改，甚至在计划和干预时作出大的改变。所以，赫泼沃斯的提醒是有意义的："把评估想成是一个根据最新资料的复杂工作的假设是有帮助的。"

■评估的信息来源

社会工作者可以从以下几个方面获得他们赖以评估的信息。

（1）许多机构有要求案主完成的背景表，背景表需要填写的信息包括年龄、地址、教育程度、家庭史和当前危机的描述。

（2）案主的口头报告。案主的口头报告常常是信息的主要来源，其中包括：对问题成因的描述和看法；对问题的感觉；情景的表达、事件的报告；对解决问题的个人资源的看法；解决问题的动机和曾经有过的尝试等。案主的报告和感觉应该得到尊重，因为那是他们对其情况的理解。但与其他信息相比，口头报告常常需要论证，因为可能会有错误的回忆、偏见和有限的自我察觉等局限，例如，在描述孩子的问题的时候，案主可能隐瞒夫妻不和的事实。所以，工作者应该从案主那里收集有深度的和更具体的细节来增强它的可信度，同时，应该和其他与案主有关的人那里收集到的信息相互印证。

（3）非语言行为的直接观察。案主的非语言行为向社会工作者提供了很多重要的信息来源。由于人们通常不太容易察觉到自己的非语言行为，因此比起语言来，人们较少有意识地控制它。罗马雄辩家西塞罗曾说："脸是灵魂之像。"他通过这句话说明人类的感受和情绪经常反映在脸上，可以通过具体的表情来阅读。这为社会工作者理解案主的情绪状态与诸如愤怒、伤害、窘迫和害怕等反应提供了有价值的标识，所以，对非语言的线索，例如音调、眼泪、紧握的拳头、颤抖的声音、抖动的手、紧缩的下巴、紧闭的嘴巴、面部表情、姿态以及手势的变换等，发展出一种准确的知觉是至关重要的。许多对情绪反应的丰富的讨论是直接由对非语言线索的同理反应得来的，例如，“你的声音有点颤抖，让我感觉你很气愤，你能告诉我你现在的体验吗?”需要注意的是，由于文化的多元性和差异性，同样的表情、姿势和动作表达的意思可能并不一样，例如，“他张开双臂热情欢迎她”和“他很鲁莽，一见面就拥抱她”这样的说法表明，在不同的人看来，同样的身体倾向或姿势表达着不同的情感状态。社会心理学家罗伯特·A. 巴伦（Robert A. Baron）和 D. 伯恩（Donn Byrne）对通过非语言沟通理解人们的社会行为有出色的研究和精彩的描述，有助于社会工作者更好地理解人们的非语言行为。[1]

（4）对案主及其重要他人互动的观察和家访。案主的重要他人包括配偶、家庭成员、其他关系密切的亲戚、同伴、同事、朋友和邻居等。在社会工作机构的办公室中，案主的表现常常不是典型的。家访不仅能提供案主及其重要他人如何互动的信息，而且也能提供影响案主环境因素的信息，但一般情况下对重要他人的访问应该事先征求案主的同意。

（5）测试和辅助评估表。测试包括心理测试和电脑辅助测试等，这是间接信息来源，也是快速有效的量化资料和行为的方法。要想有效运用这些工具，社会工作者必须很熟悉测试的理论知识，同时应该谨慎使用，因为大部分测试不是由社会工作者具体实施或者解释的，这样的实施和解释是心理学家的责任。此外，根据扎斯特罗的观点，大部分人格测试的可信度和效度较低，所以使用时应格外小心，如果由非专业人员运用，心理测试有可能会很严重地被误用，从而造成不良后果。纽里尤斯和赫德森（Nurius & Hudson）开发了包括沃米利（Walmyr）评估量表在内的以电脑为基础的评估工具，是很有价值的资源。由赫德森开发，由社会工作者来实施的一些量表，能测量自尊、压抑、焦虑、临床压力、同伴关系、同性恐惧、性态度、酗酒、婚姻满意度、性满意度、

---

[1] RA 巴伦 & D 伯恩．社会心理学．黄敏儿，王飞雪等译．上海：华东师范大学出版社，2004. 44－57.

伙伴身体虐待、伙伴非身体虐待、父母对孩子的态度、孩子对父母的态度、家庭关系、兄弟关系、儿童行为和一般的品质显示。根据案主的意愿，这些量表可以手工完成，也可以用个人电脑完成。[1]

(6) 工作者从直接交往中获得的个人经验。案主对工作者提问的反应有敌意吗？案主显示出极度的贫困或依赖吗？案主说话理性吗？工作者自己对以上问题的“直觉反应”可能是有用的。假如工作者对案主的印象有可靠的反应，很可能其他人也有类似的反应。

■评估的实施

(一) 界定（辨识）问题和问题的类型

对问题进行清楚的陈述是随后计划和行动的前提。人们常常趋向于对问题作模糊的、总体的和缺乏精确性的陈述。通常认为约翰逊对问题界定的方法具有独特的意义，她建议分三步界定问题：①工作者必须弄清案主未被满足的需要，案主缺少了什么才导致了问题；②辨识需要满足（need fulfillment）的障碍是什么，案主和案主情景中的什么东西阻碍了案主需要的满足；③工作者用“消除需要满足的障碍”的术语来陈述问题。[2] 例如，一个流浪的案主可能需要住所，也可能需要一个能让他免受父亲暴力侵害的家。他的问题就是缺乏必要的住所或有安全保障的家，而不是“流浪”。工作者知道干预目标将是满足案主的未被满足的需要，即发现某个栖身之所或协助他父亲改变或为他提供一个有安全保障的临时场所。又例如，一名性工作者通过出卖对自己身体的支配权获得金钱等自己所需要的东西，她的问题可能是家庭经济窘迫而需要通过所谓的“卖淫”来给父母治病或供孩子上学，所以，她的问题就是经济的贫困而不是所谓的“卖淫”，工作者的任务是协助她解决经济问题。

示例

问题陈述 1

小明缺少住所，需要得到帮助找到一个栖身之所，以结束流浪的

---

[1] 查尔斯·H. 扎斯特罗. 社会工作实务——应用与提高. 晏凤鸣等译. 北京：中国人民大学出版社，2005. 87.

[2] Louise C Johnson, Robert W McClelland & Carold D Austin. Social Work Practice—A Generalist Approach. Canadian Edition. Allyn and Bacon Canada, 2000. 263.

生活。

或

小明在家没有人身安全感，工作者需要协助其父亲改变暴力行为，或暂时将小明安置在亲友家，以避免父亲的暴力伤害。

问题陈述 2

苟女士急需 2 万元以解决父亲的巨额医疗费用，她需要尽快获得经济援助，同时找到一份收入能维持家计的工作。

约翰逊这种界定问题的方法的意义在于，通过“问题是怎么描述的”让工作者获得一个如何着手的介入点，用“缺乏什么样的需要”来看问题，为如何着手下一步的工作提供了一个线索，这也是本书第三章介绍需要理论的初衷。这比停留于表面的所谓“流浪问题”或“卖淫问题”更能清楚地反映问题的本质，并找到解决问题的切入点。

谢秀芬在《社会个案工作——理论与技巧》一书中也认为，对问题性质的了解是借由案主未被满足的需要（如健康照顾、足够的收入、住宅、友谊、自尊等）或是一些他们不想要的东西（如恐惧、脾气暴躁、婚姻或亲子争端）之叙述过程慢慢“抽丝剥茧”而使问题获得澄清。[1]她的观点有助于社会工作者对问题性质的更为丰富的理解。

一旦需要被辨识，工作者就要考虑阻碍需要满足的障碍是什么。从系统的观点来看，障碍应当在重要系统的关系中寻找。案主的问题常常不是某个系统的责任而是各个有关系统互动的结果。这在家庭为案主的工作中尤其关键。家庭常常有一个“被识别出来的病人”（identifiedpatient，有的专家称之为“发病者”），拒绝认为障碍来自家庭成员互动。

对于问题的界定，案主自己如何看待是很重要的，因为这关系到案主对问题的理解和案主寻求帮助的动机重点。工作者可以通过适当的引导思考帮助案主找出问题的症结所在，问题最后还是要由案主定义。因为，案主问题是否继续存在，最后的依据还是在案主本身，而不是工作者。

对于通才社会工作者来说，意识到案主一般有哪些典型的问题是非

---

[1] 谢秀芬．社会个案工作——理论与技巧．台北：双叶书廊有限公司，2003.158.

常重要的，因为社会工作者应该知道需要寻找什么以及在什么范围内进行评估？柯斯特·阿西曼等学者总结诺森、雷德和艾泼斯坦（Northen，Reid &. Epstein）等人的观点后指出，案主通常遇到的问题有以下九类。

1. 人际冲突

人际冲突（interpersonal conflict）是指一个人难以与他人相处。例如，一个犯事的少年可能无法与同伴形成友谊，护理院里的老太太拒绝与护理员合作，一对夫妇总是口角冲突等。人际冲突既可能是沟通方面的，也可能是行为方面的。

2. 社会关系不满意

社会关系不满意（dissatisfaction in social relation）是指这样一种状况：尽管没有什么明显的冲突，但人们还是把社会关系不满意视为一个主要问题。例如，一个人可能觉得自己无法如愿地与他人形成密切的关系，或者总是觉得摆不脱母亲加于他身上的那种负罪感。

3. 与正式组织互动发生的问题

与正式组织互动发生的问题（problems with formal organizations）是案主常常碰到的情况。例如，一个案主觉得他被工作者粗暴对待，或他觉得没有得到他需要得到的资源等。

4. 角色扮演困难

角色扮演困难（difficulties in role performance）是指案主在履行某种角色任务时，不能符合社会对该角色的期望。例如，本应该关爱孩子的父亲却常常对孩子施暴。大多数角色扮演问题属于家庭角色，通常是配偶或父母角色。角色扮演困难与人际冲突的最大区别是前者更多是单向的，例如一个父亲虐待他5岁的儿子，而他儿子却没有任何的过错，那么这是父亲没有尽亲职，所以干预的策略是训练这个父亲的亲子沟通技巧。

5. 社会性变迁带来的问题

社会性变迁带来的问题（problems of social transition）是指案主难以应对由于社会地位、角色和环境变化而带来的问题。社会性变迁包括离婚、迁居、适应一个技术要求更高的新工作、失业或应对爱人的死亡等。

6. 心理的和行为的问题

心理的和行为的问题（psychological and behavioral problems）是指

案主可能经历的心理和行为问题，包括情感混乱、自我挫败、犯罪行为或不能控制的行为。有案主可能出现严重的抑郁症，也可能因为害怕发胖而导致厌食症和内分泌失调，也有案主可能有无法控制的广场恐惧症而害怕公开或公共的场所等。这些情形不仅影响一个人的心理状态，也影响其行为。

7. 资源不足

资源不足（inadequate resources）反映了基本需求的剥夺，这常常与贫穷有关，例如没有钱买米，生病看不起医生等。资源不足也可能是缺少可获得的（available）某个案主需要的资源和服务：一种情况是这个资源本身就不存在，另一种情况是现成的资源不足以满足基本需求。

8. 决策中的问题

决策中的问题（problems in decision making）是指有时当案主需要作重要决定时，觉得自己处于两难状态。案主可能遇到生活危机而产生情感混乱，看不到积极的解决方案，这时容易失去客观性，无法作出理性选择。例如，案主发现丈夫不忠，但内心还是爱着丈夫，因此不知道是否应该马上离婚；又例如，妻子因车祸成了植物人，家里经济又不宽裕，丈夫举棋不定，到底该不该给妻子继续治疗？

9. 文化冲突

有时，有些属于少数群体的案主遭到多数群体的歧视或压迫。例如，在主流媒体或艺术作品中经常以某些少数群体为嘲弄对象，使身处其中的人很感羞辱和自卑。有时，文化冲突（cultural conflicts）是由于一个群体适应大的社会时出现困难，例如进城务工的新移民在保持自己原有的价值观和完整性的同时不得不学习他们原本不熟悉的城市的语言和习惯等，在这过程中常常会发生让他们感到困惑和矛盾的冲突。[1]

以上分类问题，旨在为读者提供一个关于案主生活的哪些方面需要评估的概念。在实际生活中，这些问题不一定能彼此区分开来。例如，王先生不能适应离婚后的孤独、郁闷，常常拿13岁的儿子出气，到了单位看谁都比他过得好，心理很不是滋味，似乎又感觉同事暗中嘲笑

---

[1] Kirst - Ashman & Karen Kay. Understanding Generalist Practice. Chicago：NelsonHall，1993. 153 - 156.

他，所以，他与同事的关系也是不冷不热。这种情景中至少包括社会性变迁带来的问题、角色扮演困难和社会关系不满意三类问题。

（二）评估发展阶段

从发展的视角来评估人的需要，可以指明人们一生中身体、认知、社会、情感和精神发展的状况。每个阶段的参考点可以用于测量成长状况和需要。例如，从身体发展来讲，已有一些可测量什么年龄开始走路、什么年龄开始青春期等的测量方法。在社会情感方面，艾里克森的理论常常被用作一个参考点，他的生命八阶段周期理论是建立在与每个年龄段相关的心理社会任务的把握上的，这对于工作者确认个体心理社会成长是否出现很有帮助。

家庭也一样有它的生命周期。从两人结为夫妇并成立家庭到夫妇两人死亡，无论家庭结构或组成分子如何，多数家庭都会经过特定的可预知的标记事件或阶段而发展（如结婚、第一个孩子出生、孩子离家、祖父母去世等）。每一个阶段都由一项特定的社会事件所促发，并需要改变以及新的适应。关注案主的发展阶段为社会工作者准确理解案主的需要和可能的问题提供了一个特别的切入点。

示例

大刚和小兰都是22岁的青年。他们初中毕业后一起到城里打工，不久两人同居，19岁就在老家办了婚事。他们结婚1年后就有了孩子，大刚担心经济问题，所以在外面干着两份工作，近来脾气越来越坏，有时打小兰。而小兰却苦于这个母亲不好当。

示例中的大刚和小兰属于离婚的高危险人群，他们可能不得不在面临青春期后期问题的同时要适应婚姻生活和随后的父母之责。因为他们结婚1年后就有了孩子，这可能给他们造成压力。他们虽然有1年的时间建立夫妻关系，但同一性认同这个青春期中突出的问题，还可能是他们争吵的源头，在一定程度上，这些事是互相关联的。

他们的孩子还不到一个能自己安静玩的年龄。假如母子天天待在家里，由于经济来源减少，小兰的心情可能不好，这样母子互动关系的压力水平可能较高，而大刚的坏脾气不仅给小兰增加了压力，而且可能损害孩子的安全感，这样使他们可能将来更加难以管教孩子。大刚干两份工作虽然对经济收入有好处，但他给小兰情感关心的时间可能没有了，而且也没有时间陪孩子。总之，他们无论是作为个人还是家庭成员，都可能处在发展阶段上的艰难时期。

（三）辨识案主的力量

辨识案主的环境资源和力量在评估过程中十分重要。有计划的变迁是建立在案主现有的力量和实际或潜在的资源上的。柯斯特·阿西曼等把考察力量的范围分成以下八个方面。

1. 家庭和朋友

案主的家人和朋友能够提供支持和资源吗？如何刺激他们来帮助案主？他们的帮助对案主解决目前的问题重要吗？

2. 教育和就业背景

教育和就业背景对那些遭遇失业或面临经济困难的案主尤其重要。案主以前的技能在其他的场所有用吗？案主的教育背景、技能和工作经验能让他胜任一个有足够补偿的工作吗？

3. 问题解决和决策的技巧

案主过去解决困难和问题的经历也可能是有用的。评估以下方面对如何推进工作具有启发意义：以前他是如何应对类似的情景的？这个方法还能再用吗？

4. 人格特征和品质

许多力量存在于人本身。标出并强调案主的正面品质能够使案主受到教育、鼓舞，建立自信，也为解决问题提供了一些线索。例如，案主表达清楚、待人友好吗？他赴会准时吗？身体上的优势也是值得肯定的。例如，案主强壮吗？他外表有魅力吗？

5. 健康

健康也是重要的财富，不能想当然视为应该。即使对身体失能人士，社会工作者也应该界定并强调他们能做什么，而不是“死盯”在他们不能做什么的问题上，这也是一种力量取向视角。这种视角有利于激发案主的自信、自尊和希望感，是解决困难和问题的重要基础和动力。

6. 物质和经济资源

因为案主常常向社会工作者强调他们的问题，物质和经济来源最容易被忽略。社会工作者应该了解能够给案主安全感和连贯性的问题，例如案主有好的住所吗？有什么积蓄可依靠吗？

7. 态度和眼光

案主表现出有解决问题的动机吗？他愿意与工作者和机构合作吗？他愿意与工作者说话、合作吗？——动机和朝向改变的积极态度是极有价值的财富。

8. 多方面的其他力量

每个人都是独特的。力量有无数的可能性，但有时却看不到。重要的是，工作者应该小心倾听案主表达出来的对他而言重要的东西。有时力量出现或发展于评估或干预过程中。例如，16 岁的小兵因为无法控制暴力性对同伴的进攻和轻微的犯罪行为而参加了一个特别教育和治疗的项目。在那里他交到了朋友，有了自信，还开发了创造性设计。他的其他力量之一是格外的乐观。一旦发现这些力量，工作者应该标出并加以强调。

其他力量可能包括运动能力、音乐天赋、行动能力或诸如收集旧啤酒瓶等这样的特别兴趣，这些力量中的任何一种都有可能成为潜在的满意、动机和促进自尊的源泉。[1]

（四）评估案主的生态系统

系统理论表明，问题是各个系统变量之间复杂互动的结果。想要寻找一个终极的原因或理由只会导致沮丧和失败。“人在情景中”的系统观点有助于社会工作者找到影响案主问题的各种互动关系。

一定的评估工具在收集案主及其与环境的互动资料时是十分有益的。家系谱、生态图和社会网络图是组织资料的三种方法，也是三种有效的评估工具，它们提供了案主生态环境某些方面的生动描述，为社会工作者的评估过程提供了重要的互动资料，也大大缩短了传统个案记录的过程，并且具有快速、直观、简洁和形象等优点。下面简要介绍如何运用这些工具。

1. 家系谱

“家系谱”（genogram）一词就是临床工作中所称的“家族树”或

---

[1] Kirst – Ashman & Karen Kay. Understanding Generalist Practice. Chicago：Nelson – Hall，1993. 156 – 158.

“家谱图”，是家庭代际构造图。它运用简单的线条、符号和图形，展示案主家庭人际关系中主要人物的过去和现在的资料。它可以帮助社会工作者理解家庭模式是如何影响案主当前的情景的。画家系谱时，社会工作者和案主可以根据需要随意画出几代，但一般家系谱限于 3 代以内（包括 3 代）。家庭成员的出生、死亡、疾病、结婚、离婚、分居、领养、职业、受教育程度和家庭关系等家庭资料均可根据需要呈现在家系谱上，它们提供了一个把复杂而重要的家庭信息组织起来的简捷途径，而这些信息对于制定干预计划很有帮助。一个完整的家系谱至少应包含以下三个部分：

（1）家庭结构图。家庭结构图要呈现的是家庭成员的构成及其相互之间的关系，所以个案工作者需要清楚地绘出家庭成员的性别符号及相关的基本资料，例如，年龄、出生、结婚、离婚、死亡、兄弟姐妹等。示例中给出了构建家系谱常用的一些符号和家系谱。

在建构家庭结构图时，通常表示丈夫的符号画在线条的左边，而表示妻子的符号则画在线条的右边。M. 表示结婚（Married）；S. 表示分居（Separation，一般用“/”表示）；D. 表示离婚（Divorce，一般用“//”表示）。当有多次婚史时，以线条近远代表婚姻之先后次序。虚线代表没有法律关系的同居。

随着工作的进展，信息会不断添加到家系谱上。工作者可以根据需要，在原有家系谱的旁边另外再画一幅，以便分析起来看得更清楚些。

示例

○表示女性；　　□表示男性；　　×表示死亡；

表示：两人于1987年结婚

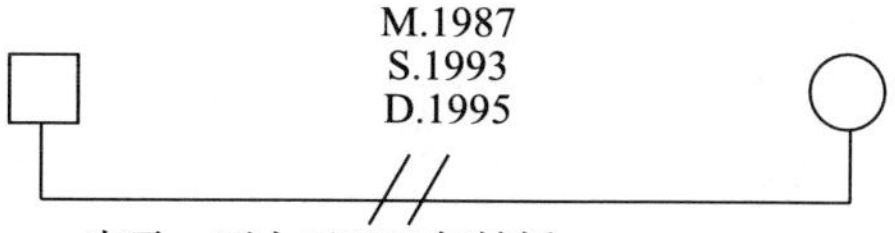

表示：两人于1987年结婚
1993年分居
1995年离婚

表示：2003年开始同居

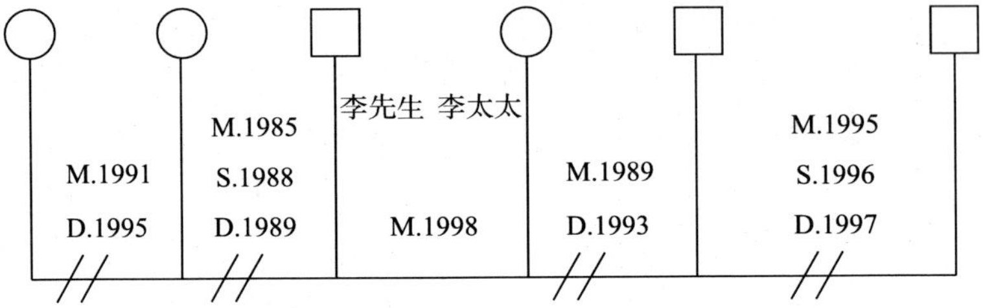

表示：李先生和李太太1998年结婚前都有过两次婚史

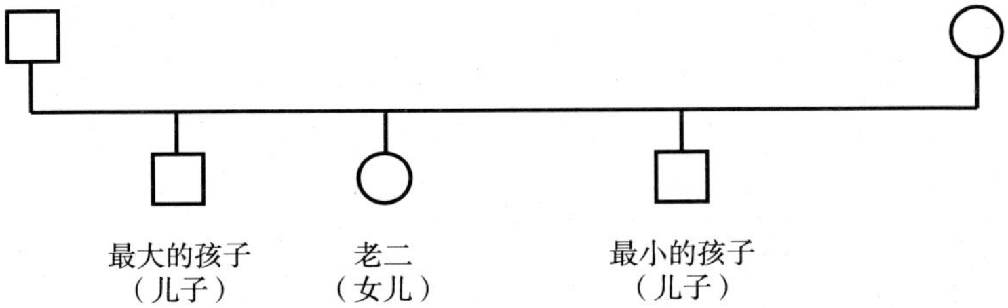

表示：孩子的排列顺序从左到右（从大到小）

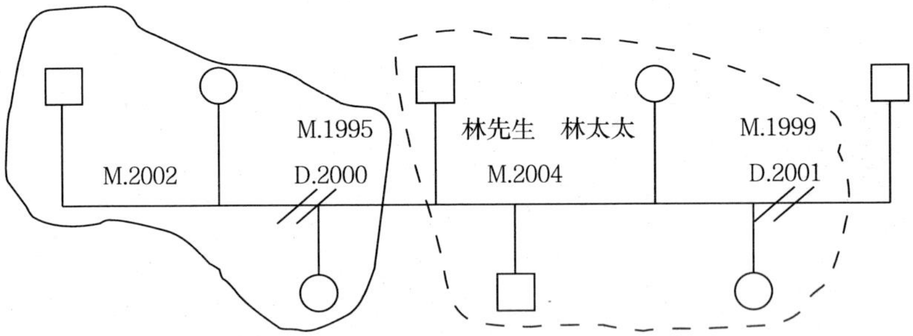

表示：案主林先生有过一次婚史，2000年离婚，2004年再婚，与现任太太生有一个儿子，其现任太太与前夫生的女儿目前与他们一起生活。林先生的前妻带着与林先生生的女儿已和另一位先生组成家庭。

（2）记录家庭成员相关的信息。当家庭结构图建构完成之后，个案工作者应该开始根据需要增加与家庭成员相关的资料，例如，社会人口

资料、功能关系和家庭重大事件。

1）家庭人口资料：包括每个成员的年龄、出生与死亡日期、居住地、职业与教育程度等。

2）功能资料：包括家庭成员的就医、药物滥用、疾病、住院、情绪和行为功能（如暴力、犯罪或其他特殊之行为）等资料。

3）家庭重大事件：包括家庭周期的转换、成员关系的改变、移居、丧失（Loss）或成功经验。在家庭评估过程中，对于家庭重大生活事件，习惯上以其他表格依据年代先后列出，称之为“家庭事件发展史”。

（3）展现家庭成员的关系。最后，再以线条说明家庭成员之间的亲疏远近关系。对于家庭互动关系的相关资料，主要以参与会谈的成员的看法与界定为主，辅之以工作者在会谈过程中观察到的现象。不同线条符号表示不同的关系类型，其关系意义如下所示。

示例

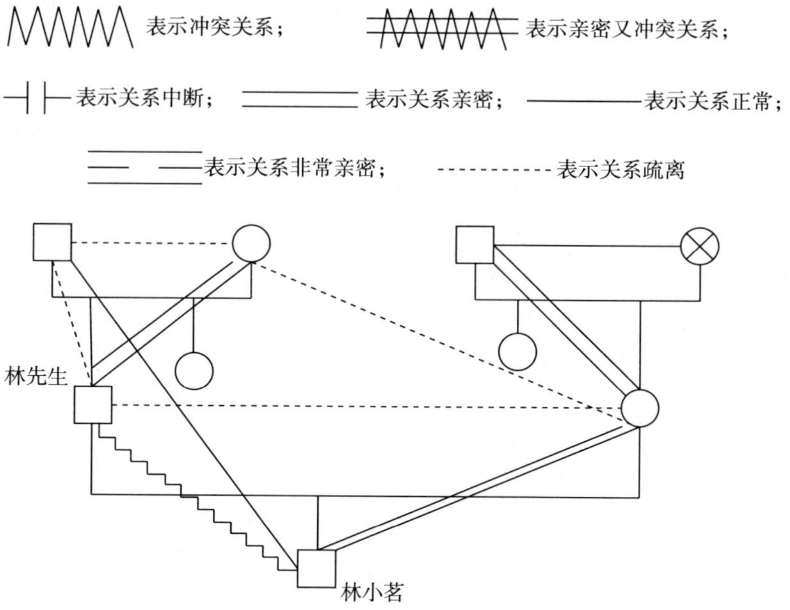

该家庭成员互动关系图[1]表示：林先生与父亲和妻子关系疏远，与

[1] 参考：潘淑满．社会个案工作．台北：心理出版社股份有限公司，2000．233－239．

母亲关系亲密，与孩子有冲突。林太太母亲已亡故，与父亲和孩子关系亲密，与婆婆关系疏远。林先生父母关系疏离。林先生的儿子小茗与祖父关系不错，与母亲关系亲密，与父亲关系紧张，有冲突。

---

2. 生态图

如果说家系谱辨识出了案主的历史和当前的生态，那么由安·哈特曼（Ann Hartman）开发的生态图则有助于辨识出案主当前的社会背景。生态图是一个了解案主与环境要素间互动性质的工具。生态图的构建分为两部分：①内部系统；②外部系统。内部系统可以是家庭（家系谱），也可以是单个案主，画在中央，并以圆圈表示与外部系统的界线；外部系统由对案主发生影响的各个外部社会系统组成——例如，学校、职场、邻居、教会、专业机构、亲戚以及朋友等，它们依序环绕案主（家庭）系统，并围以圆圈。一个家庭的生态图也可以辨识出影响家庭其他成员但对案主没有直接影响的外层系统或其他系统。那些影响案主的各个外部系统组织，由案主认定，然后案主再识别每个组织和自己关系之间能量流向的性质和方向。由于案主参与了这个辨识当前情景并通过生态图生动地表达出来的非常有意义的过程，案主可能发展出一种对自身情景的更好的理解并最终发现解决困境的策略。

一张生态图纸可呈现所有人与环境联结的情况，通常一次会谈就可以完成。空白的生态图如图 4－1 所示。

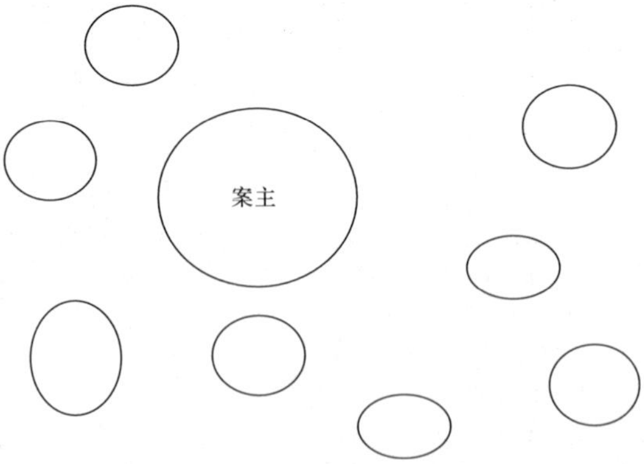

图 4－1　空白的生态图

具体而言，生态图可以通过 6 个步骤来完成：

（1）在生态图中央圆圈内画出案主（个人或家系谱）。倘若案主是一个家庭，也可另外画一个家系谱在旁边，而在中央圆圈内只需标上某家即可，这样视觉上比较清楚。

（2）与案主谈环境中的重要元素。倘若案主是一个家庭，则每位成员都可以表示意见，但是列出重要元素即可。重要元素可能包含正负两方面的元素，也可能包括现阶段不存在但却应有联结的元素，例如对一位渴望找到伴侣的案主，可以画一个圆圈表示其理想中的伴侣，只是和表示案主之间的圆圈没有线条连接。以下元素只要是被案主认为对他（他们）有影响的，都应该写到圆圈里，工作者也可以提出自己的参考意见，不断增加：扩大的家庭；职场；朋友；邻居；亲戚；社会福利部；妇联；肥胖者俱乐部；学校；公共设施；交通；医院；商店；精神病患者。

（3）与案主谈论他和各元素接触的体验，从中了解联结的情况是持续的还是短暂的、是舒适的还是有压力的以及是平衡的还是失衡的。社会工作者通常可以从案主的经历描述中整理出一个模式。倘若案主是一个家庭，则需要在各成员间找到共通点。一旦联系的性质清楚后，可用下列图示来代表，其中，不同的线条表示联系的不同性质。

示例

正向的连续的关系（两根或三根表示关系更强）：————

弱关系：-----------

关系中断：─┤├─

紧张关系：////

压力的关系：-////-

表示资源流向：——→

工作者可以采用自己的代号，星星或线条，形式不拘，关键是与案主双方要同意和了解。有些工作者还采用彩色线条，以便图示看起来更清楚。

通常情况下，线条愈粗、愈多，就表示关系愈紧密；反之，则愈单薄。组织与案主之间如果没有线条，则表示还没有关系。在初期，可能工作者或者案主还不知道社区内的许多小组和支持性团体，随着工作的进展，工作者可能需要去探索并发展那些对案主有支持作用的系统组织，届时工作者和案主可以再将系统组织添加到生态图上，或重新再画一张表示，这还可以作为将来评估工作成效的一个直观的工具。

（4）生态图完成后请让案主核对，务必与他的经验相符，否则需要再修正。生态图是反映某一时刻的案主与环境的关系，它会随着其中不同元素的变化而改变，例如，通过发展与同伴小组的关系，案主的社交能力增强了，与家庭和同学关系增强了，则在他的环境系统中，正向力量就得到了强化。

（5）评定结果时，询问案主的全面印象。生态图提供的是一个全图，借此可以了解各种重要关系。因此，工作者首先要询问案主（个人或家庭）的看法，以避免自己主观的成见。评定最重要的是全面平衡，看看薄弱或不存在的联系是否可以借强有力且持续的联系来平衡，能量与资源的交换是否平衡。工作者与案主评定结果时，对强联系要给以正向评价。

（6）运用评定作出计划。一个计划可以包括以下方面：

1）对目前不存在但很需要的关系应该做好发展联系的准备。

2）强化弱联系。

3）在压力处减压。

4）增强案主能力以回应或调节环境的要求。

执行计划需要许多技巧，将在本书后文介绍。[1]

3. 社会网络图

社会网络图是一幅展示案主接受援助的大小及其对案主关系轻重的图（表），这种援助是“由社交上的知己主动提供的明确的援助，对受助者具有有益的情感和行为上的影响”。社会网络图用于协助案主辨识他的社会支持。社会支持对案主而言是很重要的，它可以分为五个对案

---

[1] Julius R Ballew & George Mink. 个案管理．王玠，李开敏，陈雪真合译．台北：心理出版社股份有限公司，1999. 122－125.

主个人福利所必需的互动系统——情感整合，社会整合，滋养性机会，价值的肯定，援助——并使个人能处理成问题的情景、维持个人的福利。

社会网络图由案主认定的同心圆构成。工作者要求案主识别出支持力量并在图上表示出来，根据离图中心的远近来区分支持量的大小——离中心圆越近表示支持越大，越远则支持越小。纵列的网络格用于量化案主从网络中获得的支持水平。这不是一个客观的测量，而是基于案主辨识自己的支持量时的一个主观感知。❶

图 4－2 所示是流浪汉老王的社会网络图。

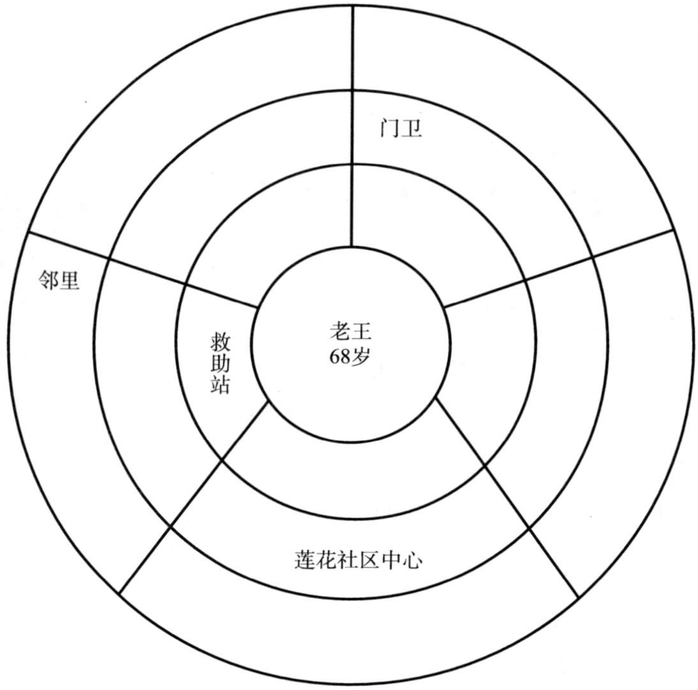

图 4－2 流浪汉老王的社会网络图

❶ Bruce D Friedman. System Theory. In：Jerrold R Brandell Theory and Practice in Clini－cal Social Work. New York；The Free Press，1997. 13.

第三节 计 划

计划是前一阶段的评估和下一阶段旨在促成改变的干预之间的桥梁。通过评估，社会工作者可以了解案主及其问题，案主的环境及其互动的情况，并辨识出案主现实的和潜在的资源以及障碍。计划设计就是从问题界定到寻找问题的解决方案的过程，或者说就是把评估的内容转化为描述合意的结果（即目标陈述）的过程，并设计如何达成目标的行动计划。

一个计划应该具体说明计划中每一个部分和行动的理由。责信（Accountability）就变得很重要。一个设计优良的计划会具体说明做什么，为什么要做，谁去做，怎么做等，这是履行对案主、机构和支持的公众责信之责任的途径。在发展计划时，要坚持以案主为中心的观点，因为在这一个阶段，工作者容易抛开案主独自操刀。在这之前，工作者很倚重案主对信息的提供，进入计划阶段以后，则意味着有足够的信息显现，开始朝向行动计划。因此，工作者可能急于自己书写计划，然而，如果案主不能充分参与到计划中，失败的可能性就加大，因为案主被剥夺了进一步增权和改善自己的问题解决技巧的机会，而且案主的自决权也会受到损害。一个没有案主同意和参与的计划，变成了操控案主满足工作者自己期望的行为，这是不符合社会工作价值的。在探寻克服障碍或强化不足点的同时，计划应该建立在案主系统和环境的力量基础上。

■考虑着手的问题

案主常常可能在多个层面有多个问题。社会工作者应该选择从哪个问题着手，即哪个问题是目标问题（target problem）呢？阿西曼等结合诺森、雷德与艾泼斯坦的建议，认为目标问题应该符合以下条件：

（1）案主必须承认这个问题是存在的。

（2）问题应该是可以用清晰的行为术语界定的，以便将来测量目标达成的程度。

（3）问题应该根据案主感觉的轻重缓急来考虑，这提醒工作者应该最先考虑案主认为最急需的。

(4) 工作者和案主能现实地加以改进的。

例如，案主可能感觉有以下问题：房东催交房租，丈夫酗酒，孩子逃学，发胖引来的健康问题等，其中，付房租可能是首先要处理的目标问题。

■目标的制定

圣雄甘地说：找到目标，就会找到方法。的确，只有明确了工作的目标，工作者和案主双方才能有共同的努力方向。目标是案主希望达到的结果状态，所以，工作者在制定目标时首先要运用会谈技术了解案主合意的解决方案。对有些案主来说，确保基本的生存需求是唯一值得设立的目标，那么，工作者和案主可以同意把确保基本需要作为首要目标。但是，有些社会工作者强调什么目标才是社会工作所值得追求的。例如，罗森（Rosen）认为，追求包括环境变迁在内的变化可能更好，这种看法注重案主的长远利益，自有其积极意义，但它与社会工作根据案主个人的意愿和特性界定问题和目标的理念相反。[1] 我们认为，最重要的是案主将积极投入考虑的并且与他们的愿望相关的目标。当然，工作者可以并且应该与案主分享自己的看法，假如两人看法不一致，就需要协商，就像在对问题的界定不一致时要协商一样，除非两人达成了一致的看法，否则就不要行动，因为两人的目标不一致。

目标一般分为总目标和次目标两种。前者是总的、较长期的、最终所期望的结果，次目标是为了达成总目标而确立的一个个具体而直接的近期目标，个案社会工作者在评估的时候可能已看到案主要改善或改变的地方有许多，有时就想一揽子弄妥一切，但这可能容易让案主觉得喘不过气来。所以，最好让事情简化一些，把焦点集中在案主希望改变的几个主要方面，而且这种改变应该有可能带来最大变化。约翰逊建议，在与单个的案主工作时，一般的指导方针是在一个确定时间里，目标最好不要超过三个。如果案主是家庭，则目标可以适当多一点，并且这也

---

[1] 转引自：Beulah R Compton & Burt Galaway. Social Work Process. Pacific Grove：Brooks/Cole，1999. 304.

要根据家庭的规模而定。

每个目标应该有一个完成的特定时间，在此基础上，工作者和案主才能评估计划是否按时间表如期实施，而且，最后的期限也提醒人们要加快步伐。总目标一般比较宽泛和概括，而次目标则应该特定、具体和可测量。假如次目标对频率、时段和时间框架有特定的陈述，那么，总目标可以比较宽泛。例如“成栋将在学校里表现出积极的行为”这个陈述就是宽泛的，因为它没有具体说明完成多少积极行为或完成的时间框架。在寻求更特定、具体和可测量的次目标中，根据5W（who，what，how，where，when）系列问题——谁，什么，怎样，哪里和什么时候——来考虑是有益的。“谁”是指采取行动的人和改变的对象。采取行动的人（人们）在总目标和次目标中首先应该出现。接下来的词应该是“将要”，即传递一个正向的、明确的事物所希望的状态。下一个应是假如目标达成或需要获得满足，情景将是“什么”和（或者）“怎样”的描述。“什么时候”是指采取行动的时间、频率或时段以及完成的时间框架，它也是指目标之间的一种“假如……那么”的关系。

示例

成栋是一个常常违反课堂纪律的调皮的三年级学生，学校社会工作者通过与老师、家长及他本人的沟通，达成下面这个计划中的目标：

“截至4月15号的3个星期里，成栋在学校的80%的时间将遵守课堂纪律。”

这里的“成栋”代表“谁”，“遵守课堂纪律”代表“什么”，“在学校”分别代表“哪里”和“什么时候”，“80%”指“预期的频率”，“3个星期”指“时段”，“截至4月15号”指时间框架。这个陈述清楚地说明了谁将做什么，在哪里和在什么时候做，有明确的预期，并且进展和结果都可测量。

目标应该适当可行，也就是说应该有很好的机会达成。在考虑可行性时，应该注意工作者和案主双方在时间、精力和资源三方面是否有助于计划的实施。此外，在一切可能的情况下，用正向的结果而不是根据负面的术语来陈述目标是一个明智的做法，目标应该是用“张三将……”

而不是“张三将不……”来陈述，例如，“爸爸将心平气和地与小明说话”而不是“爸爸将不再用粗鲁的语言与小明说话”。这样陈述将有助于把双方的焦点集中于合意的结果而不是问题上，而且根据“自我实现预言”的原理，它可能有良好的心理暗示作用。[1]

示例

组织良好的目标的特征[2]如下：

（1）目标属于案主自己，并用案主的语言表达。

（2）目标小，小目标比大目标容易达成。

（3）目标是具体、特定和行为（behavioral）的。

（4）目标是寻求出现什么而不是不出现什么。

（5）目标描述开端而不是描述结果。

（6）目标在案主生活的背景内是现实可行的。

（7）目标应被案主感到需要为之付出艰苦努力的工作。

■行动计划

行动计划是指确立一些详细步骤，以协助工作者和案主一步一步地去实现目标。工作者应该注意以下几点：

（1）行动计划制定过程与合作过程一样，也应该和案主讨论，并应该建立在案主的力量基础上。

（2）行动计划应该具体说明工作者和案主及其他相关人员的任务。任务就是具体的行动或活动，它是“需要做什么”来实现目标的具体化。一个任务也应该包括“5W”（who，what，how，where，when），即谁，什么，怎样，哪里和什么时候。任务应该以先后次序和完成的时间排列。

---

[1] 罗伯特·墨顿．社会研究与社会政策．林聚任等译．北京：生活·读书·新知三联书店，2001．285－286．

[2] Beulah R Compton & Burt Galaway. Social Work Process. Pacific Grove：Brooks/Cole，1999. 306；J. K. Berg & S. D. Miller，Working With the Problem Drinker：A Solution Focused Approach. New York：W. W. Norton，1992. 32－44.

（3）具体说明完成计划所需的资源以及如何获得这些资源，它们可能包括所需投入的时间、人力、物力和费用等。

（4）计划应该包括衡量计划如何达成的评估机制，评估其实是贯穿整个过程的。

（5）计划应该有弹性。因为随着计划的实施，会出现一些新的信息或评估，这就需要重新调整计划。一般认为，在发展计划时考虑几个不同的计划是比较合适的做法。所选择的计划可能就是几个计划的综合。

需要注意的是一系列的活动应该是精心筹划并紧紧围绕目标的达成而设计的，所以，活动必须聚焦于目标所期望达成的结果。我们常常看到有些社会服务机构热衷于举办活动，甚至以活动的多寡来衡量机构工作的好坏，对这些活动与机构或某个项目的目标之间是否有紧密的关联，则缺少周密的考虑，康普顿等称这类工作者为“上当的工作者”（trapped practitioner）。这是专业社会工作者应该注意避免的。

■工作协议

当工作者和案主一起制定计划时，他们双方间的协议也随之达成。协议可以采用合同的形式，说明需要做什么，谁应该做这件事。这个合同可以是双方口头上的一种理解，也可以是一种正式的、双方签字的书面合同。有人认为用“合同”两字不确切，因为它没有法律含义，所以，目前的社会工作文献中，常常把它称为计划协议。协议如果以书面形式呈现可能更有效一些，但也不一定。对一些带抗拒性或不信任感的案主来说，正式合同可能是一个障碍，口头协议反而更有意义。在危机状态中，最好的解决方案是尽快得到帮助，此时一个快速的口头协议正合适。

计划和合同是弄清楚谁、做什么、为什么和怎么做的途径。它们也是个案工作者针对案主的情景提供个别化服务、责信和评估的手段。计划和协议把人在情景中的情况与谋求为案主对情景做些改变联系起来。计划增加了获得合意结果的机会。

示例

干预计划合同格式

案主姓名：______________________________

1. 问题描述：__________________________

2. 基本目标：__________________________

3. 我们，签字者，同意如下计划：

A. ______________________________

B. ______________________________

C. ______________________________

D. ______________________________

__________　　　　　　　　__________

案主签字　　　　　　　　　工作者签字

__________　　　　　　　　__________

日期　　　　　　　　　　　日期

第四节 干　预

干预（intervention）是社会工作者在带来系统意义上的变迁的过程中的一种有目的的目标取向的服务活动。干预阶段主要的目的是实施计划。在社会工作文献中，治疗、处置、有计划的变迁和社会干预等都曾是（或是）与干预类似的概念。目前，在以系统视角讨论社会工作的文献中，一般尽量避免使用“治疗”这样带有传统医疗模式痕迹的概念，只是在家庭治疗中，人们还普遍使用“治疗”一词，但其实际含义也已经与社会工作史上早期使用此词时有所不同。从系统的角度来看，个案社会工作的干预活动可以分为两种基本的类型：直接实务和间接实务。直接实务是通过与案主的合作和增权，协助案主改变认知、情绪或行为，提升案主的自信和自尊，增强案主应对环境的技巧和能力，进而使案主达到与环境的良好互动；间接实务是借助改变案主所处的不利的环境系统，利用、增进和开发环境系统中有助于解决问题的资源，以减轻案主受到的压力和苦楚，并进而平衡案主与环境的互相适应性。需要指出的是，这种区分是相对而言的，在实际工作中，这两类干预活动常常是“你中有我，我中有你”，很少单独使用。本书将在后面作进一步介绍，此处仅就工作者在此阶段的干预角色作简要的介绍。

本书在比较严格的意义上使用“干预”的概念，把干预视为服务计划确定后所采取的旨在实现目标的服务活动。一般来说，工作者的干预角色主要有五种：①社会经纪人；②使能者；③教师；④调解人；⑤倡导者。这五个角色实际上包含了工作者在不同层面上（微观、中观和宏观）的服务，是通才取向的个案社会工作服务的具体体现。

■社会经纪人

社会经纪人（social broker）在有的书上又称为“联系人”，是指社会工作者像经济领域中替供方和需方牵线搭桥的经纪人一样充当案主和其他社区资源之间的联系人，以达成服务协议中规定的目标。担当这个角色需要社会工作者充分了解社区资源，他需要了解什么机构、什么地方、什么人有案主所需要的资源，并熟悉获得那些资源的运作程序，才能达成有效的连接。社会工作者承担以下工作时都属于社会经纪人的角色：为失学儿童找到一个愿意提供学费支持的基金会的资助；协助有残障的青年联系到一家愿意聘用的单位；为一个白血病儿童联系到一家能减免费用的医院；把一个生活艰难而又孤独的单亲妈妈介绍给社区一个单亲妈妈自助小组等。

■使能者

使能者（enabler）是指社会工作者协助案主发现他自身的应对力量和资源，以产生实现目标所要求的改变。工作者的主要职责是推动或者使案主能够完成预定的改变。通常有一个误区，以为使能者只是可以促进案主内在联系模式的某些改变，但实际上，使能者也可以帮助案主发现改变环境的方法。

社会工作者承担以下工作时属于使能者的角色：协助一个妈妈弄明白她与孩子关系中的问题并选择一个行动计划改善那种关系；协助一对夫妻辨识出两人冲突的根源和阻碍他们和好的其他因素，然后协助他们发现应对这些困难的方法。

使能者也可以鼓励案主用言语表达，促进情感的宣泄，检验关系模式，提供鼓励或进行有逻辑性的讨论和理性决策等。

■教师

在担当一个教师（teacher）的角色时，社会工作者也许是为案主提供一些应对其问题所必要的知识，或者是协助案主运用新的行为模式和技巧。以下做法都属于这样一种角色；为低收入的父母提供有关购物和营养信息；为父母提供儿童发展信息以解决棘手的孩子教育问题；咬文嚼字地辨析字句的含义并示范什么是清晰的沟通等。与使能者角色一样，教师角色也有助于提高案主应对问题的能力。区别在于，前者动员案主现有的资源而后者是引入外援。“教师”是社会工作实务中重要的角色，有时案主目标的达成可能全部依靠社会工作者作为“教师”提供的信息。但是，应该注意不要混淆提供信息与给以劝告的不同：提供信息意味着提供材料或知识，由案主决定采用与否，而给以劝告意味着工作者知道什么对案主是最好的。

示例

小封是一个内向的大一学生，从小到大就一直听父母说，学习是最重要的，他只要好好学习，其他就不用他管了，所以他也一直很用功，终于考上了一所不错的大学。但进了大学，他却一点也高兴不起来，他发现自己唱歌和跳舞都不会，就连怎么跟老师说话，怎么表达与舍友的不同意见，他都根本不会！自然，在课堂上他是从来不敢发言的，他想开口，心里却堵得慌，他觉得窝囊，觉得自己什么也不是，于是，他到网吧去，在网上，他纵横驰骋，感觉自己是个英雄，能主宰自己。于是，他常常逃课，一个学期下来，几门课亮起了红灯。个案社会工作者针对小封的情况，帮助他分析迷恋网络的原因，最后和他协商，工作者通过示范和角色扮演等方法训练他的自我表达能力和社交技巧，慢慢地小封变得自信和开朗起来。

这是工作者直接针对案主本人增权和教以增进能力的技巧的微观层

面的个案社会工作。

■调解者

调解者（mediator）角色是指工作者以建设性的方式和途径去化解案主系统和其他人或组织之间的纷争，是介于微观层面和中观层面的工作。目的是帮助处于冲突中的各方达成解决问题的共识。作为调解者，社会工作者处于中立的立场上，站在第三方的角度，而对于冲突各方及达成的共识没有任何既得利益。

牛津词典对“调解”的定义是，一个人表现得像一个和事佬。调解者的角色的性质是试图增进冲突各方的相互了解，单独的一方不是重点，关键是注意当事人之间的互动。例如帮助有婚姻冲突或亲子冲突的家庭进行调解。

工作者在调解时应致力于以下方面：[1]

（1）确认对事情有不同看法的双方的共同基础。

（2）帮助双方意识到对方利益的合法性。

（3）协助各方辨识出在一个成功结局中的共同利益。

（4）避免出现输赢的局面是最重要的。

（5）尽量把冲突局限于具体的时间、地点和议题上。

（6）把冲突分解为一些独立的议题。

（7）提供给当事人有关的资料、信息及建议，以便做非正式的选择。在其中一方由于没有这些资料而处于不利地位的情况下，调解者的任务就是提供这些资料，使双方权利能够平衡。

示例

老赵爱狗如命，退休后在家里养了一条大狗陪伴他的晚年生活。他家的狗一到晚上就拴在门口，害得上晚班回家的邻居提心吊胆，更要命的是一到夏天，由于房门敞开，会有一股异味从他家里飘出来，邻居颇为不满，认为老赵不应该养狗，但老赵不以为然，认为自己领有养狗证，一切合理合法。社会工作者于是出面调解。她首先把邻居的不满和

[1] Beulah R Compton & Burt Galaway. Social Work Process. Pacific Grove：Brooks/Cole，1999. 309－312；王思斌．社会工作概论．北京：高等教育出版社，1998. 194.

要求告知老赵，然后协商解决办法。老赵同意工作者召集邻居进行沟通。在会上，老赵对自己给邻居带来的麻烦表示歉意，同时，希望邻居理解自己需要有个伴的愿望，他还表示愿意给狗勤洗澡，保证没有异味，晚上也不再把狗拴在门口。结果老赵赢得了邻居的理解。

■倡导者

倡导者（advocate）角色是指工作者协助案主或单独为案主应该获得而由于种种原因被拒绝的利益去与有关的组织或机构协商、争辩和讨价还价争取权益。倡导包含一定的调解成分，但它与调解又有所不同。在倡导者角色中，工作者是为了案主的应得利益去争取，并且旨在为案主赢得利益；在调解者角色中，工作者则是站在第三方的立场上，而且尽量避免输赢局面。关于倡导，本书第十二章将进一步阐述，此处从略。

示例

小辉是一个12岁患有小儿麻痹症的农村孩子，他在某小儿麻痹康复中心一边接受治疗和康复，一边在设于该中心的学校上课。经过矫治和康复，他的生活自理能力大大增强，中心的个案社会工作者本着“融入社区，回归社会”的理念，希望小辉回到家庭附近的社区学校学习，但他遇到了困难。社区学校的校长说，小辉坐着轮椅来上学，生活和学习上有诸多不便，学校里人手紧，而且老师对如何对待残疾孩子也没有经验，不能为了小辉一个人而影响整个学校的工作。个案社会工作者表示理解校长的难处，但同时，他提出了几点看法：

（1）每个适龄孩子有权利就近上学，这是国家义务教育法赋予他们的权利，也是学校应该承担的责任。

（2）小辉的到来有助于其他学生了解有肢障的孩子，学习如何与有肢障的孩子沟通，互相尊重，这对增进学生对社会多元性的理解是很有价值和意义的。

（3）考虑到学校的实际困难，也考虑到将来还有一些残疾孩子陆续要回归社区学校，中心将筹集资金为学校进行一些无障碍设施改造，例如，建造一个方便坐轮椅的孩子用的厕所等。

(4) 对相关老师进行必要的培训和支持。由于个案社会工作者工作比较细致，同时提供了一定的实际帮助，小辉顺利地进入了社区学校并和同学们相处愉快。

以上示例属于倡导中的个案倡导，如果工作者考虑到类似小辉这样被拒绝入学的残疾人还有很多，而进一步为所有残疾孩子的入学问题倡导，并促使政府有关部门作出政策上的调整，切实保证类似情况能够妥善处理，则称为“阶级倡导”(class advocate)，属于宏观层面上的社会工作。

上述五个角色并不是截然分开的，它们之间常常可能有交叉。例如，在调解时，工作者可能教会案主一些与冲突对方沟通的技巧，这时，工作者就兼有“教师”的角色。工作者无论担当何种角色，都是一种为案主的服务。要使服务达成比较理想的状态，工作者应该注意服务传递的“3A”原则：[1]

(1) Availability——可得性，即探讨何时何地何机构有基于案主需要的服务的提供。

(2) Accessibility——可接近性，即考虑案主是否知道服务机构或服务信息，交通方便与否，受众身体行走情况，财力是否能承担，提供服务的时间和程序是否方便案主等影响服务最后是否能方便、人道以及合理地被案主获得的重要因素。

(3) Acceptability——可接受性，即案主是否愿意接受它，也即人们在接受这些服务时是否感觉舒服，感觉得到尊重。

第五节　结案与评估

■结案的含义与原因

任何助人工作都有期限，一般来说，结案是个案社会工作的最后一

---

[1] Joanne C Turner & Francis J Turner. Canadian Social Welfare. 4th edition. Toronto: Aand B, 2001. 295.

个阶段，或者说结束阶段。或许有人会认为前面的阶段是重要的，到结案阶段，问题都解决得差不多了，因而就不是很重要了。这是一个认识上的误区。实际上，社会工作是一个动态的过程，结案是其中的一个重要阶段，是一个将整个助人过程加以统合的过程，如果处理适当，则能够让案主巩固所学，并将新的感受、想法和行为运用到日常生活关系中，成为一个能自助的人。如果处理不当，则案主已学的东西可能会打折扣，而且，使案主带着负面情绪结束关系还会影响到他以后对接受帮助的态度和动力，影响到案主以后是否持续地进步与成长，所以必须妥善而又谨慎地对待结案。

一般来说结案有以下几个原因：

（1）在理想的情况下，案主已达到特定目标，问题得以顺利解决。

（2）案主的进展很小，而双方已经尽力，或案主有新的问题产生而机构无力解决，必须经由转介，寻求其他资源。

（3）案主因为种种原因主动要求结案，例如，案主在会谈1～2次后觉得自己已收获很多，不需要协助，或觉得收获不大，要主动退出。

（4）其他因素，例如，案主搬家、生病住院或工作者调动工作等。

因此，结案实际上可能发生于工作过程的任何一个时点，但考虑到此处所说之过程，是指正常情况下从接案到结案的全过程，故上文用“最后一个阶段”说。

■案主可能有的反应

结案意味着分离，其中的感受可以说纷繁复杂。案主的感受及情绪的强度与目标达成的程度、案主与工作者关系的性质、结案的原因或类别、案主的年龄以及过去人生中分离的经验、工作者对结束关系后的安排和计划等因素有关。情景不同，结案的内容也就各异。如果目标圆满达成，案主在过程中感到自己作为一个有内在价值的人现在更有价值了，假如他觉得自己获得了解决困难和问题的技巧和知识，假如他觉得做决策时更能自决了，假如他能够依靠自己有效地去接近并获得资源以满足被社会认可的需要，那么就可以认为他真正得到了增权，工作者的干预不仅取得了成功，而且使案主获得了持续成长的能力，这也是社会工作专业助人与一般的服务专业或其他助人活动的区别所在。

当然，有一些案主可能会产生一定的负面情绪并在行动中有所表现。一般来说可能会有以下一些反应：

(1) 对结案持否认、逃避的态度。一些有过痛苦的分离经验或在成长过程中曾遭到亲人或挚友拒绝、遗弃的案主，会害怕结束关系，因为这会勾起他们痛苦的回忆，反映在行为上可能是：不承认结束，带出某些新问题或任务，或者减少投入（如爽约）等。

(2) 痛苦、失落、沮丧、被遗弃感或愤怒。一些一向被社会忽视或本身较少自信并缺乏足够的支持系统的案主，例如独居老人、人际关系不成熟者或被遗弃的儿童等，他们珍惜专业关系给他们带来的安全、温暖和支持气氛，对结束的情绪感受比较强烈而有可能产生以上负面情绪。

(3) 焦虑或紧张。一些对将来可能要面临的困难处境感到没有足够信心和资源应对的案主，对结案后可能出现的挑战有担心和优虑，因而觉得紧张。还有一些案主由于焦虑或紧张，在行为上可能会出现倒退现象，即回复到以前的行为模式，案主希望借此维持关系。

■工作者的准备和应对策略

结案应该是一个意料中会发生的事，所以社会工作者应该在整个服务过程中做到心中有数，具体如下：

(1) 对结案有意识、有准备。从与案主建立关系开始，工作者就应该意识到双方关系和结案对案主的影响，理性地控制自己的感情，避免过度介入，并对案主说明专业关系是有时间限制的。工作者平时就应该关注案主在生活的其他方面是如何处理分离的，敏感于案主对结案的态度是计划成功结案的根本。在工作过程中，工作者要支持并培养案主的独立性。有时案主可能会讨好或感谢工作者，说些诸如“多谢你的帮助，如果没有你的帮助，我都不知道自己会是怎样呢”之类的客气话，这对工作者是一个考验，社会工作者渴望获得成功，而案主的感谢，可能是工作者获得成功的一种体现，所以他们需要一种来自案主鼓励的成就感。案主的感谢虽然从情理上讲无可厚非，但是，从长远的追求．即培育案主的自信和力量感，最后达成“助人自助”的目标来说，工作者应该保持清醒的头脑，拒绝诱惑，否则可能会损害案主的增权感，工作者要提醒案主他自己才是变化背后的主要力量。在他们成功实现目标时，工作者要承认是案主值得信任，而且是改变的真正力量。假如案主没有做他们该做的事，那么，整个过程也只是认知上的训练而真正的改变就不会发生。最糟糕的情况是案主把工作者看成是“救星”，这时工作者应该迅速破解这种“神话”，指出自己只是协助案主，相信案主面对困难的勇气和他在解决问题过程中的艰苦努力。总之，工作者应该突出案主自己在解决困难和问题过程中的作用，树立他的信心，提高他的能力和增强他的能力感，为顺利结案奠定基础。

有计划的结案也应该给案主留有足够的时间来处理与结案有关的情感。工作者至少在最后的2～3次会面时就应该计划处理未解决的议题。这样，在结束时，案主将有正面的感受和成就感而不是被拒绝或遗弃感等负面情绪。

（2）妥善处理案主的负面情绪。工作者应该知道结案的方式因人因事而异。如果工作者感到案主没有利用所给予的帮助，或爽约，或以其他方式显示难以结案时，便应该和案主讨论结案。因为，正如上文所言，有时案主会觉得已经不需要帮助了或觉得工作者的帮助意义不大而又不便说，这时就需要工作者敏感地察觉案主的反应，并公开讨论结案议题。工作者根据专业判断认为案主已有独立能力但却对结案持负面态度时，应该理解案主对分离的不舍和痛苦，但应该重申，分离是不能改变的事实，而且也是生命中不可避免的环节，坦然面对分离是个人成长的一部分。同时，工作者应该与案主一起回顾当时面临的问题、求助的困难，回顾他每一步取得的成就，具体指出案主已经发展出的长处和资源，希望案主巩固已有的成果，并将所学到的知识和技巧运用到日常生活中。

（3）妥善安排和计划结案后的事宜。对于一些采取否认或逃避态度的案主，工作者至少应该在日后作出一个跟踪联络安排以保证一旦有需要，帮助的大门仍然是敞开的。对那些较少自信或资源不足的案主，工作者可以协助他们设想以后可能遇到的一些困难，并讨论可能的应对之策，鼓励案主利用学到的方法求助，并尽量协助案主与扩大的转介网络联结，以便日后有需要时利用。工作者也应该协助案主最大限度地利用非正式资源，包括自助小组和支持小组等，介绍案主参与或利用这些非传统的服务资源。

■评估的一些概念

（一）何为评估

评估（evaluation）是评断社会工作努力的目标是否达成以及实现目标的手段是否合适的工具。评估应该是社会工作过程中不断进行的一个环节，但它在每一步完成时尤其重要。在开始干预前进行收集资料的评估（又称为预估，assessment）后就应该评估（evaluate）是否已收集到了所需要的所有资料，是否得出了关于案主及其信息的意义的合适结论。在计划制定后，就应该评估该计划是否完整和可行。而在干预行动完成后，就要评估合意的目标是否达成。自然，评估也是结案过程的重要部分。因此，所谓评估实际上就是去发现期待发生的事情是否真正发生了，什么方法和策略发挥了作用，为什么管用。

（二）评估的目的

社会工作伦理指出，工作者的行为必须对案主、所服务的机构、专业和社会负责。因此，评估的目的主要有四个方面：

（1）对案主负责：了解案主是否达到预期的目标及达成的程度。

（2）对机构、赞助者或社会有个交代，即责信（accountability）。[1]

（3）通过评估改进工作方法和技巧。

（4）供研究用（验证一些假设、政策的效果等）。

（三）评估的一些原则

默非提出了评估的一些原则[2]，对如何评估和评估什么很有启发

---

[1] 责信主要包括两个部分：效能和效果。效能涉及服务成本。由于人类服务的复杂性，责信远不仅仅是确定案主的数量、花在案主身上的时间或以钱计算的服务成本等，它也包括社会成本，诸如服务是如何影响案主的亲职能力（parenting ability，即教养孩子的能力）或在职场的功能的，又是如何影响案主周遭环境系统的功能发挥或案主、重要他人和社区的生活质量的等。效果涉及服务是否导向它计划的目标。同样由于人类服务的复杂性，所以效果很难测量。但假如包括在行动计划中的目标是可测量的，那么，在一个特定情景中那些目标是否达成就可以测量。假如机构有界定清楚的目的和目标，评估和责信就可以在一个良好的基础上实施。目标的辨识和服务的评估是责信的关键因素。

[2] Bianca Cody Murphy & Carolyn Dillon. Interviewing in Action—Relationship, Process, and Change. 2nd Edition. Pacific Grove: Brooks/ Cole, 2003. 151.

意义：

（1）评估受到由谁来操作的影响。工作者从自我保护的角度可能偏向于发现正向的改变和结果，案主也可能是不精确的报告者，因为他投入了时间、精力和金钱，很希望相信自己和自己的情景有了改变，也可能希望借由提交一个正向的发展材料来取悦或奖励工作者而压抑问题或疑惑。外部的观察评估者，包括家庭成员，也可能根据此结果对他们自己的影响而有不同的动机来看待正向或负向的结果。由于种种原因，在评估中运用多个报告者的报告，互相引证应该是最有效的。

（2）评估不应该仅仅集中在问题上，也应该关心案主的力量和相关的系统。很自然地，评估者关注于干预的目标问题在频率和时间上的变化。正如干预前的评估一样，此时的评估也必须集中于先前辨识出的力量和资源被运用的频率以及新的力量和资源被开发的情况。

（3）评估应该运用一些评估方法。工作者常常用一些标准测试和自我报告，例如日志，来帮助监督他们与案主一起工作的效果。有时，直接观察是可以的，例如一个老师希望一个孩子在与同学互动中少一点攻击性，这种情况下，一个客观的观察者可以正确地记录干预之前、之中、之后的行为频率。

（4）尽可能让评估出现于真实情景中。在一个真实情景中作出可观察的改变是可能的，但并不一定能推广到其他方面，例如，一个案主可以学习在办公室或教室情景中更加自我肯定，但在家里或操场上不一定能做到。这样，仅仅在办公室或教室的观察者认为是成功的，而在别处的观察者可能是另外一种观点了。

（5）跟踪评估很关键。在最初干预后的 1 个月、2 个月或甚至几年后进行跟踪，这使工作者和案主能够再评估工作的长期效果。有时，跟踪评估就像是对最初工作的“助力器”，帮助案主记住并继续建立在他们工作的正向结果上。

（四）评估的层面

如上所述，评估贯穿于社会工作整个过程。一般来说，评估可以从以下层面展开：

（1）结果（效果）评估。这又包括短期效果评估和长期效果评估。短期效果是指服务提供过程中或结束后，案主所发生的显著变化，例如失学的孩子重新回到教室，无钱医治的案主因为得到经济上帮助而及时得到了有效的治疗等；长期效果是一些有助于案主可持续发展的一些变化，常常需要一段时间才能明显显示出来，例如，案主增权，自信和自尊提高，问题解决能力提升等。

（2）过程评估。这包括最初对问题的界定、力量的评定、目标的设立、计划的拟定、运用的方法和技巧以及建立的专业关系等方面的正确性进行评估，找出其中的促进或阻碍因素。

（3）合适性评估。这包括两方面内容：一是查验所达成的结果是否解决了原有的问题还是有所偏离，合适的结果通常是充分地达成预期目标；二是查验为完成某项工作，投入人力、物力和财力等成本相对于服务所获得的效果是否合适。当然，由于人类服务的复杂性，这种投入与产出之间比率是否合适也是很难确切计算的。但是，通过比较同类服务之间的效果，还是能够在一定程度上看出什么样的投入和方法、技巧能产生更好的效果。此外，有些服务虽然初衷可能不错，但由于当时考虑不周，事后会发现结果并不理想，甚至对案主有害，例如有些儿童福利院与社会上其他民间团体组织的“拥抱孤儿活动”，初衷是想给孤儿更多的关怀，结果却发现，活动过后这些孩子不太安于福利院的生活，而现实又无法为这些孩子提供居家式照顾，这就意味着这个活动考虑欠妥，留下了“后遗症”。因此，社会工作需要仔细评估以改进方法，避免“好心办错事”。

■评估的方法

评估可以有许多不同的方法，例如单一主题设计、目标达成量表、问卷的运用、会谈和观察等。这里介绍前两种常见的方法。

（一）单一主题设计

1.“单一主题设计”的含义

“单一主题”（single - subject design）又称为“单一个案”、“单一系统”等，是指以单一案主为评估单元，该单一案主可能是个人，也可能是家庭、夫妻或一个群体。单一主题运用于评估工作，主要是将案主接受个案服务前的表现与接受服务过程不同阶段的表现，进行对照、分析与比较，以此作为评估的依据。

单一主题设计有许多种模式，最常被个案工作者运用的是 A～B 设计——A 是指个案评估的基准线，B 则是干预阶段。在个案社会工作的整个过程中，工作者不断收集相关资料，对案主的进展状况进行评估，并根据实际情况，不断改进干预策略。

2. 单一主题设计的步骤

单一主题设计的步骤如下：

（1）界定目标行为（问题），使之具体、精确并且可测量。

（2）目标行为的测定：次数、频率、期间、增加、减少等。

（3）测量的方法：直接观察，标准化测量（问卷、测验卷、量表等），自我报告。

（4）建立基准线，即通过不同方法观察、报告或记录问题行为在一定期间发生的次数，记录成一个稳定的模式作为评估时的参考。

（5）干预或处遇阶段。工作者应该有系统的、前后一致的关于问题行为的记录，同时也要视实际情况决定是否需要调整干预或处遇策略。

（6）评估干预结果。对所收集的资料进行比较与分析工作，再由资料的比较、对照与分析过程，对资料进行解释。当然，如上所述，评估工作除了对具体结果进行评估外，同时也可针对整个助人过程进行评估，并找出影响或阻碍的因素。

“单一主题设计”方法的批评者认为，这个方法运用范围非常有限，因为它只有在社会工作实务的行为框架内才有效，对有些质性的问题无法运用，而且还提出质疑：在干预中和干预后进行测量，其改变的持久性到底如何？是有计划的干预导致了合意的变化还是其他因素，例如处遇的情景或环境，促成了案主的改变？无论如何，该方法的主要贡献是聚焦于目标和结果以及提供了测量结果的方法。

（二）目标达成量表

如上所述，单一主题设计一般要求目标具体、可测量，但实际上，可测量的、具体的目标说明常常是困难的。目标达成量表（goal - attainment scaling）正好可以弥补这一方法的不足。它对社会工作尤其有用，因为它允许个性化的目标。工作者和案主可以一起朝向一些个别化的针对特定情景的目标。上文介绍的墨菲关于评估的几个原则中，提到应该对案主新的力量和资源被开发的情况进行评估，在这个方法中可以把案主的力量和资源被开发的情况作为目标来评估。但是，这种方法只能测量目标达成的程度（extent），不能测量目标本身的重要性，也不能裁定干预方法。“目标是如何达成的”的问题不是目标达成量表方法的议题。

当运用目标达成量表方法时，工作者应该先协助案主设立目标，然后在五个层次上测量结果。这五个层次从低到高分别如下：

（1）想象中很可能最不喜欢的结果。

（2）低于期望的结果。

（3）预期的结果。

（4）超出预期的结果。

（5）想象中很可能最喜欢的结果。

工作者可以用表格展示在一个特定的时间段后预期实现的五个层次的目标，表 4－3 所示为案主贝小姐的目标达成量表，其目标为周薪 300 元的女服务员的工作。[1]

表 4－3　贝小姐的目标达成量表

预期层次	结果描述
最不喜欢的结果	没有工作，再惹麻烦上身
低于预期的结果	找到周薪 200 元的餐厅工作
预期的结果	普通餐厅，周薪 300 元
超出预期的结果	二星级餐厅工作，周薪 350 元
最喜欢的结果	三星级餐厅工作，周薪 400 元

实际上，“目标达成量表”可以在工作者和案主制定目标时就约定，

[1] 参考并改编自：Kiresuk T J & Sherman R E. Goal Attainment Scaling：A General-Method for Evaluating Comprehensive Community Mental Health Program. Community Health-Journal，1968. 4（6）：443－453；转引自：Julius R Ballew & George Mink，个案管理．王玠，李开敏，陈雪真合译．台北：心理出版社股份有限公司，1999. 194－196.

待计划实施后就可以根据前面的约定来评估目标达成的程度。这个评估方法的意义除了上文说的可以针对案主个性化的目标外，还因为它有五种结果，除了最不喜欢的结果，其他四种都可算是成功的，它有助于案主看到更多成功的变化，增加案主的信心。

第五章　个案社会工作的专业关系

社会生活中人们常常和不同的人产生不同的关系，如亲子关系、朋友关系、师生关系以及主雇关系等，在不同的关系中人们扮演不同的角色。所以，就其社会层面而言，“关系”是指因角色连带而存在的一组相互关联。角色本身间是有权利和义务的规定的，因此有行为规范和期望的性质存在。当角色行为超出社会所期望的规范时，将使双方的角色关系发生变化。如果角色行为违背规范中所规定的原则或禁忌，会受到法律或社会舆论的惩罚，例如，当已为人夫的老板与雇员产生情人关系时，会遭到舆论乃至法律的处罚。从心理层面上讲，“关系”指人与人之间互动时，情绪上产生的一种相互关联的感受。无论这种感受是好是坏，个人都会感觉到与他人连接在一起。情绪上的各种感受，因互动时间、分享的内容、互动的方式、双方的个性、过去的经验、价值观、认知能力、社会文化、个人生理状况以及当时所处情景的不同而各异，因此，“关系”的性质具有高度的动态性和可变性。

可以说，有什么样的关系就有什么样的角色产生。如果社会工作者不知道自己与案主关系的意义，不知道在这个关系中应该做什么，担当什么样的角色，那么，可以肯定，工作者将不能恰当地帮助案主。因为，在社会工作中，专业关系同时也是助人关系。因此，本章要探讨专业关系的概念、专业关系的意义、专业关系的基本要素以及如何维持良好的专业关系等一系列问题。

第一节　专业关系的性质

■专业关系的含义

专业关系在社会工作历史上是一直被强调的。许多学者发展了自己的定义，不同学者对专业关系的看法如表 5－1 所示。

表 5-1 专业关系的含义[1]

概念提出者	概念内容
比斯台克（Biestek），1957 年	专业关系是工作者和案主之间态度和情感的一种动态互动，旨在帮助案主达成更好的调适他们自己及其与环境的关系
阿兰·基斯-卢卡斯（Alan Keith - Lucas），1972 年	专业关系是提供给处于困难中的人的一种媒介，借由这个媒介，他们获得一种选择的机会，决定是否接受以及如何利用这种帮助
平卡斯和米纳翰，1973 年	专业关系是工作者及其所涉及的其他系统之间的一种情感纽带，也可能包括“一种合作、讨价还价或冲突的气氛”
海伦·H. 波曼（Helen Harris Perlman），1979 年	专业关系是指这样一种关系：在其中，双方有一个共同的目标，有一个特定的时间框架；工作者把自己献身于案主的利益；它带来专门知识、专业伦理守则和专门技巧的权威；此外，在工作者致力于维持朝向目标的工作中，关系是受到控制的，工作者意识到并控制自己的感情、反应和冲动
柯科托维克 & 钱西（Kokotovic & Tracey，1990）；霍伦维茨（Horonwitz，1991）；甘地（Gady，1993）；巴锲勒（Bachelor，1995）等	关系是一种治疗联盟
廖荣利，1992 年	专业关系是指专业人员和案主的内心感受和态度表现的动态、交互反应关系，工作人员通过交互作用以协助案主社会生活适应能力的改善和增强
翟进和张曙，2001 年	专业关系是社会工作者和案主之间建立起来的一种工作关系，它通过双方内心感受与情绪的动态交互反应，从而协助案主解决问题，提高案主个人的能力

以上的定义大部分都突出了“关系”的社会层面和心理层面的特点，即工作者和案主之间存在态度和情绪的互动，并通过互动达成工作

---

[1] Louise C Johnson，Robert W McClelland & Carold D Austin. Social Work Practice—AGeneralist Approach. Canadian Edition. Allyn and Bacon Canada，2000. 160.

目标。工作者的角色是协助案主解决问题，提升能力，但似乎没有突出“专业关系”之“专业”的特性，因而与一般助人关系没有区分，海伦·H. 波曼的概念弥补了这个不足。她指出了专业关系不同于一般助人关系的重要特点：双方有一个共同的目的；有一个特定的时间框架；工作者的助人活动建立在专业的知识、伦理守则和专门技巧之上等。而平卡斯和米纳翰把专业关系延伸到与案主有关的系统，扩展了专业关系的范围，具有十分重要的启发意义。综合上述各家观点，专业关系是指工作者和案主及相关系统之间这样一种态度和情绪的互动过程：在这个过程中，工作者秉持专业价值，能够有意识地控制自己的情绪、反应和冲动，以自己的专业知识和技巧，在双方认定的目标下，在一定的时间里致力于案主的利益。

由于篇幅的局限，本章讨论的专业关系，主要集中于工作者和案主之间的关系。

■专业关系的重要性

专业关系对于以助人为旨归的社会工作而言，打个不甚恰当的比喻，可以说相当于外科医生的手术刀。因为社会工作者助人本身不像其他助人专业有工具来协助，例如医生用的仪器，社会工作者的专业知识和技巧，除非通过工作者与案主之间一种有意义的关系作为媒介，否则无法对案主实施帮助。在现代社会工作理念中，社会工作的目的不仅仅是协助案主解决眼前的困难，更重要的是提升案主的自信和自尊，发掘案主潜在的长处和优点以及资源，使其人格得到成长，能力得到提升，从而成为一个增权的人。从这个角度而言，没有对案主的尊重和接纳的态度，没有对案主的同理能力等一系列专业关系所具有的核心品质，就无法实现助人的根本目的。海伦·H. 波曼对关系及其重要性持有的观点是这样的：“在支持、滋养和释放人的能量、刺激朝向问题解决和运用帮助的动机方面，关系是一种催化剂，一种使能的活力。”她把关系看作是情感纽带和人性化帮助的工具：“好的关系提供一种刺激和滋养……（它）尊重和培育别人的自我感……（它）提供一种安全感。”[1]

---

[1] Louise C Johnson，Robert W McClelland & Carold D Austin. Social Work Practice—AGeneralist Approach. Canadian Edition. Allyn and Bacon Canada，2000. 160.

人类关系在促进人的成长和改变方面的重要性已得到公认。好的关系让人感到温暖、舒服、愉快，容易建立一种互相信任的关系，使案主产生安全感、自信心，减少防卫心理而愿意开放自我，从而有助于减少沟通信息的曲解，使彼此的沟通更加顺畅愉快。好的关系也有利于增强对案主的影响力，有助于案主产生学习和改变的动机，愿意做自我探索，将精力放在学习上而非自我防卫上，其结果常常是案主能够发挥其潜能，获得改变和成长。相反，如果情绪互动的结果是负向的，即双方内心的感受是不舒服的，例如，敌意、防卫、焦虑、紧张、不信任和威胁感等，则会使双方的沟通阻塞，容易导致曲解对方的意思，甚至逃避沟通。即使必须要沟通，双方也因防卫心理和不舒服感而无法放开和坦诚，案主容易落入准备等待批评、拒绝、报复、反击或过分敏感等境地，在这种破坏性关系中，案主不可能获得学习、改变和成长，只会产生沮丧、挫败、失落和愤怒等负面情绪。

■专业关系的基本要素

社会工作者用许多不同的词汇来概括专业助人关系的特征，但谈到对专业关系保持一贯性所必需的工作者的品质时，大家的看法还是一致的。康普顿和盖乐威的概括最具代表性，他们把这些品质概括为七类。[1]

（一）关心他人

对社会工作者而言，关心有以下含义：

（1）关心意味着社会工作者真诚地关注案主所发生的事并能将这种感情传达给案主。这种关心是无条件地肯定案主的生活和需要，让案主做他自己。有时工作者可能发现无条件地肯定案主很困难——当工作者在法庭、社区或机构的要求下见到案主时，发现案主可能怒气冲冲、充满敌意或穿戴举止令人讨厌——在那种情景下，工作者一定要意识到自己负面的情感和判断对工作的不利影响，这样就不会无意识地透露出愤怒和拒绝的信息了。

---

[1] Beulah R Compton & Burt Galaway. Social Work Process. Pacific Grove: Brooks/Cole, 1999. 176 - 182.

（2）关心他人意味着社会工作者把自己以及自己的知识、技巧给予案主并关心他们在朝向其希望的目标进程中如何运用（或不运用）这些知识和技巧，也意味着在有限的目的、时间和地点，当案主需要社会工作者，而不是社会工作者需要帮助他们时作出回应；真正的关心犹如基斯-卢卡斯所说的，意味着社会工作者愿意做“过程的代理人而不是它的创造者”。

（3）关心意味着尊重案主的隐私权。社会工作者寻求对他人的理解和了解仅仅出于助人过程所必需。工作者可以通过以下途径传递对案主的关心和尊重，例如：准时出席会谈和会议；做家访约会时说出会尊重他们的隐私，希望他们真实地展现自己的本色。社会工作者还可以这样表达对案主的尊重：尽可能地把双方见面的房间布置得有吸引力，穿戴也要体现出对对方文化的尊重，专注地倾听，积极地理解案主所表达的意思并作出准确的回应。工作者可以不同意案主所说的，但必须珍视这种分享。

（4）关心他人意味着社会工作者视案主为独特的、有价值的人，超越自己的需要，让自己服务于案主的利益和目的。

工作者应注意不要把关心与喜欢相混淆。工作者不必喜欢每个人。正如基斯-卢卡斯所说的，“关心是这样一种如此在乎的感觉，以至于与个人喜欢不喜欢的感情不相关”。

同时需要注意的是，因为要助人，工作者就必须深度涉入与案主的关系中，但这里有一个危险，即随着与案主情感的日渐加深，则可能演变为过度涉入，这是因为工作者希望看到案主的问题快速得以解决，这本来没有错，但如果把案主的问题当作自己的问题，并集中在自己想要什么而不是案主想要什么时，就是过度涉入了。这容易出现越俎代庖，不考虑案主的接受和理解能力，以工作者自己的意愿代替案主的意愿。到头来，不仅可能让工作者痛苦，而且也可能因为对案主期望太高，逼得太急，使案主感到压力太大和不受尊重，而与专业助人的初衷相悖。

（二）承诺与责任

在助人关系中，工作者和案主都要作出承诺，只有承担责任才能达成关系的目的。因为关系中缺乏承诺和责任常常会使双方感到关系的模糊而造成不必要的焦虑、试探和不合作行为，例如，案主可能因担心工作者不保密而不愿开放自我，或者因为不了解工作者的协助意愿和方式而消极等待，而工作者则可能担心案主的合作意愿和合作程度等。因此，澄清目的以及确认双方的角色和责任，并由双方同意和承诺，就成为关系建立过程中，尤其在关系建立之初的一个重要的内容。本书第四章提到的建立关系之初要求双方澄清角色和期望，与此处所说实为异曲同工。

承诺和责任常常通过口头协议或书面协议的建立而由双方共享。当彼此对自己各自应该做什么、怎么做有清楚的了解并互相承诺时，关系就能以一种有意义和富有成效的方式推进，从而使助人过程变得更为顺利。需要指出的是，工作者在专业关系中所负担的承诺和责任，常常更有约束性。如果工作者没有充分的理由和解释而破坏了承诺，案主会责问其助人的意愿，并认为工作者没有将他们当回事。工作者必须要为自己的言行承担责任和责信。但是如果进入的是一个家庭情景，工作者却不一定指望这个家庭会有什么责任或承诺，例如，工作者为了确定这个家庭是否符合案主所称的低保条件，如约上门，可作为关键人的妻子却避而不见，由丈夫挡驾。这时，工作者应该意识到自己对这个案主的承诺和责任。可能有些家庭曾经有过与专业人士打交道时的不舒服的经历，他们想考验一下工作者是否守信。被人不信任的感觉是不好受的，但是工作者必须知道，许多案主可能是基于之前与工作者的不愉快的经历而采取了试探的方式，所以必须以事实去赢得信任而不是指望信任自然产生。

（三）接纳

接纳是指工作者对案主持有一种非评断和非批评的尊重态度，对案主有现实的信任并尊重其能力和价值，相信他有能力成长和改变。

康普顿等认为接纳包括三个方面内容：

（1）了解。这是指工作者努力去理解案主的现实、经历、价值观、需求和目的，并获得关于案主的生活及其参考框架的概念。

（2）个别化。这意味着工作者应该把案主看成是一个独特的人，他有独特的思想、感情和经历，不同于其他人，也不同于工作者。同时对他人的假设一定不能建立在关于一个群体、阶级或者种族的概化的概念（generalized notions）上。

（3）信任或期望。这意味着工作者应该相信案主有自决的能力，知道自己的前进目标和方向。

接纳不是自然发生的，而是基于社会工作的价值理念，相信每个人都有内在的价值和尊严，因而，无论一个人过去、现在的生活方式和行为如何，都应该得到尊重，根据系统理论，个人之所以出现问题是各种复杂的环境系统互动的结果，并非案主一人之过。案主问题的发生，常常与其成长过程中资源的缺乏、机会的剥夺以及基本需求的未能满足有关，所以，工作者接纳的是事实，即接纳案主，无论他是怎样一个人，都要接受他，而不去批评和怀疑他。

从干预的角度讲，处于求助阶段的案主一般比较缺乏自信，自卑情绪比较严重，有些非自愿的案主，本来就可能因为自己的行为遭致许多批评、嘲讽甚至侮辱，对工作者持有一种抵触或怀疑的态度，如果工作者对他表现出批评或轻视等态度，只能更加强化他的抵触防御心理，这显然不利于实现改变的目的。相反，对案主非评断的接纳和尊重，能给案主以安全、温暖和被尊重感，不仅可以获得案主信任，而且，可以协助案主获得生活和行为上的信心，有助于案主肯定自己的价值，进而做有效的自我协助。

接纳并不意味着总是同意案主或放弃自己的价值观而支持案主的价值观，也并不意味着宽恕案主的某些行为。相反，它是强调以社交上合适的方式行事的重要性，强调寻求理解驱使案主触犯规章制度的冲动行为的暴怒时，观察已有的法律和规章制度的重要性。工作者应该知道，人的行为是人的品性及其环境，连同他们的眼光综合作用的产物。

自决、非评断的尊重、敏感性、对成长的期望和了解都是接纳的本质之一。表达接纳的最有效的方式之一是试图理解案主的处境和感受。通过专注的倾听、合适的同理心反应、恰当地作出评论并提出合适的问题，可以表达出对案主的尊重，以及非常乐意去理解他们的态度。

（四）期望

良好的期望和良好的结果之间有一种正向的因果关系，反之亦然。期望有一种巨大的力量，前文一再提及的“镜中自我”或“自我实现预言”等理论包含着这个概念。工作者需要考虑以下期望：

（1）对案主能力或改变意愿的期望。

（2）对自己在改变过程中的有效性的期望（自己对专业能力的自信）。

（3）案主对行为的期望。

（4）案主对助人过程的期望。

假如工作者预期案主有能力成长和改变，会学习，能解决问题，那么，工作者作为一个助人者的效果就会大大提升。根据李泼、亚历山大和波莱米斯（Ripple，Alexander & Polemis）等人的研究，在助人过程中那些最有效的工作者是这样一些人：期盼案主会改变，期望案主能得到合适的帮助和支持。要成为一个有效的变迁代理人，工作者必须深信人类有趋向成长的冲动。

探知案主对工作者的期待也很重要。案主的期望与工作者能提供的相吻合吗？假如不吻合，双方应该商讨一下能做什么、准备做什么和应该做什么。让案主相信与工作者的关系会有一个好结果也很重要。要想让案主出现理想的变化，工作者和案主双方的相信和信念是必要的。

（五）同理心

工作者要想有效地助人，了解案主是首要的一步。如果有意想去了解案主却又无法准确表达对案主情绪和感受的理解，则会使案主怀疑工作者的协助意愿和能力，渐渐失去对工作者的信任，甚至放弃求助的意愿。因而能否深入案主内心，准确地感受其情感和体验，并把这些感受传达给案主就成了关系能否得以维持的关键。

同理心又称为同感，其英文表达是 empathy。此字源于德文 einfulung，意思是“感受进去”（feeling into）。卡尔·罗杰斯（Carl R. Rogers）对同理心的定义十分清楚，他认为同理心是一种进入另一个人的情感和经验世界的能力——知道另一个人感觉什么，体验着什么——又不失去过程中的自我。基斯-卢卡斯认为，同理心是理解他人对环境的感受，从内心深处体验案主那种不安和绝望的感情。在社会工作中，同理心是指工作者站在案主的立场上，以案主的角度看待事物，感觉世界，从而对案主的情感和体验有一种感同身受的了解，并有效地将这种了解传达给对方。

在专业关系中，对案主的同理心表达十分重要，因为在同理心的了解中，工作者不但向案主传达出了解其感受和体验的信息，让其有一种

“知己”的感觉，而且也是在协助案主进行自我表达、自我探索和自我了解。因为当工作者的回应具有同理心时，常常会使案主感觉得到理解，特别是当案主自己的表达比较模糊而工作者能够把隐含在其话语背后的意思很清晰地表达出来，并对其进行深层次的同理时，案主会有一种舒畅和满足感，这可能促使他做进一步的表达和剖白。双方就像话语投机的朋友，在良好的关系中协助案主进一步了解自己和自己的问题。尽管如此，良好的同理心能力也不是容易达成的。工作者常常习惯了以己度人，主观地看待他人他事，以自己的经验和感受来判断事物，以至于比较难以接纳案主的看法和立场。林孟平的建议有助于工作者同理心能力的养成，她认为，工作者应该留意自己不能达到同理心的原因，做自省工夫，例如，尝试问问自己以下问题：[1]

（1）我是否主观性很强？

（2）我是否很封闭，抑或有开放接纳的态度？

（3）我是否对当事人有适当的关怀？是否愿意进入他的内心世界去分享并分担他的人生悲喜？

（4）文化传统、社会习尚、伦理道德和法律条文等，是否成为我生活的许多框框——我自己被困其中，而同时我也不让我的当事人有所超越？

（5）为了可以帮助当事人，我能否放下自己个人的参照标准，进到他的内心深处来尝试达到最大的同感？

总之，要想真正关怀一个人，就必须去了解他。而要想了解一个人，就必须以他的眼光去看他的世界，以他的心情去理解他的情感，而不是站在自己的立场上去看他，更不能以自己的标准去要求他适合自己的看法。

（六）权威和权力

作为专业人士，工作者是拥有某种权威和权力的。工作者的权威一方面来自自己所工作的机构，另一方面来自工作者所拥有的专业知识、技巧和地位。案主将工作者看作是社会工作领域的专家。工作者无形中对他就有某种影响力。案主第一次与助人者打交道时，多少会有一种把

---

[1] 林孟平．辅导与心理治疗．香港：商务印书馆，1997. 193.

对方看作权威人物的倾向，这可能源于他过去与权威人物——父母、教师或其他工作者——接触的经历。工作者必须敏感地认识到自己的权威是如何影响案主的。从一方面来讲，一个求助的人会寻找有权威的人来帮助。假如接受任务的工作者正好拥有这种权威，则会使案主有一种安全和安定感，愿意接受工作者的影响，但从另一方面来讲，也有可能的是，基于案主早年与权威人物的经历，工作者的权威可能影响他表达（或表现）真实的自我（可能是情感转移，也可能是一般的压力），这对了解他目前问题的症结所在是不合适的，是不利于助人过程的。但如果工作者为了表示平等，假装没有权威，案主会产生这样的疑惑：为什么工作者不愿意承认他们都很明白的事？如果案主的感觉与工作者说的不一致就不可能建立一个真诚的关系。因此，如果工作者的权威阻碍了与案主的工作关系，工作者应该准备和案主去讨论这个问题。

权力是工作者职责范围内的一种支配力量。由于在社会工作助人关系中，工作者完全以案主利益为旨归，从“给”与“取”的角度看，双方关系是非互惠、不平衡的。正如高登斯坦指出的，当一个人从他人那里要求一个别处不可能得到的东西时，关系就不可能是平等的。求助者满足个人需要的选择有限，加上工作者又被他视为有能力和有知识，所以他在工作者面前很容易“气短”。当工作者把案主转案到别处，当工作者说“假如你方便，我们每周见一次面吧”，或者当工作者决定让案主的另一个家人也参加到家庭服务中来时，工作者实际上都是在确立关系的条件，行使权威和权力。

鉴于权威和权力的影响力，当工作者在他人的要求下介入案主的生活时，如果有必要，工作者必须准备很清楚地解释自己能带来什么权威和权力、权威和权力的限制以及自己准备怎么运用权威和权力。当然，这做起来不容易，因为工作者自己对权威的感情也非常微妙。有些工作者可能满足于被视为权威的感觉，因此，工作者应该不断地检视自己的权威和权力给案主可能带来的影响，以避免损害专业关系的情况出现。

（七）真诚和一致[1]

一直以来，“真诚”被公认为是专业关系中最基本的要素之一，人

---

[1] 林孟平．辅导与心理治疗．香港：商务印书馆，1997.213－214，216－217.

本主义治疗大师罗杰斯曾表示自己常常在想真诚是否为影响专业关系的唯一因素。杜亚克斯（Truax）曾经具体指出，专业人士必须是一个统合的、真诚而可靠的人，倘若欠缺了一种真诚，信任的关系就很难会出现，而治疗的结果就会因此大受影响。杜亚克斯等给出了真诚的定义：真诚是指在专业关系中，工作者以“真正的我”出现，不作保护式的伪装，不会将自己隐藏在专业角色的后面，同时，更不会像一个技师一般地例行公事；相反，他会很开放、很自由地投入整个关系中。“真诚”和“一致”是同一件事情的两个方面。“一致”意味着所说与所做必须相一致，必须是始终一贯的、真诚的、开放的和真实的。也许有人认为，所谓真诚就是必须完全地把自己的感受直截了当地全部说出来。例如，“你想骗我，你太让人生气了，如果我不是一个社工，你这种人我连看都不会看！”其实，这是一种认识上的误区。法国智者有一句话叫“全部的真理并不总是好说的”，工作者需要有所选择，考虑自己的评论和行为对案主的影响。工作者不应该把所想的一切都说出来，但是应该考虑所说的一切。

真诚除了不欺骗他人和言行一致外，很重要的一点是真诚的表露应该是能够控制或能够避免负向或防卫性的反应，以婉转而不伤害人的方式表达自己的想法和感受。例如，当工作者感觉案主在说谎，欺骗自己时，工作者可以用“我——”陈述句来回应：“我感到被欺骗了，心里很难受，如果你能对这件事做清楚的解释，我想我会好受一些。”关于“我——”式表达的技巧，本章后面有详细的介绍，此处从略。

当人与人的交流缺乏真诚，流于表面化和非个人化的时候，人的共处就不会再有促进成长的功能，相反地，还会产生负面的效果。因为不真诚意味着要花许多心思用于维持各种伪装，极力遮掩真实的自己，这样会消耗很多精力，以致无法探讨现实问题，促进建设性的成长。所以，马斯洛指出，人际关系中缺乏了真诚的时候，就无可避免地会产生疾病。

对于工作者而言，要做到真诚并非如说的那么容易。因为，真诚的人必须对自己有很好的了解和接纳，他要了解自己的价值观，了解自己的专业知识和能力，对自己有信心，同时又知道自己的不足，接纳自己的不完美。约翰逊认为真诚是“工作者对他自我和他自己情感的一种诚实”。林孟平指出，要做到真诚，工作者首先要有健康的自我形象，要有一定的自信，而对自己的了解和接纳是自信的基础。一个有安全感的工作者可以很自在地通过专业关系协助案主改变、成长。但世界上没有全知全能的人，工作者更应该接纳自己的限制，必须承认自己有不懂的地方，也会犯错误，只有这样，才能容忍案主犯错，才能接纳对方的不完全。工作者要学着相信案主本身的能力，案主不会听到工作者说有不懂之处就否认工作者的价值，相反，工作者如果真诚地承认自己的不完全，以一个不完美、有限制但真诚而有信心和能力的形象与案主沟通和交流，更可能让案主感觉亲切、真实并缩短双方之间的距离。

相反，如果工作者刻意要时刻保持所谓的“专业形象”，不允许自己有所不足（这事实上不可能），那么就会消耗大量的精力，影响助人工作，而且，不懂装懂，也终究会令对方不满，从而破坏专业关系。

在以上七个基本要素之外，还有一个重要的要素是“目的”。正如定义所指出的，专业关系是在一定目的下的关系。“目的”贯穿于整个助人过程，是所有关系的一个组成部分，正是“目的”使社会工作关系显得独特。

社会工作的专业关系是一种有目的的互动关系，以整个专业的目的和价值为基础，并非任意发展的。社会工作实务的目的是对人与环境互动中的一些因素作出改变以改善人们应对他们生命任务的能力，更好地帮助他们实现自己的志向和价值。专业的目的和价值就集中在社会工作专业关系的目的上。一般说来，专业关系的目的有三个面向，即规范性目的、操作性目的和个人性目的：

（1）规范性目的，是指社会工作者要致力于改变或发展人或社会系统，以增进个人应对他们生命任务的能力，并实现他们的志向和价值。规范性目的决定了社会工作者应该如何对待案主，允许和期望表现出什么样的态度和行为。

（2）操作性目的。虽然从总体上来讲，操作性目的分享共同的规范性目的，也是旨在增进案主的应对能力或确保从环境中获得必要的资源。但由于各个案主面临的问题不同，社会工作专业关系也各有差异，所以，关系的目的应该能运作在实际的状况中。

（3）个人性目的。每一个社会工作关系都有一个独特的个人性目的，它是特定互动中的即时性目的，因时而变。它不同于一系列互动中的长期目的。例如，李女士希望有一个持久而幸福的婚姻关系（长期目的），但她今天希望工作者协助解决的是处理先生所抱怨的家务管理问题（即时性目的）。

任何社会工作关系中的规范性目的和操作性目的是含蓄内隐于专业关系中的，常常不直接明示，社会工作者必须清楚地向案主阐明双方接触的即时性目的，这是成功的关键。梅耶和提姆斯（Mayer & Timms）在 1970 年的研究中发现，案主缺乏对专业人士目的和价值观的理解可能阻碍专业关系的发展。

第二节 如何增进良好关系的产生

■沟通与关系

关系是沟通的桥梁，影响沟通的方式和效果，当双方关系满意时，沟通比较容易，连空气似乎都散发着玫瑰的香味。但实际上，沟通的好坏也直接影响感受的内容，对关系的建立和维持有直接的影响。请想象以下情景发生时你该怎么做：

- 当你与他人有严重的意见分歧或冲突时。
- 当你发怒或他人对你发怒时。
- 当他人批评你时。
- 当他人不讲道理并拒绝倾听你的观点时。
- 当你觉得容易受攻击和伤害时。

这些情景，社会工作者在与案主或为案主利益与有关的组织或机构打交道时都可能会碰到，案主也可能因为沟通不当而发生家庭和人际关系障碍，需要社会工作者去帮助。总之，沟通的好坏与关系的质量是呈正相关关系的。

■亲密沟通的秘诀

良好的沟通不是自然形成的。社会工作者可以通过学习良好的沟通技巧去促进专业关系并用于增进案主的进步。戴维·伯恩斯（David

D. Burns）通过多年的临床实践总结出的五大沟通技巧，改变了许多苦于不会沟通的人们的生活，它们对社会工作者和普通愿意学习沟通的人同样适用[1]，如表 5－2 所示。

表 5－2 亲密沟通（intimate communication）的秘诀

倾听的技巧	自我表达的技巧
（1）消除敌意术（Disarming technique）：即使觉得对方说的完全是错的、不合理的、荒谬的或不公平的，也从其中找出一些真实的地方。 （2）同理心。 （3）询问：提出一些真诚的、探询性的问题，以了解别人更多的所想所感。	（1）"我觉得"式陈述（"I feel" statements）：以"我觉得"式陈述来表达情绪（例如，"我觉得很不安"而不是用"是你不对！"或"你让我怒不可遏！"）。可以用"我觉得"式表达所要表达的负面感情或愿望。 （2）激将（stroking）：即使在争吵达到白热化程度时，也要真诚地找到一些正向的东西对别人说，尽管双方彼此已经很愤怒，这也表明尊重别人。

（一）倾听的技巧

1. 消除敌意的技巧

【立意和意义】 该技巧用起来可能最困难，因为社会工作者的内心可能有一个声音在反对：为什么明明他不对还要我忍耐？但如果想实现建设性的沟通，那么工作者必须学会运用这个最难但也最有力量的倾听技巧。尤其当受到批评或攻击时，如果急于防卫或争论，势必火上浇油，关闭了对话空间，最终只能两败俱伤。相反，当从对方的话中找出一些"真理"时，就相当于来了个釜底抽薪，把对方的火气压了下去，因为对方觉得受到了尊重，双方就有了进一步沟通的可能。这样，虽然双方没有达成一致，但沟通顺畅，利于了解。

示例 1

案主：我觉得你骨子里有一种优越感，看不起我们这些来求助的人。

工作者 1：我真没有想到你会这样说，凭良心说，我是真的想尽心尽力为你们做些好事。想不到好心没有好报。

---

[1] David D Burns. The Feeling Good Handbook. Revised Edition. New York：Plume，1999. 376－406.

工作者2：我很抱歉让你有这种感觉，你能告诉我，我的哪些做法让你产生了这样的感觉么？

示例2

案主：我怀疑这些沟通技巧，我认为它们对我不起作用。

工作者1：像你这样的情况，我都治疗过很多人，他们都觉得这些方法很有用，你是个例外了。

工作者2：你的怀疑可能是对的，我不能保证这些方法对你也有益。人们有时发现要改变很不容易，我很乐意听到更多的关于为什么这些方法对你似乎不管用的信息。

【分析】 两个示例中，工作者1听到案主的批评，立即防卫，为自己辩护，否认了对方的感觉，使对方觉得自己的看法不被重视，双方建设性沟通的路被堵死。工作者2对案主的感觉很重视，通过询问，表示出倾听对方意见的诚意，使下一步建设性的沟通成为可能。

2. 同理心的技巧

【立意和意义】 见前文"专业关系的基本要素"中的"同理心"部分，兹不赘述。

示例

案主：我妈让我烦死了，她老怕我交到坏男友，总是问这问那，上自他家祖宗十八代，下至他现在跟什么人来往，什么都要盘问，好像我不是25岁的大姑娘，还是个15岁的初中生，她什么都不信任我。

工作者1：看起来你不理解你妈妈的苦心。可怜天下父母心啊，她也是为你好，老年人嘛，你应该理解她。

工作者2：听起来你对你妈妈不信任你感到很生气，你觉得自己长大了，可以自己做主了。

【分析】 工作者1没有站在案主的立场上体会她的生气和不满，没有回应她的苦衷，反而批评她不理解母亲，并提出劝告，这使工作者无法进一步去了解案主内心的想法，因为案主感觉不到工作者的理解。工作者 2 对案主的情绪和感受作出了准确的回应，让案主觉得工作者是理解她的，为进一步沟通打开了通道。

3. 询问的技巧

【立意和意义】 社会工作者用真诚、探询性的问题鼓励对方告知更多的负面情绪，因为这是大多数人害怕当面谈论的。人们喜欢回避愤怒和冲突，也常常害怕批评。工作者还可以鼓励对方告知更多的关于让他们觉得厌烦或受到伤害的言行的信息。这为对方提供了一个直接地、清楚地批评工作者和告知自我感觉的引子，可以让问题和不满显露出来，以便工作者及时地处理，掌握主动权。假如工作者感觉到案主与自己在一起不舒服，而又不鼓励他们谈论或讨论这个问题，这会给他们提供表达不满的机会，他们可能不完成工作者要求他们做的事，也可能爽约，最后令工作者也感到沮丧和受挫。相反，如果工作者运用询问的技巧，则可以导向一种真诚的感情交换，使干预更为有效和舒服。这个原则可以运用于任何关系中，无论是工作者与案主之间，还是亲子之间、夫妻之间、雇主与员工之间或最好的朋友之间都可以。询问不仅可用于了解更多的别人之所想所感，而且也有助于把模糊的负面反应变为工作者能够以一种富有成效（productive）的方式应对的具体的问题。当然，询问不一定只是要探询案主负面的感受，通过询问可以把一件模糊的、不很清楚的事了解得更清楚些。

示例

案主：我是经一个朋友介绍才来找你的，想不到你这么年轻，我又有点犹豫了，担心你经验不够。

工作者：我很欣赏你的坦率。只是你觉得我缺乏什么样的经验呢？

【分析】 工作者的询问使案主觉得工作者很真诚地愿意倾听他的意见，为之后的沟通奠定了基础。当他描述想象中的工作者缺少的经验或品质时，工作者可以用同理心或消除敌意术。工作者可能会说，“现在这个时代就是年轻人的时代嘛，我们年轻，接受新东西快，不比老的差！”虽然该回答显示了工作者的自信，但对了解案主的担心没有意义。

在使用询问技巧时，工作者的语调很关键，一定要用尊重、礼貌的口气询问，否则，同样的话如果是用讽刺或防御的语调问，那就不可能产生预想的效果了。

（二）自我表达的技巧

1.“我觉得”式陈述

【立意和意义】 上面有关倾听的三个技巧有助于处理他人的情绪，包括负面情绪；自我表达技巧则有助于表达自己。当涉及对于对方的看法，尤其是当这种看法是负面的情绪或感受时，可以用两种不同的方式表达：一种是“你——”式，另一种是“我——”式。“你——”式直接针对对方评价。人们往往不善于表达负面情绪，通常在表达愤怒等负面情绪时，常常用攻击别人的方式宣泄而不是自己公开表达出来，人们害怕他人分享自己的愤怒，因为这使自己显得脆弱，拒绝表达比告诉他人“我觉得很恼火，让我们谈谈它”容易得多。“你——”式的表达听起来是批评性、判断性的，例如，“你总是……”“这是你的错……”“你让我愤怒”等，容易使对方产生一种防卫心理，触发争论或争斗。而“我——”式的表达从本质上讲是一种以真诚的方式表达自己而又不置他人于防御地位的方式，尤其在表达对他人某种行为的强烈情感时很有用。

示例

案主：很明显你不关心我。

工作者1：你这是撒谎！你太贪得无厌了（“你——”表达式），我是确实关心你的（自我防卫）。我稍有不顺从你，你就抱怨、指控我，你是个自私的人（批评、指责）。

工作者2：你说我不关心你，让我感觉不安和伤心（“我感觉”式）。我想我可能给了你不关心的印象（同理心），你一定不该得到这样的对待（消除敌意）。你能告诉我，我的哪些做法让你有这个印象吗？（询问）

【分析】 也许案主的批评不是事实，但工作者1的回应，不仅无法继续双方的沟通，而且让人感觉是印证了案主对他的批评。而工作者

2对案主的批评采取了一种尊重的态度，并表示愿意倾听，不仅为继续沟通留下了空间，而且让人觉得这个工作者很诚恳、很尊重案主，因而可能怀疑案主的指控。

2. 激将

【立意和意义】 一般来说，人们都想得到关心和欣赏。人们最害怕的是被拒绝、贬低或评判。所以，让对方知道他受到尊重以及他很重要，即使那时工作者对他生气或不同意，还是想以一种大家满意的方式解决问题。倾听和自我表达只是技巧，真正的沟通来自一个人对自己和对他人的真诚的尊重。假如工作者的目标是要证明自己的正确性，那么可以责备案主，但如果目标是了解他人的所想所感，是解决问题，那么，工作者就要表达出对案主的尊重。

示例

【背景】 案主对工作者很生气，工作者自己也感到生气和烦恼。

工作者：看起来似乎我们俩都互相有点愤怒、沮丧。我相信我们通过讨论能解决它。我深信从长远来看，这将会使我们在一起的工作更有回报。

【分析】 工作者传达出这样的信息：我坦诚地承认我们都感到愤怒，我想让对方知道有这种感觉是可以的。我也清楚地表明我的议程是想使事情更好而不是拒绝去处理。工作者对双方出现的不愉快情绪都可以公开地讨论，向对方表明，尽管可能大家彼此都感觉不好，但仍然尊重对方，珍视与其的合作，希望通过协商、沟通更好地解决问题。

以上几点，仅仅是从分析的角度分别论述的，在实际工作中，它们常常结合在一起使用，正如“我觉得”式陈述的示例中的运用。其实，要想实现良好的沟通，仅运用以上几种技巧远远不够。许多研究专家提出一些改进沟通的途径，例如，要注意非语言的沟通力量；要学会澄清和摘要，以辨明自己是否真正明白了对方；提问要恰当、具体等。本书将在后文中进一步阐述，但本节的一些沟通技巧对处理常见的容易导致沟通阻塞或中断的情景是很有启发意义的。

第三节 专业关系的动态性与转移和反转移

■专业关系的动态性

专业关系的形成和维持是工作者和案主之间的感受和态度交互反应的一个过程。在这个过程中，案主把他的各种困扰、愿望和需求以语言和非语言的方式传递给工作者，而工作者也尽力试图去了解案主的问题和需求，以语言和非语言的方式给以反馈，由于每个工作者和案主都是独特的个体，他们的独特性将出现于互动的过程中，所以，这一来一往的互动过程，使得关系的性质随着互动而不断变化、发展，从而使得关系具有动态性。图 5－1 反映了工作者和案主各自的独特性和互动关系。❶

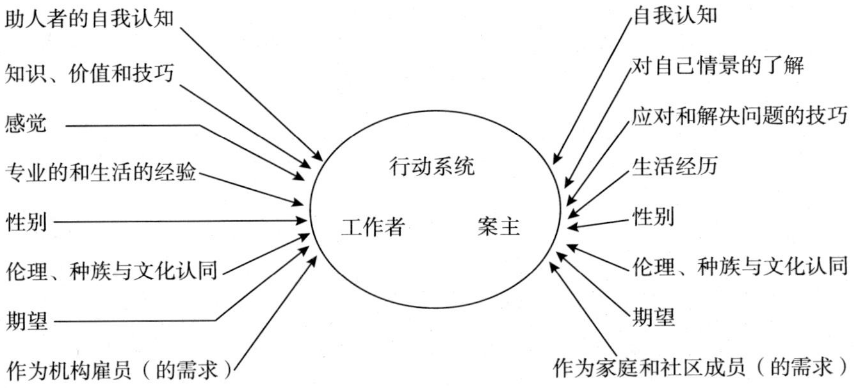

图 5－1 工作者和案主各自的独特性和互动关系

■专业关系的转移和反转移

随着工作者和案主之间的关系更为深入和密切，工作者应该留心案主对自己的反应，同时也应该注意自己对案主的反应，因为这些反应常

❶ Louise C Johnson, Robert W McClelland & Carold D Austin. Social Work Practice—A Generalist Approach. Canadian Edition. Allyn and Bacon Canada, 2000. 165.

常能够提供许多重要的信息，并影响专业关系的正常发展。由于工作者和案主双方之间的反应是动态的并且是互动的，有些理论家试图区分双方在“此时此地”遇到的“现实的”关系和“象征性的”（“非现实性的”）关系[1]，后者在心理动力文献中被称为转移或反转移。此处主要就转移和反转移的含义及其处理作简要的阐述。

（一）转移

转移（transference），又称为情感转移，在心理动力理论中，是指在专业关系中案主对工作者的情感转移。案主将早年生活经验中对某个特定关系人（通常是父母，但并不一定）的特殊感受或情绪经验，投射到工作者身上，把他当作早年情绪经验中的某个特定人看待（但也有学者认为情感转移不一定是把早年的生活经验及与父母的关系转移。案主把目前生活和人际关系的感觉、想法、情绪和幻想等表现在工作者身上，甚至包括在助人关系中，案主对工作者的这种情绪反应，皆称为情感转移。[2] 下列情形都是案主情感转移反应的表现。

示例 1

某 20 岁的男性案主在一位中年女性工作者面前常常沉默，或语无伦次，而在与同龄女性相处时交流很顺畅。原来，由于小时候一直无端遭受母亲的发火打骂，因此他一见到母亲年龄段的女性就恐惧、紧张，无法表达自己。

示例 2

一个 12 岁的小学生每当见到穿红衣服的工作者时，显得对工作者特别亲热和喜欢；而当看到穿蓝衣服的工作者时，则有一种疏离感，像是换了一个人。原来，他小时候，父母一直争吵、打骂，父亲常常拿他和妈妈撒气。父亲是个搬运工，经常穿蓝色衣服，以使他见到穿蓝衣服

[1] “现实的反应”指的是工作者和案主双方基于一些“现实的”原因，例如案主在与工作者会谈时感到自卑、焦虑、不舒服等，而工作者看见有魅力的案主可能怦然心动或对地位高、年长于自己的案主感到有心理压力等，这些感受被认为是可以理解的、较为“符合情理”的现象，与基于早年生活经验中一些未解决的问题的无意识反应相对，后者被称为“非现实性的反应”，即转移与反转移反应。

[2] 谢秀芬．社会个案工作——理论与技巧．台北：双页书廊有限公司，2003．99．

的人就害怕。他只有在外婆家才感到温暖和舒服，外婆常常给他盖一条大红毯子，使他看到红色就想起外婆，感到亲切、安全和温暖。

很显然，这些反应都来自案主过去生活中的情绪经验，但却出现在此时此地。需要注意的是，由于转移是一个无意识的过程，当一个人陷入情感转移反应时，他意识不到这种转移对他的思想、情感和行为的影响。记住这一点有助于工作者对发生在案主、自己或他人身上的似乎非理性的、不可思议的行为有更多的理解和耐心，以及较少的冲动性反应。

心理动力理论认为转移有正负两种性质。在正向情感转移中，案主把工作者理想化，可能体验到他无可比拟的智慧、关心和优势，因而，尽管双方有误会和意见不合，这种正向转移仍然可以帮助维系工作联盟，所以，赫泼沃斯等认为转移对案主也是一个治疗机会。但令人遗憾的是，正向转移本身也可能会被无原则的工作者导向剥削，因为它容易导致案主盲从工作者的操控，专业背景的光环可能使工作者在案主眼里比他实际表现的远为关心、高明。而在负向情感转移中，工作者可能成了过去曾经伤害过案主的剥削者、遗弃者、骚扰者或惩罚者，因而，案主可能曲解工作者的所说所做，听错他的话，或者把一个宽厚、仁慈的工作者的行为误会为不关心、剥削、故意为之的或是歧视，其内含的信息常常是“你不是真正关心我”或“你就像某某那样伤害我”——这种反应导向了双方既定目的的反面。

情感转移无论是正向还是负向，都会导致案主曲解与工作者沟通的内容，转移对目前问题解决的努力方向并造成不必要的工作过程的延长，因此必须妥善处理。而要处理情感转移，必须首先注意它们出现的一些明显的苗头：

- 以纠缠和依赖方式与工作者来往，或是过分寻求赞美及安慰。
- 以过度恭维、赞美或逢迎拍马行为，企图取悦工作者。
- 询问许多有关工作者的个人问题。
- 借由与工作者争执或诱惑工作者而引发煽动刺激性行为。
- 询问工作者的兴趣。

• 追求特殊的关注，例如：为了微乎其微的理由而改变预定的时间。

• 借由社交性的目的邀请工作者吃饭、参加舞会或满足工作者的其他喜好，企图吸引工作者。

• 对工作者存有梦想或幻想。

• 没有正当理由出现防卫性反应、感受到拒绝或期待批评和处罚。

• 表示出个人的好感或给予礼物。

• 以调情、穿着暴露或摆深情姿态做出诱惑性举动。

• 当工作者表现出必须取消会面或没赶上会面时，表现出破坏性行为或退回至原有行为。

• 会面时表现出不寻常的沉默、疏忽或是昏昏欲睡。

• 对约定的会面磨磨蹭蹭或试图在计划结束的时间外再磨蹭一会儿。

• 穿戴和行为迥然不同于平日的风格。

当案主出现上述行为或其他可能的情感转移的苗头时，工作者将注意力转移到案主此时此刻的情绪上来是极为重要的。因为，这种反应一般会造成案主偏离建设性的工作，破坏并削弱协助过程的效果。

赫泼沃斯等提出如下处理情感转移的指导方针：[1]

（1）必须认识到案主的反应可能不是非现实的，而且也有可能是因为工作者的行为所造成。假如经过讨论和自省，确认案主的行为是现实的，工作者应该为自己的行为负责，以此作出真诚的回应。

（2）当案主期望工作者如同他过去生活中的重要他人那样以反治疗的方式回应时，工作者要作出不同的反应。大不相同于案主期望的那种反应可能导致他暂时的不平衡，并强迫他区分工作者与他过去生活中的重要他人的不同。案主必须视工作者为独特而真实的人，而非基于过去经验的一个永远虚构的期望。

（3）借由探索感受是如何发生、何时出现的，协助案主确认曲解认知的直接来源。一开始工作者不要披露自己的实际感受，也不要急于纠

---

[1] Dean H Hepworth, Ronald H Roonep, Jo Ann Larsen. Direct Social Work Practice. 6thEdition. Pacific Grove, 2002. 574 – 575.

正案主的扭曲的认知，而是应该小心地和案主探讨与感受有关的经历和意义归因。实际上，这是在协助案主意识到他们过度概化的模式，以及根据过去经验制造错误的意义归因和不当的假设。这样的觉察有助于案主在未来区别自己的感受和反应是源于知觉制约还是基于现实。

（4）在案主已辨明他们不现实的感受的性质之后，工作者再与案主分享真实感受，这是一个让曾经感到冒犯、伤害和怨愤的案主安心的来源。

（5）在检查完案主成问题的情感后，协助案主确定是否在其他关系上也有相同反应，然后协助案主辨认其扭曲模式在其他关系中所产生的困扰。

（二）反转移

反转移（countertransference），又称为反情感转移，是社会工作者对案主无意识的态度和情感的非现实反应。霍丽斯认为这是工作者把案主视为早期或现实生活中的人物，或把一部分人格中对人错误的看法带入治疗关系中。也就是说，工作者把他早年或现在与他人人际关系中的经验，投射到案主身上。

示例

一个一向很包容、宽厚的工作者开始冷淡并害怕一个特别挑剔的案主。原来，她的父亲是个完美主义者，小时候对她要求十分苛刻，使她日后想起父亲来还是有一种不愉快的感觉。她把案主当成了自己那个苛求的父亲。

反情感转移也有正负两种性质。正向的反转移使工作者对案主过多地认同，有一种偏爱、喜欢和想亲近的冲动，过多的认同使工作者只看到案主的优点，给予过多的关心和保护，可能造成案主的依赖或更大的不安和焦虑。而负向的反转移是指工作者对案主过少地认同，对案主产生偏见、厌恶、没耐心甚至虐待等倾向，这将使工作者不能看到案主的长处，无法给以温暖和支持。无论是正向反转移还是负向反转移都会干扰双方偏离正常关系的目的，无法有效协助案主改变和成长，因此同样需要重视并妥善处理。处理的方法有两种：一种是自省与自我训练，另一种是借助外力，其目的都是为了增进工作者的敏感度和自我觉察力，养成专业自我，以提高对反转移的预防和处理能力。

根据墨菲（Bianca Cody Murphy）等介绍，今天的临床工作者被要求定期彻底检查他们的反转移过程。他们认为以下提问有助于反思专业关系中的反转移行为：[1]

• 为什么我以一种对我来讲不平常的方式对待这个特别的案主？

• 这个案主会对我有什么触发点？

• 我会对这个案主有什么触发点？

• 我对这个案主（或案主故事）的反应是否受制于其他的生活经验？

• 挑剔的（有诱惑力的、专横的、自我中心的、苛刻的）人会促使我干什么？

• 我能辨识出自己对某一类人的反应，是以一种不是有意义的或者说有益的方式进行的吗？

• 我是否对有些案主一直念念不忘而对有些案主则几乎想不到？

• 我是否对某些案主有偏爱？

• 我是否定期回顾了我与所有案主的工作，还是只检查了与部分案主的工作？

• 个人反思足以改变我的反应了，还是需要督导或个人治疗以协助达到对案主反应的专业化水平？

借助外力可以让工作者去除个人的盲点并增进个人预防和控制反转移的能力。其方式主要有以下几种：

（1）利用督导者的协助。

（2）利用咨询。

（3）接受精神分析或心理治疗。

（4）参加成长团体。

（5）同辈督导等。

---

[1] Bianca Cody Murphy & Carolyn Dillon. Interviewing in Action——Relationship, Processiand Change. Second Edition. Pacific Grove; Brooks/ Cole, 2003. 225.

第四节 社会工作者的基本特质

■社会工作者特征的文献回顾

社会工作被称为是一个“以生命影响生命”的专业，在个案社会工作过程中最重要的工具是工作者自己。当工作者进入一种助人关系中，首先带来的而且也最重要的就是他自己。他带来他对案主的关心、他的知识和价值观（包括专业价值和个人价值）、他对于案主问题成因的看法、对于案主改变的看法以及他的助人技巧等。社会工作者作为专业助人者和一般的助人者的最大区别就在于社会工作专业人士是运用社会工作专业价值、知识和技巧去完成助人活动的。其助人活动是坚实地、有意识地奠基于可识别的知识和价值基础之上的。

那么一个社会工作者应该是一个具有什么样的特质的人呢？自20世纪50年代以来，罗杰斯（1958年）、卡库夫和本伦森（Carkhuff &Benrenson，1967年）、库勃斯（Combs，1989年）、伊根（Egan，1990年）、苏（Sue&Sue，1990年）等社会工作研究者和实务工作者对社会工作者特征的探讨就一直没有停止过。奥肯（Barbara Okun）在广泛的文献回顾后，总结出她所认为的助人者对受助者的行为、态度和情感最有影响的“品质、行为和知识”：自我意识、性别和文化意识、诚实、适当、沟通能力、知识和伦理整合。[1] 康普顿等认为一个助人的人需要具有以下几种品质：成熟和勇气、创造性、自我意识、敏感性和接纳差异。[2] 约翰逊则认为一个助人的人可以被描述为具有以下特点的一个人：[3]

- 对个体和他们的行为有正向的看法。

---

[1] Bianca Cody Murphy & Carolyn Dillon. Interviewing in Action—Relationship, Process, and Change. Second Edition. Pacific Grove; Brooks/ Cole, 2003. 3.

[2] Beulah R Compton & Burt Galaway. Social Work Process. Pacific Grove: Brooks/Cole, 1999. 182 - 183.

[3] Louise C Johnson, Robert W McClelland & Carold D Austin. Social Work Practice—A Generalist Approach. Canadian Edition. Allyn and Bacon Canada, 2000. 109.

- 为了他人的原因而关心他人的福利，而不是为了自我中心的目的。
- 开放的、相信人的、温暖的、友好的和诚实的。
- 与受助者一起工作而不是为他们工作。
- 对人的需要作出反应而不是维持特殊技巧的运用。
- 成熟的人，有良好的判断力，愿意在服务他人的过程中冒风险。
- 对人所处的情景、可能改变的程度和所需要的时间有现实的考虑。

中国学者隋玉杰认为一个能建立良好关系的社会工作者应该具备10个条件：[1]

（1）是一个成长中的人。
（2）是有自我分析能力的人。
（3）有影响案主的能力。
（4）有协助他人的意愿。
（5）有相当的敏感度。
（6）代表工作机构。
（7）注重经验积累与推广。
（8）以解决问题为目标。
（9）尊重他人，协调友谊和感情。
（10）树立为案主服务的思想，培养社会工作者的情操和职业道德。

■社会工作者的特质

以上不同学者对社会工作者特征的概括丰富了对社会工作者特征的认识，实际上反映了半个世纪以来社会对社会工作者的不断提高的要求。兹结合以上学者的观点和中国国情，以下对社会工作者应该发展的特质作简要的概括说明。

（一）高度的自我意识

社会工作者应该对自己的生活方式、生活哲学及与之相关的道德准则和价值系统有清楚的认识，了解自己的需要，了解自己的情感、认知和行为特征，定期做自我反思，并邀请同事和督导等帮助自己不断地认

---

[1] 隋玉杰．社会工作——理论、方法与实务．中国社会科学出版社，1996.78－80.

识自己，了解自己的优点、缺点和盲点，了解自己拥有的专业权威、知识、态度和技巧的不足可能对案主的影响。

（二）敏感性和接纳不同

社会工作者要有意识地了解他人内在的所思所感（同理心），避免刻板印象，保持对新事物的开放态度；要敏感于性别、性取向、种族、年龄、文化等不同对专业关系的影响，同时，对压迫、剥削、歧视、政治和经济不公正的社会结构以及在不公正结构下出现的社会问题保持高度的敏感性和批判性。这种敏感性不仅使社会工作者看到这些不同和压迫、剥削、歧视的存在，而且有助于工作者在此基础上接纳不同，并解决问题，而尽可能避免“责备受害者”（blaming the victims）现象的发生。[1]

（三）成熟和勇气

诚实地看待自己和案主，直面案主那些可能带有威胁性和伤害性的问题现实，需要工作者的勇气。一个成熟的工作者不害怕工作中可能出现的困难和失败，不害怕自己或他人发现自己的不足，敢于承认自己的不完美，有勇气为了案主的利益不断地去体验、探索新的方法和技术，乐意尝试协助案主解决问题的替代方案，改善自己的不完善之处，并愿意协助案主增进其控制自己生活的能力。所以，成熟和有勇气的人同时也是一个有创造性的人。

（四）“案主为本”的理念

工作者的一切努力都是为了案主的利益，而不是基于自己的需要。在这样的理念指导下的工作者尊重案主对问题的看法，尊重案主的需要，尊重案主对服务传递的个别化、人性化要求，把案主看成是一个和自己平等的、一样有价值和尊严的人，同时也是有潜力成长和改变的人，所以乐意和案主一起工作，而不是为案主工作。

---

[1] 责备受害者的情况主要发生于穷人、少数群体、老人、儿童和那些被归为有某类问题的人们身上．是把某类人群说成是有问题的，而不考虑这些所谓的问题的社会成因，把责任和批评强加于他们身上（标签化），让他们自己为这种问题情形负责。请参考：H Wayne Johnson. The Social Services—An Introduction. 3rd Edition. Illinois：F E Peacock Publishers. Inc.，7 -8.

第六章　个案社会工作会谈及其技术

会谈是个案社会工作者的主要工具，是操作工作者和案主双方互动的一种结构。虽然社会工作涉及的内容不止会谈一项，但社会工作者花费在会谈上的时间比其他各项活动要多。资料的收集、问题的界定、直接的干预等，都与一定形式的会谈密切相关。而前文提到的社会工作专业关系，在很大程度上是借助于会谈这种沟通方式建立起来的。每个社会工作者会发展出自己的会谈风格，会谈既是一种技术，也是一门艺术，与其他社会工作方法和技术一样，也只有通过不断的实践学习才能把握其精髓。尽管如此，掌握一些会谈指南对初学者还是十分必要而有益的。对于那些已经有一定实际工作经验的社会工作者，本章的内容也有助于激起他们对自己的会谈作自我评鉴。这一章主要介绍会谈的概念、会谈的基本过程和促成会谈有效进行的一些技术。

第一节　个案社会工作会谈的基本含义

■会谈的定义

社会工作中的“会谈”一词，由英文 interview 翻译而来。根据巴克（R. L. Barker）的《社会工作词典》的定义，“会谈是社会工作专业服务的一种具体程序，透过社会工作者与案主之间面对面的语言和非语言之沟通，表现其专业服务活动”。[1] 会谈研究专家卡杜欣（Alfred Kadushin）认为：会谈最简单的定义就是由参与者共同接受的一段有计划、有目的的谈话。[2] 以上两种说法基本上道出了社会工作会谈的实质：①语言和非语言是会谈的沟通媒介；②会谈是有计划、有目的的。我们

---

[1] 转引自：潘淑满．个案社会工作．台北：心理出版社股份有限公司，2000.290.

[2] Alfred Kadushin. 社会工作会谈．张隆顺译．台北：桂冠图书股份有限公司，1985.1.

认为，社会工作会谈是工作者与案主之间进行的一种有目的、有计划的谈话，目的是为了收集评估问题的信息资料，满足案主的需要，解决案主的问题。

■会谈的特征

会谈与一般的谈话有许多共同点，两者都是人与人之间借由语言与非语言的沟通来表达观念、态度和感受。但会谈与一般谈话也有区别，最重要的区别在于会谈的互动是为了达到一个特定的目的而设计的。下面就会谈与一般谈话的区别来说明会谈的一些特征：

（一）明确的目的

会谈的内容围绕目的而展开。一个话题无论多么有趣，如果对会谈的目的没有贡献，也应该排除在外。而且，会谈的内容要有一致性、进展性，主题要有连续性。

（二）明确的角色分工

为了达成会谈的目标，社会工作者作为会谈者（又称为面谈者，interviewer），必须负责指导被会谈者（又称为被面谈者，interviewee，主要是案主，但也有可能是与解决案主问题有关者）会谈。社会工作者的职责在于鼓励对方积极参与，并避免主题偏离，力争在有限的时间里，集中焦点，朝向会谈的目标推进。而且，由于会谈是为了案主的需要而开始的，无论社会工作者对会谈的感觉如何，也不能因为私人理由任意放弃责任而终止会谈，社会工作者有义务维持会谈，直到达成了会谈目的或者确信不能达成目的才结束。

（三）非互惠的关系

整个会谈的结构是为服务案主的利益而设计的，例如，时间安排上优先考虑方便案主，内容上关心与案主有关的问题等，工作者不应该企求从对方获得相应的回报。例如，工作者问“你的孩子学习怎么样？”时，并不期望对方回以相应的问题：“你的孩子听话吗？”这种在一般谈话中很自然的回报形式，在会谈中对解决案主问题是没有帮助的，因而应避免。

（四）不回避不愉快

一般谈话对于可能引起不愉快的话题尽量避而不谈，而会谈为特定的目的而设，有时为了探讨问题的真相，必须去接触那些可能引起对方痛苦和不愉快的事实和感觉，有时，像面质等技术的运用，也可能使案主处于不舒服的状态，社会工作者在尊重和同理的基础上只能尽可能减少案主的痛苦和不快，但不能回避接触那些不愉快的事实和感觉。

（五）议程（agenda）的计划性

会谈开始的时间、地点和持续时间的长短，通常都有事先的约定和安排，而一般谈话则无此限制。

总而言之，会谈与一般谈话的区别在于，会谈是为了明确的、共同的目的而进行的人际互动。它有比较正式的组织、清楚的角色分工和计划交流过程的标准。[1]

■会谈的种类

会谈可以根据其不同的目的或产生情景的不同方式而分为不同的种类，如表 6－1 所示。

表 6－1　会谈的种类

分类标准	类型	目的或特色
按目的分	信息的（或社会史的）会谈	旨在获得与案主个人的或社会问题相关的生活史资料，以便更好地理解案主，作出应当提供什么种类服务的决策信息
	评估性会谈	比信息会谈能更多地针对目的。会谈中所提的问题的目的是作出涉及提供人类服务（又称为社会服务，human services）的具体决策，例如，儿童保护工作者调查虐待是否真正发生、虐待的程度以及是否需要立即采取措施把孩子与家庭隔离等
	治疗性会谈	旨在帮助案主作出改变，或改变环境以有助于案主的功能，或达到案主和环境皆改变的双重目的。例如，一个不会倾听孩子的需要和意见的父亲，可能需要工作者指导其如何进行亲子沟通，以改善父子关系

[1] Alfred Kadushin 社会工作会谈．张隆顺译．台北：桂冠图书股份有限公司，1985. 2－5.

续表

分类标准	类型	目的或特色
按会谈产生的情景来分	电话会谈	便捷，较无压力，身份隐蔽性好，但不易全面观察非语言信息，较易导致不正确的猜测等
	办公室会谈	最普遍的一种会谈情景。对工作者便利、安全，环境、时间、内容等可事先安排、准备，案主不在原有环境，可减少干扰，有利于面对面互动，直接了解案主的真实反应，也便于案主了解机构，了解工作者，使会谈更有专业性，可以较为方便地运用录音（像）等设备
	访视会谈	工作者到案主生活或工作场所去了解情况。工作者可更直接地了解到案主工作或生活的背景，“上门”采访也有利于建立亲近关系，但工作者费时、费力，而且会谈环境和内容较难控制，一般不轻易进行，视必要后再事先做充分的准备

第二节　会谈的基本过程

每一个具体的会谈都是不同的。工作者应该根据会谈的目的和案主的需要灵活地建构和指导会谈。但作为一种有计划、有目的的沟通过程，它有一个基本的要求：以刺激和鼓励对方参与会谈和建立良好关系的方式朝向会谈目的推进。因此，在会谈的每一个阶段，工作者的主要任务和关注点是有共通性的，下面作简要介绍。

■会谈的预备

任何会谈的准备阶段都主要有三项任务：①会谈的环境准备；②会谈的内容准备；③进入调适状态。在与会谈对象接触以前，先要实施这三项任务。

（一）会谈的环境准备

实施会谈的环境气氛一定程度上会决定整个会谈中双方的态度、感受和合作程度，以及可能的反应方式。假如会谈是在办公室进行，工作者最好注意以下几个方面：

• 理想的房间布置应该是令人感到温馨、舒适的，没有太多分散人注意力的什物。温馨、舒适的环境，有助于让本来可能有点紧张和焦虑不安的案主感到放松，并产生被尊重的感觉。

• 隐秘性。即保证会谈的内容不被不相关的人员听到和看到，让人有安全感，从而愿意表露个人的信息和感受。

• 避免干扰。会谈常常会引发参与者强烈的情绪，因此，隐秘而不受干扰的环境设计对营造成功的会谈非常重要。突然的电话铃声、敲门声或其他的嘈杂声会严重影响会谈者的专心，而且会打断会谈的内容，甚至当工作者允许本来可以避免的干扰发生时，案主可能会感到自己不受重视，或不重要。

• 会谈双方有一个开放的空间。工作者若坐在桌子后面，会增加工作者的权威感。这种来自形式的权威有可能成为沟通的障碍，所以工作者应努力与案主建立一种平等感，与案主一样坐椅子，两人的距离以一臂长为宜，这样既使案主感到亲密又不会让人产生压迫感。如果工作者无法避免与案主隔桌会谈，则应调整桌子的位置，使自己可以通过转动椅子的方向而创造与案主足够的开放空间。

会谈其实可以发生在任何地方——办公室、案主家中、街角、机构内——但最好避免在咖啡馆或茶社等地方，因为这些地方可能容易导致发生转移现象。工作者应该选择案主方便的时间，受到干扰最少的时间和地点进行。例如，与一个母亲在家里会谈时，最好选择孩子上学期间。

假如工作者准备记笔记或用录音（录像）设备，则应该事先告知案主，征得同意，且以不分散对方注意力的方式进行。此外，工作者也应该根据不同的会谈对象，适当调整着装，考虑自己的着装可能对对方的影响。

（二）会谈的内容准备

工作者应该回忆一下总的目标和这次特定会谈的目的，应该考虑准备完成的任务。假如以前有过一次会谈，那么，工作者最好回顾一下之前会谈的笔记。会谈的结构和准备问的问题等都要考虑到。做此准备是为了确定会谈的形式和重点。但是工作者也要有弹性，假如案主提出预料之外的要求，应随机应变。

（三）进入调适状态

在准备的最后阶段，工作者首先应该尝试对会谈中案主的需要和情感作出预期并考虑如何回应，同时要意识到自己那些可能干扰有效沟通的情感和态度，这种意识有助于将那些情感和态度对会谈的负面影响减至最低。工作者需要通过处理个人需要，以及与工作有关的也许会干扰会谈工作的态度和情感来提供帮助。

会谈的预备工作是提升工作者准备程度的一种方法，它向案主传递出这样的信息：案主是重要的，与案主一起工作是重要的。这种“有备而来”为有效的会谈开了个好头。

■会谈的阶段

所有的会谈都可以分为三个阶段：开始阶段、中间阶段（或发展阶段）和结束阶段。会谈的每一个阶段有不同的重点和不同的任务，但总体上来说会谈要达成贯穿于各个阶段的三个目标：

（1）收集到有信度和效度的可靠信息，以做评估、计划和干预的基础。

（2）通过同理、真诚和接纳等态度和技术创造一个富有成效的支持性气氛，使助人活动在良好的专业关系上进行。

（3）提供一个与目的有关的焦点。一切话题围绕着实现会谈的目的而展开。

（一）开始阶段

开始阶段的主要任务是彼此熟悉并创造一个良好的互动氛围，开始会谈的过程并决定彼此共同接受的目的。如果是初次会谈，在开始与案主讨论其困难之前，工作者需要先与案主建立信赖关系。从第一眼见到案主起，会谈即已经开始了。社会工作者需要牢记，大部分求助者都是怀着忐忑不安的心情来的，甚至许多案主并非主动求助，而且认为寻求帮助代表个人失败、软弱或偏差。工作者的热情态度和自我介绍是与案主建立信赖关系的开始。工作者可以询问案主希望被介绍的方式，例如“请问怎么称呼你比较合适?”，以此表示尊重的态度。同时，工作者要敏锐观察案主的身体语言和情绪状态。尽管案主可能毫无头绪、东拉西扯，工作者也应该权当是初谈时的热身话题，暂不去干涉其说话的方向。如果发现案主的情绪迟迟缓和不下来，则必须先疏解其情绪，然后再慢慢弄清话题内容。一般情况下，初次会谈时，工作者会让案主有一段时间适应环境，待案主安心下来后，再以会谈技巧针对案主话中的漏洞、不连贯和不清楚之处加以询问弄清。

赫泼沃斯等认为，会谈正式开始前，加入暖身阶段，是建立信赖关系的重要步骤。暖身的话题一般是一些比较轻松、大家又普遍关心的话题，如天气、交通、时事或者彼此感兴趣的话题，以营造出适合的会谈气氛，并引导案主讨论自己的问题。这样做看似浪费时间，实际上有助于被面谈者去熟悉了解面谈者。这是因为刚开始时，双方尚未正式接受与扮演各自的角色，这时需要观察，任何大家普遍拥有的事件或情况，均可以成为过渡时期的会谈内容。

但是暖身时间几分钟即可，毕竟大部分案主希望直接讨论自己的问题。尤其是非自愿性案主接受服务时，往往希望直接切入主题，否则可能会使案主感到迷惑和焦虑。对于这类案主，工作者可借助同理案主感受和分享案主转介情景，以弱化案主的威胁感，并建立信赖关系。

热情、尊重、同理和真诚等都是建立信赖关系的有效途径。尊重也包括对案主的礼貌。在会谈之初，工作者如果能记住对方的名字，通过准时、重视案主的舒适感受、倾听及协助案主表达等应有的礼貌行为，实际上就是在表达对案主的尊重。

在开始阶段，工作者界定会谈的目的或回忆前次会面制定的计划，应该让案主有机会讨论这个目的和任何他此时可能有的特别需要。工作者引导案主说出对将要开始的工作的感受，如果有必要，工作者应该通过修正会谈目的和计划，接受案主的需求。当工作者认为案主做好了准备着手下面要做的工作时，就应该改变会谈重点，可能不得不因此“对工作提出要求”。

对非自愿性案主，由于他们常常表现出负面情绪和敌意的态度，工作者应该先由这些情绪开始，与他们一起讨论这些负面情绪和敌意的感受，直到案主对工作者消除敌意后，才能开始讨论会谈的目的和计划。例如，针对被介绍过来的所谓“坏学生”，工作者可以这样开始讨论他的抵抗情绪：“我知道你不是自己要来的，你可能觉得真倒霉，心里很不乐意。我能否听听你的苦衷?”通常，专业社会工作者借由同理心的反应，传达对案主负面情绪的接纳和了解，有时也直接采用前文介绍的“消除敌意术”来消除案主的抵触情绪，并促使案主讨论问题情景。

（二）中间阶段

中间阶段是会谈的主体，涉及的是共同目的的达成。会谈的目的是服从于整个个案社会工作过程的，前文提到个案工作作为一个问题解决过程，需要经过评估、计划、干预和结案等一系列步骤，会谈的目的由从属于总目的的一个个小目的构成，配合着问题解决过程，或者是收集、了解案主问题情景的资料，或者是确定问题性质以后的目标和计划制定，或者是旨在直接促成案主改变的干预行动。期间，工作者要维持双方良好的专业关系，鼓励案主参与并朝向目标推进，这需要许多专业的技巧，将在本章第三节做专门的探讨。

（三）结束会谈

当双方约定的会谈结束时间到了，或双方的会谈目的达成了，那么会谈就到应该结束的时候了。会谈并不总是容易的事情，它需要考虑结束时间、会谈内容和案主情绪及下一次会谈的准备等几方面的因素，适当运用一些技巧来妥善处理，以使会谈效果最大化。

卡杜欣建议，在会谈开始时，面谈者就必须让被面谈者知道会谈的持续时间，被面谈者可以自由地运用这一段时间；超过时间限制的会谈是不受欢迎的，除非某种特殊状况发生，否则会谈必须按计划的时间结束。

如果被面谈者事先不知道会谈何时结束，面谈者突然说“好吧，你的情况比较严重，还要谈几次，但今天就到此为止”，这样的结束方式容易让对方感觉突然、不礼貌或被迫无奈。

雷德和悉尼（Reid & Shyne）的研究发现，如果机构明确了有限的与案主接触的时间（包括会谈的次数和每次会谈的长度），则双方在一定时间里能够更有效地达成会谈目的。[1]

当规定的时间接近时，工作者可以提示被面谈者并做如下总结：

“今天我们的时间快到了，让我们一起看看达成了什么共识（或解

---

[1] Alfred Kadushin. 社会工作会谈．张隆顺译．台北：桂冠图书股份有限公司，1985. 2-5.

决了什么问题）……”通过这样的一种总结，工作者可以帮助案主了解会谈或者整个工作的进展，也可以澄清一些误解。工作者还可以就下一次会谈的目的或计划与案主达成共识，以便于下一次会谈有计划、有准备地进行。

扎斯特罗发现，在两次会谈之间给案主布置一些家庭作业是有益的。[1] 例如，一对相互间沟通有问题的夫妇可以被鼓励每晚腾出一定时间相互讨论一下想法。在下一次会谈中，要复习这一次留下的作业。

理想的情况是，会谈结束时，双方的情绪比较放松。因此，在会谈趋于结束时，那些容易引起感情冲动的话题应该避免。

在参与双方身心都非常疲倦之前，会谈就应该结束。一般来说，会谈以40～50分钟为宜，60～90分钟的会谈算是比较长了，极易让人感情激动的会谈可能更容易使双方身心俱疲，这对分析和解决问题很不利。

假如案主显得不愿意结束会谈，工作者应该正视这种信息并对此展开讨论。工作者可以说：“看起来，你似乎希望有更多的时间。”接下来可以和案主讨论不愿意结束会谈的原因，然后再根据具体情况做必要的解释，也可以考虑安排下一次会谈。

所以，一个好的会谈，应该是双方都察觉到时间的限制，在尊重和接纳的气氛中，积极合作，朝着明确的会谈目的进展，结束时会有一种收获感，对下一次会谈心里有数。

假如工作者能够在每一次会谈结束时成功结束，案主也可能对后面整个服务的结案有很好的准备。即便如此，也还会有一些案主结案时有一些困难，这在前面已讨论过。

示例

【背景】 小力是一个15岁的高一学生，生活在一个单亲家庭，母亲对他很关心，但她对他学业的过度关注使小力感到不堪压力，他开始患得患失，考试成绩有些波动。他觉得无法再忍受母亲的那种“1分就是命”的对于分数的态度，准备向母亲表达自己不想被这么“关心”的

[1] 查尔斯·H. 扎斯特罗．社会工作实务——应用与提高．晏凤鸣等译．北京：中国人民大学出版社，2005.119.

愿望。这是工作者与小力的第三次见面。

1. 开始阶段

当小力走进办公室时，工作者与小力打招呼："小力，你好，今天感觉怎么样?""还好。"小力回应道。但工作者从小力的语调和神态中感觉他有点沮丧（非语言观察），于是工作者问他："你似乎有一点不高兴，发生了什么事吗?"小力说："刚刚才考完数学，我不敢肯定这次考得很好。"工作者随即问他为什么感觉没有把握，还讨论了他的答题情况和考试准备情况以及如何回应妈妈查问的担心（先回应案主当前的情绪和忧虑）。

当小力看起来已经释放了刚才对考试的那种忧虑后，工作者把话题集中到今天的计划上来。工作者提醒小力说："今天我们还是用50分钟时间讨论上次提到的两件事：一是你如何向妈妈表达你不希望她过度关心你的分数以及你自己对她的这种过度关心的感受；二是你说了以后，如何回应妈妈可能的反应。我还想知道前两次谈话后，你现在心理的准备情况。"（工作者本来是想一开始就进入主题的，因为看到小力当时的情绪反应，所以临时先处理一下他对数学考试的担心。）

2. 中间阶段

小力告诉工作者，自从前两次会谈后，他心理上对向母亲说这件事已不是很紧张了。实际上，当昨晚吃饭时，他提到今天要考试，而他妈妈又问他这次是否还能保持前5名时，他已经第一次公开表示了不满，他对妈妈说："妈妈，我不希望你这么关心我的名次，我觉得我自己会知道努力的，你每次这样问，只能让我感觉我的压力太大了。"当时他感到妈妈脸上有些失落，但她没有发作，说："我只是问问。"工作者问小力："你当时的感觉是什么?""看到妈妈的表情我有一点难过，我也知道妈妈不容易，但我有一种终于说出来了的畅快感，心里觉得轻松了许多。我现在了解到如果我不说，别人永远不会知道。"工作者对小力有勇气表达自己的想法和感受表示赞赏，同时又和他讨论如何进一步向母亲表达自己的想法，而又让母亲理解他，不至于很伤心，使自己也不会太内疚。工作者建议小力可以先和工作者进行角色扮演，让工作者扮演小力，小力扮演妈妈作出回应，然后再互换角色扮演。小力表示同意并开始练习扮演。

3. 结束阶段

在会谈结束时间马上要到的前几分钟，工作者对小力说："今天我们已经谈论了计划中的一些内容，并做了角色扮演，我发现你已经学到了很多如何与妈妈沟通的方法，下一步就是如何行动了。"然后工作者问小力是否还有什么想法。小力说希望在他与妈妈彻底谈之前，工作者能与妈妈先沟通一次。工作者建议他先和妈妈说一说，看看她是否同意和工作者见上一面。小力很同意这样的计划。

第三节　会谈过程中运用的一些技巧

■沟通与会谈

会谈虽然从字面上来说是工作者和案主双方之间的一种有计划、有目的的谈话，但从它实际发生的情景来看，它是一种包含语言和非语言的沟通。因此，工作者不仅要注意语言表达的技巧，也要留心和注意非语言的表达。在会谈过程中，工作者和案主双方通过面部表情、视觉接触和身体语言等非语言线索传递信息并对输入的信息进行解释的互动过程，通常称为非语言沟通。由于人们对非语言表达的控制力常常较弱，所以工作者关注案主的非语言表达并注意自己对对方传递的非语言信息是十分重要的。一般而言，非语言信息有以下两个功能：

（1）强调、调整或修饰说者的语言信息。

（2）与说者的语言信息发生矛盾时，往往是非语言信息可能传达出更为真实的意思。

语言作为一种更为直接的内在思想、观点和情感的表达，其影响力早就被人们所重视。古人有言："良言一句三冬暖，恶语一声六月寒。"自古以来，人们就认识到语言的威力。语言的力量是巨大的，诚如乔姆斯基（Noam Chomsky）在《语言和知识问题》一书中所说的："语言既能启发你的心智，又能禁锢你的思想。"它既有强大的正向作用，也有巨大的负面力量，频繁地使用一些伤害性的词语会对个体如何看待他们自己产生很大的负面影响。作为以语言为沟通重要媒介的会谈，社会工作者面对的又是需要帮助的案主，就尤其必须对语言的力量有充分的认识，并学习以正向的、合适的言辞与案主会谈。表6-2所示为针对同一情景的不同用词，希望学习者能领会其中的区别，并在实际工作中妥善地运用。[1]

表6-2 同一情景的不同用词

和解性用法	伤害性用法
她正经历着一个生活危机	她正遭受着一个生活危机
她是强奸事件中的幸存者	她是强奸事件中的受害者（牺牲品）
他是我的案主（合作者）	他是我的患者
这个学生来自双核心家庭	这个学生来自破碎家庭
社工要接纳案主的不同	社工要忍受（容忍）案主的不同
…	…

■会谈过程中的技术运用

社会工作者负有指导、维持会谈以促进关系、达成有效沟通并解决问题的责任，因此，工作者有必要掌握一些基本的会谈技巧，包括同理、真诚和倾听等制造接纳和温暖气氛的技巧以及提问、聚焦和诊释等使会谈朝向目标推进的技巧等。从某种程度上说，会谈技巧就是在合适的时间里选择和运用合适的回应（案主）的技巧。像所有技巧一样，这些技巧也必须通过运用一段时间才能发展出来。现在已开发出许多有用

---

[1] Linda L Klein. The Support Group Sourcebook. New York：John Wiley & Sons, Inc. 2000. 64-65.

关于“受害者”或“牺牲品”（victim）等称呼对受强暴妇女的负面影响，阿西曼等认为，“受害者”或“牺牲品”的称呼暗含衰弱（weakness）和无力的意思，而“幸存者”的叫法则含有“力量”（strength），并导向“有希望的未来”之意，有助于受强暴者重新获得信心并控制自己的生活，详细分析请参见：Kirst-Ashman & Karen Kay. Understanding Generalist Prac-tice. Chicago：Nelson-Hall，1993. 441.

阿伦斯认为“破碎家庭”之称呼让离婚者感觉自己有点不好、不可接受，而更中性的“双核心家庭”的称呼，有助于提升离婚家庭成人和孩子的自尊，详细分析请参见：ConstanceAhr-ons. The Good Divorce. New York：Harper Collins Publishers，1994. 1-4.）

的练习来获得这种技巧，当然，它们也只有在实际的案主情景中才能达到专业的水平。下面简要介绍一些主要的技巧。

（一）生理和心理专注的表达和倾听

生理专注是指身体上的一些表示，确切地来说是社会工作者从表面上对案主及其故事、双方关系和一起工作表示兴趣、开放和接纳的具体化，是建立良好关系的第一步，表明工作者准备倾听。生理专注主要表现在以下几个方面：

- 面部表情轻松、自然，勿扮脸谱。
- 眼神接触自然，平视对方，不瞪视，也不闪动。
- 身体姿势，保持挺胸而微微倾向于案主的态势。
- 全身保持开放、放松的身体语言，以关注的态度与案主在一起。

伊根用首字母缩略的 SOLER 一词来描述生理专注的内涵：S 表示正向而坐（sit squarely）；O 表示开放的姿势（open posture）；L 表示倾斜（lean forward）；E 表示眼神接触（eye contact）；R 表示放松（relax）。[1]

心理专注是指抛开令个人分心、优虑和自我关心的事情，转向集中倾听并适当地回应案主故事的状态。墨菲等称心理专注为调好“天线”，准备接受案主发出的信息。心理专注主要表现在以下两个方面：

·注意倾听案主口语表达的遣词造句。

·注意案主非语言的表达——手势、表情、神态、身体动作、语音语调语速等——传递出来的信息。

倾听（listening）是工作者以周密的注意力和敏感的接纳力，同时以适度的警觉心去接受被面谈者发出的语言和非语言信息的一个心理—情绪过程。倾听在任何会谈中都是至关重要的态度，也是一种有难度的技巧。由于案主常常是与社会工作者的语言表达和生活背景不太一样的人，如果工作者没有倾听的技巧，就无法顺利完成会谈的任务，从而也无法实现会谈的价值。专心倾听案主怎么说的，同时关心他说了什么，

---

[1] Bianca Cody Murphy & Carolyn Dillon. Interviewing in Action—Relationship, Process, and Change . Second Edition . Pacific Grove：Brooks/ Cole，2003. 57.

倾听工作者自己内在的进程和关系的进程，具体而言，即工作者倾听构成案主故事的行为、情感、想法和认知风格、背景以及其中的意义，也倾听案主是怎样分解他们的故事，强调或突出内容和主题，记住或忘记他们前面分享的事情。记住案主的故事是非常重要的。工作者的倾听是为了理解案主并运用这种理解去发展一个合适的焦点、同理、预感和计划。因为案主在一个短时间里讲述的有很多，过程记录、录像、录音和观察都是记住和反思案主分享的故事的有用办法。

卡杜欣指出，如果面谈者用于倾听的时间少于会谈时间的2/3，说话的时间多于1/3，就可以认为是他太过主动了。良好的倾听必须兼顾被面谈者嘴里所说的和隐藏在心里未说出的心声两方面。这就要求工作者处于一种“无知”的地位，以集中的注意力与敏感的接纳力，努力去理解案主试图传达的意思及其对案主的意义。对于所听到的和观察到的，给予适当而简单的回应，如“嗯”、“我懂”、“原来如此”、“难怪你生气”，或者点点头——用非语言行为表达接收到案主的信息即可。同时，倾听是有选择性的，工作者必须把焦点集中在重要的主题上，过滤掉一些无关紧要的内容，接受相关的内容，并和以前及稍后有关的题材连接起来，这样才有可能真正了解案主的痛苦、烦恼和感受。所以，良好的倾听需要工作者相当的心智努力。它反映了工作者对案主的开放、接纳和尊重的态度，有利于案主参与并建立良好的关系，因此，倾听本身就具有某种治疗作用。

（二）同理心的表达技术

关于同理心的定义和意义本书第五章中已有介绍，此处仅就如何表达再作进一步的阐述。同理心是工作者向案主传达理解、接纳和关心的一种能力，也是一种可以学习的技巧。美国社会工作教育家劳伦斯·舒尔曼（Lawrence Shulman）在其《教以助人技巧——实习指导者指南》一书中介绍了表达同理心的三个技巧。

1. 触及情感（reaching for feelings）的技巧

工作者倾听案主对故事的叙述，辨析出案主经历和体验到的情感或感觉，如果案主只是铺叙事实，没有谈到与之有关的感情，工作者可以询问他，例如，“当你女儿晚上12点回家，又没有告诉你去哪儿时，你感觉如何?”——以此鼓励案主表达他的感情。有一点很重要，即工作者的同理心表达必须是真诚的，其兴趣应该在于理解对方的感情，而不是仪式性的问询。表达同理心首先要能辨识出对方的感觉是什么（是快乐、焦急、气愤、不安还是其他），然后把了解到的对方的感觉用自己的语言转达给案主听。

2. 承认情感（acknowledging feelings）的技巧

承认情感的技巧要求工作者对案主的情感传达出接纳和理解。例如，当案主说"我害怕与你见面，我还不敢肯定自己能相信你"时，工作者可以这样说："感谢你的坦诚，如果我在你这个位置，我也会害怕和不安的。"这与前文提到的伯恩斯的"消除敌意术"可谓异曲同工。

3. 把案主的情感明确地表达出来（articulating the client's feelings）

在任何关系中，尤其在开始阶段，人们不愿意与他人分享自己的真实情感。那些能站在案主立场上考虑问题的工作者可以感受到案主的感觉，甚至在案主没有表达出来之前，工作者就能说出他们的感情（即后面提到的高层次同理心——作者注）。高层次同理心的意义在于：案主得到了允许讨论情感的机会，而且也借此机会感觉到工作者是理解他的人。即使案主不承认一种感情，听到被表达出来也就够了。

示例

【背景】 与工作者对话的母亲有一个马上等待判决的13岁的儿子。

母亲：孩子要看守多长时间？

工作者：一年。

母亲：这对孩子来讲是一个很长的时间。

工作者：这对你来讲也是。

母亲：孩子一定混乱而悲哀。

工作者：对你来讲去探望他你一定很难受。

母亲：是的，因为我不知道怎么跟孩子说。

工作者：你的意思是说当他问你他什么时候可以回家时？

母亲：是的。

这个示例中的工作者能体会到母亲未明言的那些感情，并将它们表

达出来，鼓励了母亲去冒险触及自己的感情，同时，也让母亲感觉到工作者是理解她的处境的。

同理心沟通技巧本质上来说是回应性或反映性的，反映的内容是案主主观的经验。当工作者表达同理心时，案主感觉到被理解、尊重和接纳，从而鼓励了案主继续探索对他们有意义的思想、感情和经验。

同理心有初层次和高层次之分。初层次同理心是对案主明显表达出来的感觉、行为和经验做正确的反应。高层次同理心是指工作者比较了解案主所谈及的问题，同时能够明察案主对隐含的问题的想法（这些当事人没有直接表现出来）和暗示，而且能正确地将所了解的表达出来，与案主做有效的深度沟通。一般情况下，高层次同理心是在双方良好的关系已建立、因此有力量去影响案主的情况下运用的，这样，工作者带领案主从一个更客观的角度来看问题。以下示例中，工作者1的回答都是初层次同理心的表现；工作者2的回答中的黑体部分为高层次同理心的表现。

示例1

【背景】 案主抱怨同宿舍的同学："一切都怪小娟，她老是让我难堪，故意跟我作对，但是我觉得自己并没有做错什么呀！"

工作者1："你很生小娟的气，因为她使你出丑。"

工作者2："你很生小娟的气，因为她使你出丑。**但你好像又不清楚她这样做的原因，感觉很困惑。**

示例2

【背景】 案主正面临毕业，刚接到面试通知，他很担心："我怕这次面试又通不过，就像以往几次一样又没下文。"

工作者1："由于过去几次失利的经历，你对这一次面试感到担心。"

工作者2："由于过去几次失利的经历，你对这一次面试感到担心，**好像一点信心都没有了。"**

人们常常容易混淆同情、同理和怜悯的区别，基斯-卢卡斯用一个

生动的故事说明了三者的区别，有助于进一步解释同理心。[1]

示例

【背景】 一个人抱怨说他非常不喜欢他的妻子。

同情者："哎哟，我太知道你的感受了。我也受不了我的那位！"（然后，这两人谈得颇为投机，但却无济于事。）

怜悯者："你的情况真令人同情。我算幸运，可能是最幸福的已婚男子了。哎，有时别人为什么不知道可以去餐馆走走，感受一下婚姻生活是什么样的呢？"（在大多数情况下，这种怜悯会加重那个不幸男人的挫折感，还可能把他的问题往外推——推到他妻子身上或使他怪自己运气不好。）

同理者："听起来真是太难为你了。你认为什么东西可能有所帮助呢？"

三个回应者中，只有同理者说了一些有可能导向局面发生改变的话。

（三）真诚的表达

真诚是工作者向案主传达出"他（工作者）是可靠的"的能力。真诚的道德特质是很重要的，但此处所说的真诚主要是将它作为人类沟通的一部分来看的。黄维宪等专家认为真诚是指工作者不摆出专业脸谱，以真正的自我对待案主，自动自发的样子，避免无谓的自我防卫并根据需要能适当地自我披露，[2] 更详细的阐述请见本书第五章"专业关系的基本要素"中关于"真诚"的部分。

示例 1

【背景】 案主的成绩一直一般，英语甚至常常不及格，到大三下半年，他说："我以前成绩不太好是因为我不用功，现在我要考给那些小看我的人看看，我一定要考研，而且我还要考南京大学，你觉得如何？"

工作者："你的志向很好，你现在也很努力，但考研要凭实力，眼

---

[1] Beulah R Compton & Burt Galaway. Social Work Process. Pacific Grove：Brooks/Cole，1999. 180.

[2] 黄维宪，曾华源，王慧君．社会个案工作．台北：五南图书出版公司，1985. 175－176.

下离考研还有几个月，考南京大学竞争很激烈，你考虑过有多少把握么?”

示例 2

【背景】 案主滔滔不绝地讲了40分钟，东拉西扯，没有主题，工作者有点烦，加上今天工作者身体不舒服，案主看出了端倪，问：“你有没有在听我说呢？你是不是很烦我?”

工作者：“我们已经谈了40分钟，好像有些零乱，需要梳理一下再谈，而且我今天身体不舒服，恐怕有点注意力不集中，我们下次再谈好吗?”

会谈的过程也是专业关系建立的过程。恰当的技巧可以帮助工作者与案主建立一种能产生理解、开放和诚实的人际互动关系。这种关系有助于案主参与到合作的进程中，积极地表达自己的情绪、感觉、思考和行为，进行自我探索。约翰逊认为，同理心、真诚和非占有性的温暖是产生这种良好人际互动的三大特质。林孟平也把同理、真诚和尊重看作是辅导会谈的“基要条件”。

（四）具体的技术

具体是指以具体的词汇协助案主讨论所要表达的感觉、经验或行为，叙述时尽量把握住“人、时、地，在什么情况下，做了什么、有什么感觉”等要素，并针对特定的问题作自我探索，而非漫无目的地谈论。在会谈中，具体的技术非常重要，没有它，会谈就失去严谨性，徒然耗费时间和精力却无法导向建设性的行动。但有时，案主可能对一些不相关或不造成威胁的事情说得很具体，对无法适应或适应不良的关键性部分却因为害怕等心理而模糊带过，此处的模糊常常是问题的症结所在。所以，需要注意的是，具体的陈述必须与探讨和解决的问题有关。

示例 1

案主：看起来我这人喜欢热热闹闹的，其实，我觉得内心很孤独，好像整个人都很不对劲。（模糊的陈述，未表明什么时候孤独，那时自己做些什么、想些什么。）

工作者：你什么时候感觉最孤独，那时你会做些什么呢？（引导案主做具体问题的探讨。）

案主：每到周末的时候，看到宿舍里其他同学都和女朋友约会去了，就我一个人在看书、洗衣服或看电视，就觉得特别孤独和难受，感觉自己是一个被世界遗弃的人，书也看不进去，做事也特别没劲。（具体的陈述，表明了孤独的时间，当时做什么以及一些想法和感受。）

示例2

案主：我不喜欢我父母对我管得太死。

工作者：你能具体地说说你希望的"不管得太死"是什么样的吗？（回应案主的感受，做进一步的了解。）

案主：我不希望每次我一接电话，他们就问：这是谁的电话，男的女的？我希望他们尊重我，把我看成是一个独立的、有自我判断力的人。

（五）重新聚焦和开启新话题

有时，案主离开了工作者认为是重要的特定的主题，工作者可以运用"重新聚焦"的技术帮助案主回到那个重要的主题上。有时，工作者认为还有重要的需要进一步探讨的领域案主自己没有提到，工作者就要引进或探究一个新的领域或者主题。

1. 重新聚焦

- "请原谅我打断了你的话，我不太清楚这与我们今天要讨论的关于你想增强自我肯定的主题是否相关？"
- "让我们继续前面谈到的……"
- "对不起，我们的时间差不多要到了，但我们还没有完成你想今天敲定的下一步计划。"

2. 开启新话题

- "我们已经讨论了你工作上的情况，但对你的家庭生活还没有探讨到。我们是否现在就谈谈这个方面？"
- "我意识到我还不了解你和你父母的关系，我们可以谈谈吗？"

• “你说你常常对你儿子很恼火，你是否谈谈你是怎么处理你自己的愤怒的？”

（六）反映

反映可以用于同理，也可以用于进一步探究或详细陈述的一些方法。它有助于沟通范围的开拓，点出所讨论的范围，暗示尚未讨论到的，使会谈焦点集中，方向明确。反映主要有三种不同的方式。

1. 虚点式反映技术

虚点式反映（dot－dot－dot－reflection）技术是指工作者简单重复刚才说的，但悬在那儿，让案主来完成它。当案主暂时失去方向时，这是很有用的提示方式：

• “你说在你那次考砸后，你在班上……？”

• “我们先是谈了你父亲不同意你们交往，后来……？”

2. 强调

强调是一种特别的反映形式。社会工作者运用语言和非语言的策略强调重要的内容或体验（黑体为本书作者所加，为强调部分）：

• “所以，你毕竟确实跟他摊牌了。”

• “你对老友不借钱给你感到愤怒。”

• “我想要你就这件事给我一个回馈。”

3. 摘要或总结

社会工作者把刚刚讨论的主要想法、主题或模式简要总结并反映给案主。纯粹的反映工作者通常只重复案主刚才说的一件事，而总结通常反映许多想法或主题。摘要或总结可用于及时帮助案主进一步探究故事，也可以澄清一些沟通中的误解。在会谈的最后，总结则可用于巩固会谈成果，开启下次会谈计划。

• “在过去的 20 分钟里，我们一直在讨论……你似乎对你的前男友……”

• “先让我确认一下我是否了解了你，就我刚才听到的，你的情况是……”

在摘要或总结过程中，案主似乎被邀请对于所发生的以及讨论到的一些事件的反映是否正确作出回应。

（七）保证的技术

社会工作者对没有把握的事虽然不能妄加承诺，但当案主不存希望或十分沮丧时，应该适度表达支持他克服困难的有关协助事项，以鼓起案主克服困难的勇气。

示例 1

案主：父亲下岗，母亲生病，我又在上学花钱，我们这个家是完了。

工作者：你们家的情况是比较困难，但无论如何，我会协助你一起渡过这个难关的。

示例 2

案主：我看这孩子没救了，我都不想再管了。

工作者：你可不可以带孩子来跟我们一起谈谈，或许我能帮你一点忙。

（八）自我表露的技术

自我表露又称为“自我披露”，是指工作者在必要的时候，适当地将自己类似的感觉、经历和行为与案主分享，以增进案主对自己经验及行为后果的了解，并能从中得到积极的启示。恰当的自我表露还能增加案主对工作者的信任，加强工作者表达同理心的真实性，增进工作者与案主的亲近感，也有一定的示范作用，有助于案主学习更有效地开放自己。

示例

案主：我现在痛苦死了，感觉生命已走到尽头。我想不到已经恋爱了 1 年的男朋友，竟然说分手就分手。你知道以前他是怎么追求我的吗？每天给我买饭，等我上图书馆，临睡前还发个短信，祝我做个好梦。我都习惯了他的关爱和体贴，每天早晨一睁开眼就能看到他发来的甜言蜜语，我觉得自己是世界上最幸福的人了。可是他毕业才半年，竟然变了，他开始疏远我，短信越来越少，话也越来越例行公事，前天他突然说我们还是分手吧。想当初，我是不想这么早谈恋爱的，准备考研的，我是被他的真情打动才和他谈恋爱的，哪知等我离不开他时，他却说分就分，你说这世界还有理可讲吗？

工作者：8年前，当我还是个大二学生的时候，也碰到过类似你这样的情况。当时我很痛苦，那种付出了那么多感情最后突然又遭到拒绝的滋味，实在不好受。但我不是一个喜欢勉强别人的人，我觉得感情这个东西，强扭的瓜不甜，两情相悦才长久。虽然他和我分手了，但并不表示我是个没有价值的人。我慢慢恢复了精神，并且人格上渐渐成熟起来，这件事似乎帮助我觉察到了自己原来一些不切实际的部分，后来再谈恋爱时就踏实多了。

虽然自我披露运用得适当的话有上述意义，但应该注意工作者不能喧宾夺主，把主题转移到自己身上。因此，工作者运用该技术的次数不宜太频繁，而且应该及时地转变话题，避免工作者成为中心，更不能满足自己倾吐情感的个人需要。无论什么时候、什么原因运用自我披露，工作者都要先考虑以下问题：

- 为什么我要考虑用自我披露？
- 这对案主来说是否是最佳的时候？
- 还有什么其他方法能达到同样的目的？
- 我的自我披露对案主会有什么潜在影响？
- 这是否会有助于我们的关系？可能的负面影响是什么？
- 我能肯定我这样做表示以牺牲案主的利益满足自己的需要吗？
- 假如案主把我披露给他的情况告诉别人，我会感觉怎样？

工作者应该评估自我披露的影响，也应该与案主一起直接检视所披露的信息，工作者本人也应该在披露后做自我反思：

- 案主是怎么理解我和他分享的信息的？
- 案主对我披露的信息有感情或反应吗？
- 它有预期的效果吗？
- 我怎么注意这自我披露对关系的影响？

（九）面质的技术[1]

面质，伊根（Egan）称之为“挑战案主”，是指工作者帮助案主看到阻碍他自我了解或从事积极行为的一些矛盾和冲突，旨在帮助案主面对一些他不愿面对的经验、感觉和行为。但工作者使用面质的技术前，必须对案主有充分的了解，双方关系已经比较顺畅，而且以一份尊重的态度，否则可能变成一种质问或争论了。

默非等认为，工作者指出案主矛盾、不一致的技术有很多，且千变万化，但有一些共通的技术，兹介绍如下。

1．“反映不一致”技术

· “你说你悲伤，一边却在笑。”

· “你说你不在乎她怎么说，但你似乎又很生气。”

2．“一方面……另一方面”技术

· “一方面你说你对他都无所谓了，另一方面你却很在乎他对你的评价。”

3．“直接说出”技术

· “我感觉到这里有点不一致。”

· “我同时听到两件事。”

4．“帮助我理解”技术

· “你说你跟小倩合不来，但你们又常常一起去图书馆，你能帮助我解释这两件事是怎么凑在一起的吗？”

以上各种技术在实际运用中常常合并或交叉运用。[2]

示例 1

案主：我知道我打儿子是没有用的，但我气起来，还是忍不住要打他。

工作者：你似乎已了解到，你这种用打的方法管教儿子没有效果。我在想，你明明知道这个方法没有用但还坚持着用，会不会和你自己的

---

[1] 本节关于“具体”、“面质”等技术的概念请参见：黄惠惠．助人历程与技巧．台北：张老师出版社，1985．第 5－6 章．

[2] 关于“反映”、“面质”和“自我披露”技术，参考：Bianca Cody Murphy & Carolyn Dillon. Interviewing in Action—Relationship, Process, and Change. Second Edition. PacificGrove: Brooks/Cole，2003．118－119，168，248－249．

某些经历有关呢？（指出案主言行之矛盾，引导案主探讨他自己可能没有解决的一些问题）。

示例 2

工作者：王太太，刚才我们已把你认为你先生做得不好的地方全部记下来了，我想，你是不是可以谈一谈他认为你做得不好的地方，我们也写下来呢？

（十）涉及情感强度及私密情感的会谈技术

会谈的广度关系到发生了什么，而会谈的深度则关系到案主对所发生的事的感觉如何。卡杜欣认为，在会谈的发展阶段，常常会进入到涉及情感强度和私密水平的深度状态。它包括案主视为私人的或具有厌恶与抵抗的各种情感。以下技巧可以帮助案主在讨论时从表面感情的水平提升到更强烈、更私密的水平：

（1）以提问方式鼓动感情的讨论乃至评论，是达到感情深度最容易也最常用的技巧。有关内容在本书上文的同理心章节中曾有过介绍。

- “你当时是怎么感觉的呢？”
- “你听了他说要分手的话后是怎样的一种情绪状态？”

（2）回报性的鼓励。

- “我知道谈论这个对你是很不容易的，但你能讨论它就说明你是有勇气和力量的。”
- “回顾过去的伤痛是一件痛苦的事，但你愿意和我分享，我很钦佩你的勇气。”

（3）预先认可某些可能引起羞耻或罪感的感情。

示例 1

【背景】 案主是一位继母，被认为有虐待非亲生孩子之嫌。

工作者：我知道社会文化对继母有很多不利的标签或猜测，即使你视孩子为己出，人们也难免说三道四，你的感觉如何呢？

案主：难呀，她父亲又不在家，我如果不管教，人们就说到底不是亲生的，不管不顾；可我一管教，人们还会说继母狠心，对孩子太严厉。总之，我是里外不是人，怎么做都是错的。

示例 2

【背景】 案主正在为照顾年迈多病的双亲所困扰。

工作者：我可以理解夹在中间的中年人的难处，上有老，下有小，工作压力又大，还要照顾两个身体不好的老人，你感觉是怎样的呢？

案主：有时我真羡慕那些没有父母的人，但我一想到自己有这样的想法就感到很愧疚……

阻碍分享的因素之一是有些内容容易使当事人感觉尴尬、羞耻、有负罪感或自责。这种方法使表面上看来不可接受的变成可以接受的，有助于减少案主的压力。

（4）从普遍性转到特殊性。

- “大部分妇女在刚刚离婚后的几个月里都会觉得失落、愤怒和孤单，对于离婚，你自己有什么感觉呢？”
- “青少年中发生手淫的情况比较普遍，你手淫的次数多频繁呢？”

这种方法借由让案主觉知人普遍有某种情感或现象，以减轻他暴露内心情感或其他反应时的压力。

（5）修辞的运用（本节一开始已有说明，从略）。

需要注意的是，不能认定内容越私密、越深刻就越有效，应该视会谈的目的和时机而定。[1]

（十一）会谈中的沉默

沉默是沟通的一种方式，不仅仅是沟通的空白。工作者要关注沉默，注意它出现的时间、频率或模式，以及其他相伴随的情感色彩。审慎地运用沉默可以帮助案主探究和发挥，沉默可能让工作者和案主都感觉不舒服，但有时，鼓励案主说出他的故事的最好方法恰恰就是给他空

---

[1] Alfred Kadushin. 社会工作会谈. 张隆顺译. 台北：桂冠图书股份有限公司，1985. 170－177.

间，让他慢慢揭示。沉默的产生可能有许多不同的原因。例如，一个案主说到母亲去世时，开始沉默；另一个案主可能不知道下面怎么做、怎么说，也保持沉默；有的案主可能因为缺少信任或因为抵抗而沉默坐在那儿；也有的案主可能是在反思自己说了什么，考虑如何将故事往下说；还有的案主可能想看看工作者的反应等。假如工作者反应太快或太积极结束沉默，案主，特别是那些体验到主动性受损的案主则可能会干坐在那儿等着工作者发问来指导进程了。一般而言，可以从沉默前的会谈内容中一点一点地去发现沉默意义的线索。

沉默的意义和舒服感又因文化的不同而各异。在北美文化中，长时间的沉默可能是紧张和不舒服的信号，而在中东文化中，沉默则被相当地接受和珍视。[1] 但无论如何．沉默容易让人迷失方向，过多的沉默和过少的沉默都会阻碍会谈。工作者应该视具体情况作适当的反应。韦伯格（Wolberg）设计了一套应对沉默的方法，当沉默发生时（超过5秒的时间），对社会工作会谈很适用。下面摘选一部分韦伯格建议采用的方法：[2]

- 只说“嗯”或“我了解”，然后等待。
- 再说一次或强调整个句子或一个句子的最后几个字。
- 用疑问的语气说“那么”或“但是”。
- 如果案主仍然保持沉默，工作者可以提问：“你觉得与我交谈很困难吗?”这样可以帮助案主发现其自身的障碍。
- 在没有回答的情况下，工作者可以这么说：“我不知道你为什么不说话?”
- 工作者也可以说：“也许你不知道该说些什么?”或“也许你觉得压抑?”
- 如果案主仍然不吱声，可以直接采用激将法：“也许你不敢说出你的心里话。”

---

❶ Bianca Cody Murphy & Carolyn Dillon. Interviewing in Action—Relationship, Process, and Change. Second Edition. Pacific Grove：Brooks/ Cole，2003. 117 - 118.

❷ Alfred Kadushin. 社会工作会谈．张隆顺译．台北：桂冠图书股份有限公司，1985. 206 - 207.

• 下一句可以这样说:“如果你说出你心里真正的想法，也许你会担心我可能的反应?”

如果以上方法仍然不管用，工作者必须尊重案主，与他一样地不说话，或温和地提醒结束会谈：“我想，你可能有什么想法使你今天难以表达，我们改在下一次你想好了再谈好吗?”工作者应该切记不可责骂或以拒绝的态度表现出愤怒。

（十二）提问的技巧

提问出于多种目的：获得更多的信息，求得反馈，帮助案主详述故事，获得新的视角，建立关系，协助案主选择解决问题的策略等——可以说会谈在很大程度上是会谈双方“问”与“答”的过程。因此，提问方式适当与否对会谈效果影响甚巨。

问题必须针对案主的注意焦点。开放性问题给予案主较多的机会和责任，使他从许多可能的答复中选择他的回答，有机会表白他自己的参考架构，选择他认为最重要而值得关切的事，封闭性的问题焦点比较集中，要求一个特定的答案，通常用于获得事实性信息。在帮助案主说出他所想表达以及必须表达的内容之后，工作者可以运用较有限制的和有针对性的封闭性问题，来帮助案主讲述得更完整。一般来说，在会谈开始阶段，非指导性的开放性的问题比较合适。即使在以后的会谈中，在开始一个新的主题时，最好以开放性问题作为开始，给案主以机会，使他对会谈的新途径有所选择。

示例 1

【封闭性问题】“你一个人在本市生活?”（只要求一个特定的回答：“是”或“不是”。）

【开放性问题】“你的居住情况怎样?”（可以有许多不同的回答方向，例如，与谁一起住，住的环境如何等。）

示例 2

【封闭性问题】“那使你很伤心吗?”

【开放性问题】“那使你感觉怎样?”

示例 3

从开放的渐渐过渡到封闭的问题，背景是家庭服务会谈：

“在这件事之前，你的生活状况如何?”

↓

“你童年的生活状况如何?”

↓

“当你渐渐年长时，你如何与你的家人相处?”

↓

“你小时候，你如何与父母相处?”

↓

“你小时候，你如何与你的母亲相处?”

上面提到的一些技术，如具体的问题，可以帮助工作者获得案主很确切的一些情况。有技巧的会谈者常常还用探询性的问题了解到案主情况更多的细节，卡杜欣称之为“详细调查”。这保证了重要的但是一般性的表达不至于被忽略。例如，当案主辩称自己是关心孩子时，工作者可以通过详细调查以确认此话的真实性。他知道孩子目前的任课老师是谁吗?孩子喜欢与哪些同学来往？孩子有什么喜好？一周与孩子交流几次？孩子最近有什么特别关心的事吗？……详细的探询也可协助案主思考一些细节并帮助案主在细节方面审视可能用于解决问题的策略的优缺点和结果。

扎斯特罗认为，提问的态度和腔调与问题本身一样重要。对于压抑的案主，恰当的预期应该表现为关怀和理解；对于愤怒的案主，语气应该包含承认愤怒和愿意考察其愤怒的原因的意思；对焦虑的案主，则应当传递出使人放心的意思。

在提问题时，工作者应当尽力避免一些不恰当的问法。以下方式被认为是“成问题的提问”。

1. “为什么”的问题

“为什么”的问题需要接受提问者有某种透视和领悟能力，但假如案主一开始就有这些能力，他可能就不需要来求助了。而且，“为什么”听起来常常让人感觉有判断或指责的意思，容易让人产生防卫心理。卡杜欣建议，用“什么”来代替“为什么”，因为“为什么”要求自我解析而“什么”只要求解释性描述，对多数人来说容易回答些。

示例

(1)“为什么你有那样的感觉呢?”(可能让人感觉自己有点怪或不自然)

可改为:“是什么让你产生那样的感觉呢?”(只需要描述)

(2)“为什么你做了那件事呢?”(有点责怪的味道)

可改为:“是什么让你做了那件事呢?”(只需要描述)

2.“双重或多重”问题

“双重或多重”问题是指工作者要求案主在同一时间里回答一个以上没有内在关联性的问题。这常常让案主困惑到底回答哪个好,而且让他选择的话,他常常回答其中最容易的问题,而最不难的问题常常最不具代表性。对工作者来讲,由于问了几个问题,他自己也容易忘记最初的问题尚未回答,可能只记得已问过问题,但不清楚哪个已回答。

示例

(1)双重问题:“你近来感觉更抑郁了?”“你们俩吵架了吗?”

(2)三重问题:“你这一周过得怎样?”“孩子现在在学校里表现如何?”“你的工作进展怎样?”

3.“连珠炮”问题

“连珠炮”问题的提问,虽然是一问一答式的,问题可能是同一个主题也可能是从一个话题转向另一个话题,但连珠炮似的发问常常给案主压力,而且也没有给案主留下深度思索的时间。从工作者一方来看,显示出工作者自己不够深刻,浮在表面,或者他自己缺少清晰的探索方向和兴趣。

示例

工作者:你是在哪个学校上的高中?

案主:N市1中。

工作者:那个学校不错吧?

案主:还可以吧。

工作者:你当时成绩还好吧?

案主：还行，但……

工作者：你家里当时很在乎你的成绩？

案主：也是，也不是。

工作者：后来你压力太大，就感觉抑郁，……后来呢，我的意思是……？

---

4. 带暗示或引导性的问题

带暗示或引导性的问题是指工作者在提出问题时暗示“期望”的答案。社会工作中通常建议采用“中性”问题提问。

示例

（1）暗示性提问：

- “假如你不给孩子买他想要的名牌衣服，他会不会跟你闹呢？”
- “你觉得这里的老师对你都很好，不是吗？”

（2）值得期待的中性提问：

- “假如你不给孩子买他想要的名牌衣服，他会怎样呢？”
- “你觉得这里的老师对你怎样？”

---

5. 不相关的问题

不相关的问题是指那些偏离主题的话题，没有什么理由转了另一个方向。这种情况的发生可能由于工作者对一个不相关的细节好奇，或者头脑中没有一个清晰的重点或方向。

示例

案主：我爸爸妈妈和舅舅都希望我考研，但我觉得没有把握，而且我希望早点工作。

工作者：你舅舅是做什么工作的？

案主：地税局的。

工作者：听说这个单位待遇好得不得了啊。

案主：……

第四节　个案社会工作记录

记录是一件费时、费力，甚至费钱的事，许多社会工作初学者感到麻烦，因而易于忽视他们专业责任中的这一部分。但是，在社会工作专业发展比较成熟的国家和地区，其专业服务机构一般都要求工作者有认真的记录，认为这是专业服务的一个不可缺少的部分。目前在中国内地，不少类似社会工作服务的机构尚少见有符合专业要求的记录，它们所记录的大多只是一些案主简单的背景记录，如姓名、年龄、何时及什么原因接受机构服务，看不到针对个案服务过程的记录。因为记录是个案社会工作的有机组成部分，它既是服务案主的一种重要工具，也是工作者专业发展的重要工具，所以，在以后社会工作职业化发展中，应该不断得到完善。本节主要就记录的目的与功用、记录的内容以及记录的形式作简要介绍。

■记录的目的与功用

（1）工作者能记住发生了什么。工作者服务的案主常常不止一人，因此不可能记住案主所有的情况，尤其是一些细节。个案记录为工作者能够提供连贯而有效的服务奠定了基础。

（2）其他一些相关人士可以知道发生了什么。督导者可以根据工作者的记录，判断工作者提供的服务合适与否，记录成为督导者对工作者的工作进行评估和提供有效指导的有力依据。如果案主要转案，个案记录可以成为接受转案的机构了解案主的重要资料。此外，如果案主本人或其他工作者应该有所交代的个人或组织（如案主的资助者）对工作者的服务有所异议（或发生法律纠纷），记录便是工作者应对这种异议的依据之一。

（3）服务项目和目标借之可以得到回顾和检视。记录本身要求工作者对项目实施的进展、绩效和目标达成的情况作分析和思考，当需要对服务或项目进行阶段总结和评估时，记录便成为回顾总结和评估的重要依据。

（4）作为教学和训练的参考。记录包含了工作者如何运用专业知识、价值和技巧收集资料、评估问题、计划和干预的具体过程。好的案例，为学习者提供了分析理论与实践如何结合的典范，有助于加深对社会工作知识的感性认识。不好的案例也可作为初学者避免不专业做法的警示。

（5）用于科学研究。记录是研究诸如社会工作有效性等课题的主要资料之一。

综上所述，记录的目的是多方面的，但主要的目的在于为案主作直接或间接服务的准备与计划。工作者使用记录对个案作有组织、有系统的整理，以及计划未来会谈所应采取的步骤。经由阅读记录以及记录他所阅读的记录的结果，工作者可以整理与组织个案未来进展的方向，其他的目的都是次要的。

■记录的内容

一个记录——社会工作者在一个特定情景中做了什么——应该适合个案的需要。记录的目的决定记录的长度和范围、形式与内容。如果记录的目的在于供执行者使用，它的内容则偏重于会谈目的达成了多少，工作者的介入是否帮助或阻挠了目的的达成，就会谈目的与案主关系而言弱点在什么地方，所完成的工作与下一次会谈的计划等。会谈记录的内容与组织因不同的机构而各异，但无论是什么机构，在记录之前，这些机构应该很明白地让工作者知道：什么是需要的，需要多少，为何需要，以及如何组织记录的内容。

记录的内容应该满足其目标读者的需求。好的记录是建立在事实基础上的报告、好的思考和扎实的评估性判断上的。社会工作者不是新闻记者，但可以运用新闻记者的一些方法，包括以下内容：什么？谁？哪里？何时？怎样？为什么？

■记录的形式

记录主要包括叙述性记录、摘要式记录和问题取向记录三种形式。

（一）叙述性记录

叙述性记录又称为“过程记录”，一般当需要工作者报告所能记住的尽可能多的事实时采用这种记录形式，例如，在一个关键情景中，他人（包括督导者或精神病学者）需要所有可能用于评估的信息。一个会谈的叙述性记录也可能用于弄明白双方的互动并更好地理解相关的动力。它也可以用于学习，尤其是作为初入门者的有用工具。因为这种记录方式相当耗时，所以它不应该被运用到每一个个案及情景中，而应该谨慎用于一些特别适合工作者发展和学习的案例。工作者有时可能发现叙述性记录对一个会谈是有益的，因为这样可以更多地了解互动，但是运用这种记录形式时，必须做到保密。书面记录必须放在安全的地方，只允许那些直接与案主情景相关的工作者或督导者查看。假如记录用于其他目的，如作为教学案例，则必须作技术处理，使有关的人和情景完全不能被认出来。对大多数进行中的处遇，摘要式记录受较多青睐。

用作类似于过程记录目的的一个技术是录音（影），可分为录声音及录影像。这种技术可以让工作者看到自己与案主互动的情景，有时也是使案主观察他自己及评估自己行为和互动的有效工具。除非花时间评估基本的情景（感觉因素和行为背后的原因），否则，这种技术的一些学习潜力就失去了。工作者在使用这种技术时，也应该获得案主的同意。有时录音（影）可能妨碍案主的表现，产生负面的影响。当然，保密仍然是重要的考虑因素。

（二）摘要式记录

摘要式记录是另一种常用的记录方式。尽管这类记录方式依各机构政策不同而各异，但它主要包括登记日期、社会史、行动计划、重要信息的定期性的摘要、工作者采取的行动及结束一个个案时完成了什么的陈述等。定期性的摘要应该在一个具体指定的时间（如每3个月）内作出，或当需要为一些事实和行动提供证明时作出。当检视整个服务过程时，摘要式记录使用起来很简便，它更多地着眼于案主发生了什么而不是工作者投入和筛分出什么重要的事情。

摘要式记录在那些长期的、正在与案主接触的并涉及一系列专业人员的服务案例中最为重要。这种记录可以为一个特定的案主提供一幅有关过去经历的画面。机构政策常常具体规定摘要式记录的形式和内容，也反映了机构对信息的需要，当机构被要求回答如何处理一个特定的案例时，这些信息可用于保护机构的权益，也可作为责信的目的提供所需的具体信息。由于记录可能被许多人检视，如何做到保密是非常重要的。通常，好记录是指那些包括“需要被记录”或“能证实”的信息的记录，而不是包括主观印象、感情或可能被误解的信息的记录。

（三）问题取向记录

问题取向记录是另一种普遍运用的记录，它常常被用于健康照顾机构。不仅社会工作者运用这种记录形式，其他所有健康照顾方面的专业人士也运用。尤其多专业合作场所运用时，其优势更明显。它很容易将记录转化为电脑数据，且简便精确。

问题取向的记录通常包含以下几部分：

（1）基本资料，其中包含与案主及与案主一起开展工作有关的信息，如年龄、性别、婚姻状况、功能局限、介入的人员（家庭和其他专业人士）、经济状况或其他测试结果。

（2）一个问题清单，包括一份最初的问题叙述和有关工作人员的评估。

（3）每一个与被确认的问题有关的计划和目标。

（4）跟踪及行动结果的记录。

记录的保存一直是社会工作者工作的重要部分，由于新的实务要求和新的技术的出现，记录也在因时而变。记录有许多不同的目的，既有改进工作的能力，也有为了责信和研究而获得资料。社会工作者发展出一种精确而有效的维持任职机构所需记录的能力是很重要的。他们也应该发展为他们个人和专业成长所需要的记录。[1]

---

[1] Louise C Johnson，Robert W McClelland & Carold D Austin. Social Work Practice—A Generalist Approach. Canadian Edition. Allyn and Bacon Canada，2000. 370 - 372.

第七章　协助案主获得新视角、新感受

伴随着评估、计划的展开，通才社会工作服务过程的下一步就是干预（intervention），或者称为介入。干预是有计划地去促成变化，约翰逊称之为行动，也就是通过社会工作者和案主一起努力，使案主及其情景发生朝向目标的变化。

社会工作者在帮助案主过程中的干预可以根据助人过程中所运用的理论、方法和模式来分类。通才社会工作者的标志之一是一种从广泛的可能性中选择对一个特定的情景最合适的干预的能力。通才社会工作干预行动一般分为两个主要的类别：直接实务和间接实务。直接实务一般是以个人、家庭和团体为对象的工作，焦点集中在个人、家庭和团体系统内互动发生变化，或者是个人、家庭或团体与其环境中的人和社会机构有关的功能发生正向的变化。本书主要讨论有关个人和家庭的直接实务。间接实务是指那些旨在帮助案主的、与案主以外的人或系统的工作。[1] 需要指出的是，直接实务和间接实务是一个相对的区分，它们之间常常有交叉的成分，这一章主要介绍直接个案社会工作实务。这些实务通过推动或刺激案主本身的变化或功能的增强以使案主达到良好的社会适应，即通过提高案主的意识，改变某些阻碍案主进步和改变的认知，获得一种看待自己及周围事物的新视角，进而得到感觉、情绪和行为的改善，从而更好地应对生活中出现的各种困难，对自己有更高的信心，成为自己生活的主人。这个过程也是增权运用和认知重建的过程。

第一节　增权的概念及一些相关的技巧

增权，由英文 empower 翻译而来，是欧美等西方国家社会工作实务

---

[1] Louise C Johnson. Robert W McClelland & Carold D Austin. Social Work Practice—A Generalist Approach. Canadian Edition. Allyn and Bacon Canada，2000. 304.

及文献中一个突出的主题。[1] 尤其是20世纪70年代以来，增权更是社会工作专业和通才社会工作实务中贯穿始终的一个话题。中国内地社会工作界近几年也开始重视对增权的介绍研究和增权在实务中的运用。[2] 我们认为，在当代这样一个权力渗透到一切领域，而贫富差异又日益扩大的世界里，增权作为“一个增进个人的、人际的或政治的权力以使个人能够采取行动改善他们的生活情景的过程”［古铁雷兹（Guti-errez)］具有特别的益处。增权被视为以少数群体、处于危机的人群[3]和妇女等特别弱势的群体为对象开展工作的一种可选策略。增权意味着为案主提供一些支持、技巧，发现案主内在的力量，激发其自尊和自信，从而使其实现对自己生活和环境的一种控制感，改变以往的无助感和无权感，使自己成为生活的主人。

■增权的含义[4]

同其他许多概念一样，对增权的理解，不同的学者从不同的角度有不同的定义。康普顿、帕森斯（Ruth J. Parson）等认为增权是工作者动员案主力量的一个合作过程。这是一个积极的过程，其结果是案主强大到足以参与、控制和影响那些影响他们生活的机构和事件。麦魁尔（Lambert Maguire）认为增权是指在鼓励案主自主的同时，支持和增强

---

❶ empower一词，在中国内地和港台地区还有其他一些译法，例如“赋权”、“充权”、“权力实化”等，内地多采用“赋权”和“增权”用法。为避免中文意思可能把赋权误解为赋以权力，本书采用增权的译法。

❷ 陈树强是比较系统介绍增权概念的中国内地学者，相关内容请参见：《社会学研究》2003年第5期。本节引用的古铁雷兹、斯威夫特和莱文、日门曼及本纳斯库尼等对增权的观点均转引自陈树强的文章。

❸ 处于危机的人群是指那些特别容易患上某些疾病或受到疾病的威胁或有治疗资源匮乏之虞的人群，例如非城市居民、65岁以上的老年人、艾滋病患者和失智症患者等。请参见：H Wayne Johnson. The Social Services—An Introduction. 3rd Edition. Illinois: F. E. PeacockPublishers, Inc., 173-175.

❹ 关于增权的含义另请参见以下学者论著：Louise C Johnson, Robert W McClelland &Carold D Austin. Social Work Practice—A Generalist Approach. Canadlan Edition. Allyn and Ba-con Canada. 2000. 311-313; Beulah R Compton & Burt Galaway. Social work process. PacificGrove: Brooks/COle, 1999. 337-351; Lambert Maguire. Clinical Scial Work. Pacific Grove: Brooks/Cole, 2002. 28-29; Dean H Hepworth, Ronald H RooneP, Jo Ann Larsen. Direct So-cial Work Practice. 6th Edition. Pacific Grove, 2002. 438.

案主固有的能力和资源，它与心理病理模式和受害者模式明显不同，心理病理模式视一定的社会和情绪问题为患病或疾病，受害者模式认为案主在回应无力保护自己的环境时是软弱或无助的。斯威夫特（Swift）和莱文（Levin）认为，增权是一种精神状态，是一种对权力的再分配，也是一个过程以及一个目标。实际上，增权可以被看作一种理论和实践、一个目标或心理状态、一个发展过程或者一种干预方式。但在干预过程中，工作者并不拥有赋以案主的权力。力量存在于案主之中，而不是案主之外。增权实践的目标、过程和干预方式会表现在不同的层面。古铁雷兹等认为增权涉及个人、人际和政治三个层面：个人层面上的增权聚焦于发展个人力量感和自我效能感的方式；人际层面上的增权强调使个人可以有更多的影响他人的能力的具体技术的发展；政治层面上的增权强调社会行动和社会改变的目标。日门曼（Zimmerman）等则认为增权涉及个人、组织和社区三个层面：在个人层面上，增权包括参与行为、施加控制的动机、效能和控制感；组织层面上的增权包括共同领导、发展技巧的机会、扩展有效的社区影响；社区层面的增权由受到增权的组织构成，包括公民参与社区决策的机会、容许在冲突期间公正地考虑等多种观点。本书主要从面向微观层面和人际层面的直接实务角度来讲，把增权定义如下：增权是工作者和案主的一个合作过程，在这个过程中，工作者通过挖掘和增进案主的力量和资源，使案主的自我意识和自尊、自信得到提升，能力得到增强，使案主相信自己是一个有价值、有力量的人，进而对自己的生活和周围的环境有一种把握感。

■增权的成分

那些感到或处于无权情景中的人，常常缺乏与周围系统打交道的知识，对于改变的可能性不抱任何希望，他们也常常缺乏从事改变行动所需要的自尊。约翰逊认为，增权包括协助案主与系统协商，刺激改变动机，教育和提升自尊以使案主相信他们自己是有能力的人，拥有与社区系统协商的必要技巧，也可以获得发挥健全的社会功能所必需的资源。

帕森斯认为增权策略的重要成分是支持、互助以及认可案主的感知和经验。她指出，当这些成分出现时，案主就会有更高程度的自尊、自信和更大的能力去作出改变或采取行动。塞尔薇亚·斯焘勃-本纳斯库尼（Silvia Staub - Bernasconi）指出增权要聚焦于意识发展、社交和应对技巧培训、网络化工作和调解，也要求开展与权力部门和权力结构的工作。康普顿指出，增权要着重强调案主最大程度地参与到社会工作的整个过程中，而教授问题解决等技巧也是增权的组成部分。对于增权的成分，各家说法不一，但其所说的增权成分的每一种对案主提高自我意识、增强自我价值感、发展应对能力并增进对生活和环境的控制感都有积极的促进意义。

■增权中的一些有用的干预方法

社会工作的目标之一是促进案主改变以获得更好的与环境互动的能力。增权的理念和方法应该贯穿于社会工作过程的始终。工作者可以通过一些有用的干预技术和技巧来促进增权。从微观层面来考虑，主要有：意识提高或意识觉醒，减少自责，增进自尊和自信等。

（一）意识提高或意识觉醒

意识提高或意识觉醒包括两个方面内容：

（1）案主增进对自己行为的了解。案主的行为包括他们的思维和情感模式，它们可能是问题的诱因，也可能是解决问题的力量，如果他们自己对此不很了解，工作者就应该增进他们这方面的自我意识。有几个技术可以运用，例如，提供反馈技术作为澄清沟通的一种方法，可以帮助案主对他们自己的言行有更多的了解，知道他们是怎么与别人互动的。这已在有关“会谈”的内容中有所介绍，此处不再赘述。

（2）案主增进对自己所处的情景，尤其是影响其功能的环境力量的本质的了解。对案主提供关于他所处的形势的本质，特别是那些影响他功能发挥的环境力量的信息，也能提高案主对与别人关系中的自我的了解。理想的情况是，案主不仅获得对自身环境的了解，而且能以一种比较现实的眼光来看待自己所处的情景，然后充分利用改变的可能性。

团体是促进意识提高的有力工具。工作者要帮助案主进入一些互助、自助或支持团体。好的团体提供了情感支持、不同的视角和经验等，能促使案主更好地了解自己和别人。参与本身也导向增进自尊并有助于学习新的技巧。

（二）减少自责

由于社会结构的不合理以及权力和资源分配的不公平，处于无权状态的案主常常被主流社会贴上各种侮辱化的标签，这些标签又反过来内化为长期处于无权或无权感情景中的案主挥之不去的阴影，他们常常指责和贬低自己，看不到环境对他们问题造成的影响，过多地责备自己，认为自己无能、可怜、羞耻和不可接受，没有什么优点。这种情况在一些受虐妇女、残障人士和少数群体中尤其明显。一些受到性伤害的妇女，常常陷于自我贬低、自责和自怜的泥潭，羞于或不愿意求助。工作者需要帮助案主认识到他们面临的问题常常根源于他们环境中的体制和文化等原因，通过传授一些改变环境的具体技巧来协助案主承担改变环境的责任。在这个过程中，尽管工作者可以通过倡导和资源动员来促进环境改变，但重要的是要让案主承担主要的责任。否则，案主难以改变自己的不足感，也无法获得一种能控制自己生活和环境的力量感，增权也就成了空话。

（三）增进自尊和自信

增权过程中，意识提高或减少自责等任何一部分的成功都会促进案主自尊和自信的提高，而自尊和自信对增权是至关重要的。柯斯特-阿西曼等提出了一些增进自尊的具体的方法。[1]

（1）帮助案主探讨他对自己的感觉。请他用认为能最好地描述他本人的正面的和负面的形容词概括自己，即让他说出自己的优缺点，例如“我是一个失败的人”或“我是一个工作勤奋的人”，然后协助他总结是如何感知他的自尊的。工作者要注意的是，案主对他自己是感觉良好呢还是把自己说得一无是处呢？

（2）对案主刚才的反应作出一个反馈。他是否难以想到自己的力量？工作者可以和他分享所感知到的他的力量。强调力量的意义前文已有陈述。力量实际上包括了一个人身上一切正向的方面——个人的品行端正，努力工作，有改变的动机，关怀人或说话清楚等。

（3）帮助案主更现实地看待他正在经历负疚感的方面。一些低自尊

---

[1] Kirst - Ashman & Karen Kay. Understanding Generalist. Practice . Chicago; Nelson - Hall, 1993. 433 - 434.

的人常常趋向于把一切错误往自己身上揽，从而怪罪自己。工作者需要协助他“减少自责”，帮助他分清什么是他应该负的责任，什么是他人应该担的责任。

（4）帮助案主接受这样一个事实，即生活的大多数方面都有正反两面。低自尊的人容易认为自己总体上而言是糟糕的，喜欢与总体上是好的人作比较。对这类案主而言，重要的是应该让他学会现实地、辩证地看待自己和周围的世界。承认消极的一面并不意味着必须详详细细地讲述消极的一面。承认了这一点，会使自己感觉轻松，省却了许多原本想藏掖或与之斗争的精力。

（5）帮助案主辨识、欣赏和利用自己的力量。帮助他在承认有消极的一面的同时，学会欣赏积极的一面。因为这是他最终克服困难并增强能力的基础和资源，例如，一位抚养着一个上中学的孩子的单亲妈妈痛恨自己不得不接受救助，然而她的孩子因为受到救助而得以继续学习，并且学业不错，怀抱理想，这就是她所处情景中的力量。

（6）帮助案主确定一些他想看到改进的目标。工作者应该协助案主正确地找出他对自己格外不满的方面或他希望努力实现的自我感觉良好的一面。例如，帮助案主认识到原来他低自尊的根源在于他很在乎自己不敢当众表达自己观点的不足，工作者可以通过教以表达的技巧来帮助他提高表达水平，从而实现提升自尊的目的。

示例

小芹是一个14岁的盲童，在她那偏僻的家乡，失明被认为是前世做了坏事的报应或被恶灵附体，周围的人们固执地相信盲童说不了话，他们不相信一个盲童能学会什么，能做什么，盲童的父母也这样认为，孩子自己也因此很自卑，他们没有理想，没有信心，连一般人生活的乐趣也没有。有的盲童五六岁了还被父母绑在床上，由于不运动，肌肉缺乏发育，他们看起来比正常发育的孩子小得多。村民们有的对盲童好，也有的对他们不好。有时小芹去打水，碰到有人用石头砸她，她也没有什么反抗，只是默默地用哭来使自己好过一些。

2年前，小芹幸运地参加了由德国老师田贝肯主持的一个盲人康复及职业培训项目，从此，她的生活发生了翻天覆地的变化。她和其他参加项目的孩子被告知，他们失明不是什么报应或恶灵附体，也就是说不是他们自己的错，而是基因、疾病或意外所致，现在小芹已经知道她自己的失明是遗传的原因。项目组的老师告诉他们，他们和其他的孩子一样，可以而且能够学习文化，学习使用电脑，学习外语，学习画画，可以成为像毕加索一样的画家，还可以做以前从未想过的许多事，例如，推车子快跑、踢毽子、爬树和踢足球等，而他们那同样失明的校长田贝肯能写书、会骑马以及能独自旅行的事实也让小芹他们相信一切都是可能的。在老师的鼓励和支持下，小芹和她的盲人同学快乐地尝试着老师说的这一切，所有这些都给小芹们展示了另一个原来没有想到也不敢想象的世界，他们的生活开始变得有色彩、有理想、有快乐。现在再碰到有人说不好听的话，小芹不再默默地流泪，她或者很不在意，或当有人说她是傻子时，她会不卑不亢并且宽容地一笑说“我不是傻子，只是眼睛看不见而已”，或者会骄傲地反击说：“我可以在黑暗里读书，你行吗？你会说英语吗？”小芹和她的同学还学习按摩和手工制作等谋生技能。现在，小芹和她的同学们不仅学到了文化知识，了解到一个远比他们原来的生活更为广阔的世界，更重要的是，他们现在自信、自尊，他们不仅不再感到自卑，而且还为自己的独特自豪，他们的父母和周围的人也慢慢接受并相信小芹们身上发生的奇迹，因而也在改变着对盲人的看法。[1]

第二节　认知重建：获得新视角和新感觉的途径

通过改变一个人的认知来改变人的感觉、情绪和行为的方法，传统上称之为认知治疗或认知干预，这是一个认知重建的过程。这种方法兴起于20世纪五六十年代，作为一种起步比较晚的新的干预方法，由于其清晰、简捷、有效性和逻辑性而很快得到社会工作者的强烈认同。据麦魁尔的研究，认知干预方法现在是运用于社会工作中的最新的主要的

[1] 本案例参考李海鹏《带给藏族盲童的彩色世界》一文编写，请参见2005年2月24日《南方周末》。

干预方法，并迅速成为主流的方法。该方法在协助改变犯罪者、虐待孩子的母亲和虐待妻子的丈夫等方面有大量的实证支持资料，它对治疗抑郁和焦虑尤其有效，与抗抑郁药物和其他心理治疗方法相比，许多治疗师把认知干预作为治疗抑郁和焦虑的首选方法。戴维·伯恩斯的研究证明，甚至对于严重的抑郁症，认知干预也有与药物具有同样甚至可能更好的疗效，例如，它没有长期药物治疗可能带来的副作用，较少复发等。[1]

■认知的概念及认知干预的原理

什么是认知呢？简单地说就是"想法"，是一个人思考事物、感觉事物的方法。认知理论家认为，是人的想法、信念和态度而不是外在的事件，影响了人的情绪，并进而影响人的行为，换言之，不良的情绪以及行为的产生，不是因为外在的刺激性事件，而是源自当事人错误的认知。1955 年，理性情绪疗法的创始人爱尔伯特·艾利斯（Elbter Allis）将这种看法阐述成 ABC 性格理论，其含义分别如下：A 代表实际发生的刺激性事件（actual event/ activating event），B 表示一个人的信念（belief），C 是指人的情绪困扰（emotional consequence）。假设 A 表示这件事是"李女士离婚了"；B 代表李女士对这个事件的信念和想法，她可能会想："这是我的错，我的家人、朋友会怎么看我？"；C 代表李女士信念的结果，包括她的感觉和行为的方式，她可能感到悲哀和羞耻，可能害怕见到亲戚、熟人，因为她觉得自己是如此不可爱，输得这么惨。

请再设想一下，如果一个人英语四级考试得了 58 分，他会有什么感觉？有的人可能很沮丧，感觉自己太丢脸，从而害怕见同学，行为退缩、自卑。也有的人虽然不太满意，但感觉有信心：毕竟我离及格只差 2 分，再努力一把就很有希望了，从此加倍努力。还有的人可能很高兴：我比上次进步不少，增加了整整 10 分呢，我觉得自己在不断进步。在这每一种反应中，外在事件——成绩 58 分——是一样的，每个人对这

---

[1] David D Bums. The Feeling Good Handbook. Revised Edition. New York: Plume, 1999. xv.

个结果的感觉完全来自各人考虑这个结果时的方式。这就是认知干预的一个基本假设：一个人的情绪困扰（C）并非由刺激物（A）所引起，而是由于一个人的信念（B）所导致。如果能够以理性信念替代非理性信念，情绪困扰的问题就能解决。干预的方法是协助案主以一种比较积极的、现实的、理性的方式来看待事物，感觉事物，这样，他会体验到更大的自尊和更高的生产效率，所以认知干预是实现认知重建的重要手段。认知干预对于协助案主改变错误的知觉和自我挫败的想法很有帮助。虽然认知理论家将大部分的失功能情绪和行为模式归因于错误的认知，但事实上它们却不是唯一的原因。兰兹（Lants）指出，功能不良也可能由不同的生理问题所造成，包括：脑伤、神经性疾病、甲状腺失衡、与老化有关的循环疾病、吞下有毒物质、营养不良，以及其他形式的化学不平衡。[1] 此外，如本书在随后一章中所分析的，缺乏某种行动的技巧也可能导致不良的情绪和行为。这些可能性在采取认知干预前要充分考虑。

■认知干预的特点

认知干预方法有许多种模式，麦魁尔指出，即使把最主要模式列出一个简要清单，也至少有 6 种，它们分别是贝克（Aaron Beck）的认知疗法、认知—行为疗法（CBT）、建构主义、问题解决或问题中心干预、自我指导训练（Meichenbaum's SIT）和艾利斯的理性—情绪疗法。虽然认知干预有许多派别，但它们至少有以下 6 个共同点。

（一）简要

大多数认知干预都是简要的，因此，成本相对较低，效率较高。认知干预一定是短期干预，因为它在一开始就直接限定干预的次数，以书面合约具体说明在什么地方进行为期 4～20 次不等的会面。它不像长期治疗需要追索历史或采用用于长期治疗所需要的信息，它强调的还是“此时此地”，尽管也常常需要了解历史以理解案主想法的图式或模式。此外，它也不像精神分析法那样需要发展一种产生情感转移的密切的治

---

[1] 转引自：Dean H Hepworth，Ronald H Roonep，Jo Ann Larsen. 6th Edition. PacificGrove，2002. 388.

疗关系，尽管信任也被认为是关键的。

（二）聚焦于问题，或者以问题为中心

许多工作者在一开始就要求案主界定清晰的、可观察的问题的数目。社会工作者的任务常常是提问、挑战和建设性地让案主具体地考虑或界定这些问题。工作者帮助案主清楚地、具体地描述他的想法、情绪或行为，这样做有以下原因：

（1）因为行为目标更精确，集中于问题的清晰上，因而更可能有效实现目标而推进干预效果。

（2）借由推动案主苦苦地去界定清晰的问题陈述，使问题的模糊性和抽象性减少至最低程度，案主往往在此过程中发展出一种对问题的控制感。因为原来问题的模糊和抽象性常常就是焦虑的基础，而焦虑本质上是对不确定的一种害怕。这样，通过“知道”——即清楚地界定这种不确定性及其原因和后果——案主开始重新获得对他的想法、害怕情绪和行为的掌控。

（三）由案主来界定问题

通常由案主界定问题是什么，社会工作者承担起澄清、教育和与案主协作的任务，但最后总是尊重案主自己对问题的诠释。这样做的目的是为了传递这样一个理念：是由案主，而不是由社会工作者选择回应这些具体的问题。而且是由案主，而不是由社会工作者担任解决问题的“主人”，变化的责任必须来自案主内部。

（四）合作关系

在合作关系（partnership）中，案主和社会工作者把他们自己看作是一起解决问题的团队，双方是互助的系统，这样就避免了在某些方面社会工作者成为“专家”而案主成为无力的寻求帮助者那种“谁比谁强”的难题。如果一开始就建立起平等的关系，工作者实际上就是在增权给案主，并且用行动证明案主和社会工作者必须共同为干预的最后成功负责。

（五）行动主义

所有的认知干预模式都是行动主义（activism）取向的。工作者和案主应该付诸行动而不仅仅是纸上谈兵。所有的认知干预模式要求连续不断地监督和讨论在态度、想法和行为等方面的变化。当案主又回到过去的那种产生反作用的忧愁的图式，如感觉他自己“不好”，每天上班、回家，感觉没希望时，社会工作者就要挑战这些假设，工作者和案主都不接受自我可怜、自我逃避，而是期望双方有意识地正视这些想法和由这些想法带来的行为。案主还应该自我挑战和正视自己。这样，案主慢慢地变得更增权，不再持守消极的或自我挫败的想法。

（六）家庭作业

所有的认知干预模式都要布置家庭作业。家庭作业的形式多种多样。有的社会工作者要求案主记录失功能的想法日志，尤其是以其他的想法替代他们过去未加思索（automatic）得出的、负面的想法，然后积极地回应旧的图式。有关专家已经开发出一种叫“三栏技术”的格式来做这种功课，这在本书后文将作介绍。有的工作者会给案主几段阅读材料或要求他们做认知自助书上的某个练习。其他一些具代表性的家庭作业包括学习和练习放松技术或其他也能滋养出放松状态的行为技术。总之，认知干预模式要求有意识、有计划、深思熟虑地检验那构成行为基础的基本的信念。[1]

■导致负面情绪的一些扭曲的思考

当人们寻求帮助时，常常觉得自己被“卡住了”。他们可能用一种一成不变的或形式上不变的方法去体验或看待事情。他们感到痛苦或没有希望，对自己的情境或视角只看到有限的选择。他们认为自己是失败者、有病或没有希望。以下是常见的一些导致负面情绪的扭曲的思考方式或想法。

（一）走极端

走极端——非此即彼（all - or - nothing thinking）的人看事情，非黑即白，没有中间过渡部分。假如事情有一点不完美，他就否定全部。例如，小敏刚才课上没有回答出老师的提问，她越想越难受，觉得自己什么都不行，真丢脸死了，自己还怎么见同学？

（二）超概括

超概括（概化）（overgeneralization）的人把单个的负性事件看作是

[1] Lambert Maguire. Clinical Social Work. Pacific Groves：Brooks/Cole，2002. 250 - 260.

无止境的失败模式，他在思考这件事时用“总是”、“从不”等词。例如，阿亮被一个姑娘拒绝，他就说：“看来我一点都不可爱，从来不配找姑娘约会，现在世界上没有一个姑娘会理睬我了。”超概括使情景似乎比实际的更糟。

（三）断章取义

断章取义（mental filter）又称为滤色眼镜——滤掉了所有的光明，使整个世界看起来暗淡无光。断章取义的人单独挑出一个负面的细节，盯着它而不顾及其他的光明面，这样他的现实世界就变得黑暗，就像使烧杯变色的那一点墨水。例如，阿雄在一个会上陈述一个报告，得到很多好评，但其中有一个人提了一些批评，他的脑子里就一连几天都纠缠着这些批评，挥之不去，心情很坏，而对那些好的评价却忽视了。

（四）好事打折或者妄自菲薄

妄自菲薄（discounting the positive）的人拒绝积极的体验，坚持说“这不算什么”。假如他做好了一个工作，他可能说还不算很好或者说这是谁都可以做好的。妄自菲薄使他自己把快乐从生活中抽走，使他永远感觉不足、没有回报。

（五）遽然下结论

遽然下结论（jumping to conclusion），毫无根据地杞人忧天的人在还没有支持他的结论的证据时，他就做负面的解释，其中包括以下两种情况：

（1）测心术，例如还没有弄清楚状况，他就认定有人对（说）他不好。

（2）未卜先知，即他预测事情会变坏。例如，还没有考试，他就说：“我实在要考砸的。”

（六）缩放比例

缩放比例（magnification）的人夸大自己的问题和短处的重要性，或者尽可能缩小自己好品质的重要性。这又称为双目镜癖（binocular-trick）。例如，他把出生于贫苦农家看成是没有希望的根源：“我们这种没有背景的人能有什么出路呢？”

（七）情绪推理

情绪推理（emotional reasonin）的人把感觉当作事实：“我感到愤

怒，这证明我正受到不公平对待。”“我有负罪感，我一定干了什么坏事。”“我很害怕乘飞机，飞行一定很危险。”人在情绪低落时，这种情绪推理特别活跃，一旦觉得情况不好，那它就一定不好。这样下去，常常真的导致事情不妙——心理学上称之为自我实现预言。

（八）“应该式陈述”

“应该式陈述”（should statement）的人告诉自己事情应该像他期望的那样。例如，小萌在一次考试考砸后沮丧不已：“丢脸死了，我这班长还怎么当下去啊”，从此越想越不是滋味，竟陷入轻度抑郁情绪中。“应该”、“必须”的想法把人推向负罪和沮丧感。

（九）贴标签

贴标签（Labeling）即给自己冠以不适当的绰号，实际上是一种“走极端或非此即彼的思考方式”的极端形式。贴标签的人不是说“我犯了一个错误”，而是说“我是一个失败者”。这是十分非理性的，因为他与他做的事是两回事。他还可能给他人贴标签，有人英语没有考好，他就说人家“笨蛋”，贬低人家的全部，一股瞧不起的神情，这种做法对改善事情以及建设性的沟通有很大的负面影响。

（十）个人化和责备

个人化和责备（personalization and blame）通常发生在某人独自负责一件不是他能完全控制的事情时。一个社会工作者在得知她所协助的一个学生没有达成原先希望的目标时，马上痛心不已，陷入深深的自责而不能自拔。她不是试图去了解问题的原委以便帮助案主，而是忙着责备自己——这是个人化导致罪感、害羞和缺陷感的例子。但也有些人相反，他们责备他人或与问题有关的情景，忽略了可能促成问题的方式：例如，我婚姻这么糟糕的原因是他在各方面都是无理的。责备通常不大起作用，因为其他人将为当了替罪羊而抱怨，然后反过来责备你。[1]

以上10种扭曲的思考方式容易导致负面的情感。需要注意的是，许多时候，一些负面情感是健康的、适当的。学会什么时候接纳这些情感，如何现实地应对这些负面情感，这与学习如何放弃这些扭曲的思考

---

[1] 参考：David D Burns. The Feeling Good Handbook. Revised Edition. New York：Plume，1999. 8－11.

方式一样重要。实际上，任何人也无法永远快乐。很多时候人们会遇到一些不好的事情，例如当亲爱的人生病，会让人感到忧虑；当住了多年的老屋要拆迁，会让人感到惆怅；当与配偶吵架，则可能让人感到愤怒和伤害；当去作一个报告时，会让人感到紧张——接纳这些负面的情感常常是合适的，因为任何人都不可能完全地理性和客观。关键在于，分享不足和内心不太明亮的时刻的同时，要相信这些体验让人成长，对它于人生的意义有更深刻的理解，而不是把这些看成是世界末日的来临。

■认知干预的实施步骤和一些有用的技术

（一）确定及评估刺激性事件

工作者以耐心和尊重倾听了解造成案主目前情绪状态的事情，仔细辨析、整理那些影响案主情绪的事实，在这个倾听、辨析和整理的过程中，应该注意适度中断案主冗长的叙述，并避免案主在情绪激烈的状态下从一个事实转到另一个事实。

这一步是要弄清谁做了什么？过程怎样？为了什么而困扰？工作者可用“你是说……”“这事是怎么发生的？”句式：

- “你是说你发现你的男友移情别恋了？”
- “哪一方面是你觉得最困扰而想解决的？”

（二）了解案主可能有的情绪及其种类

在倾听案主的叙述中，仔细辨析案主的情绪及其种类，与案主一起决定哪些是他最希望处理的情绪，从而列出轻重缓急，分辨理性情绪和非理性情绪。

- “当发现这事的时候你的感觉是什么？”
- “你是说你当时简直惊呆了，不敢相信这是真的？”
- “你是说很快你越想越生气，产生了强烈的要报复他的想法？”
- “那你觉得现在最困扰你的情绪是什么？”

（三）介绍认知干预方法给案主

工作者在确认案主目前受困于非理性情绪时，开始协助他了解和接纳认知干预的基本假设和原理。工作者可以用实例、寓言和个人经历等介绍情绪与想法之间的关系，也可以用表格分析案主的想法和信念与情绪和行为间可能的关系并说明人的情绪是受想法的影响的。工作者还可以利用录音带、简章或短文介绍认知干预的基本概念和方法。

（四）协助案主找出其非理性的信念及思考模式

一旦案主接受了认知干预的基本假设和原理，工作者就应该和案主一起检视有关他们困难的想法和信念。工作者协助案主对与问题情景有关的事件做细致的探讨，了解案主的内言（想法的叙述），再将想法转化为信念（原则或思考模式的叙述），并辨识出其中非理性的信念，再将 ABC 联结，复述已确定的案主的非理性信念。

示例

了解案主当时的想法，引出内言：

- “刚才你说活着没意思，是什么让你这么难过？”
- “你是说你受不了男友背叛的事实？”
- “你认为从此你就再也不可能有幸福了？”
- “你说你是一个失败的人？”

将想法转化成信念：

- “你是不是认为一个人的幸福与否和人生的成败完全是由恋人的态度决定的？”

当双方探索时，引出案主内隐的行为、认知（如自我陈述和意念）的细节很重要。将焦点集中于行为的三个层面（认知、情绪、行为）可促使工作者协助案主看到两者的联结，并看到影响感觉和行为的认知所扮演的角色，这可能使案主愿意接受并有动机去改变那些不良功能的想法和信念。

（五）挑战或驳斥非理性信念

一般来说，一个人的信念或思考模式是长期形成的，案主自己可能浑然不知某些非理性的信念，事实上，他可能不仅坚持而且还为这些非理性的想法辩护。所以，工作者需要去挑战或驳斥这些非理性的信念，并明确告诉案主如果他不放弃这些想法可能付出的代价。[1]

[1] 武自珍．外遇处置与理情疗法．台北：力行书局有限公司，1994．113－117．

示例

接上面的例子驳斥：

- “你的幸福感是从有了男友开始才有的吗？你从小到谈朋友之前都没有过幸福吗？”
- “你觉得你工作上的成就、对父母的孝顺体贴以及对同事友善而赢得的尊重都不算什么了？”
- “你的生活里除了男友没有其他任何值得你去做的事情了吗？”

为了能够在实际会谈时确认并评估自己的信念，案主必须在会谈与会谈间做好准备以处理自我控制。工作者应该要求案主每天做家庭作业，其中最常提出的要求是每天做记录，即上文说过的三栏技术。关于这个技术本书下文将详细介绍。

（六）以理性信念代替非理性信念

当案主越来越觉察到自己失功能的想法、信念，并意识到这些想法和信念又是如何导致负面情绪反应时，他们就可能有动机学习新的回应模式。以下是协助案主以一种新的视角看待事物的一些方法：

（1）创造一种可替代的自言或视角。案主有时会固守一种思考事情的方法，他们也可能意识到有另一些看法，但却死守一种视角以显示自己对家庭、文化或宗教戒律的忠诚，或维护自己遭到威胁的自尊心，即使这些看法经证实对解决眼前的紧张和问题没有作用也是如此。这时工作者可以介绍另一种替代的视角以拓宽案主的可能感，增进和鼓励案主产生一种好奇和探索的精神。还以上述失恋的案例为例，工作者可以向案主介绍新的应对（coping）自述以取代其自我打击的想法：

- “失恋虽然是件令人痛苦的事，但也不是世界末日，我还可以寻找合适的对象。”
- “生活中有许多值得我去追求的事，我在做好那些事时也可以有成就感、幸福感。”
- “虽说这一次没有谈成，但我也悟到很多人生经验，这也是一种成长。”

（2）采用提问和头脑风暴法以引出新的自述、新的看事物的视角。工作者可以通过这样的提问来引出新的视角，例如："我们还可以怎么看这事？""你可以想一想其他的解释这事的方法吗？""还有什么其他的事可能会发生？"

有时，一个常用的头脑风暴技术就很有用。工作者和案主一起列出一系列解释或可能性，写下来，对任何一种解释、看法不作评价，然后双方再检视列表，看看哪一些看法是有用的。

（3）通过角色扮演来探索新视角。角色扮演可以运用在许多场合，采用许多不同的方式。

1）工作者可以站在问题或矛盾心理的另一面，给案主一个相反的看法。例如，案主说："哎，像我这种坐在轮椅上的人，这年头是再也找不到工作了。"工作者说："阿平，你说你这种人再也找不到工作，但我能想象出很多适合你的工作……"一方面，这种角色扮演有一个风险，即案主可能成为"死硬的反对派"，拒绝工作者呈现的各种其他可选方案；另一方面，情况可能相反，案主可能会很快地听从他领悟到的工作者那出人意料的高见。避免这种两难状况的方法之一是把事情颠倒过来，让案主站在另一方的角度看问题："阿平，我知道现在对你来讲，要想找到一个工作似乎是不可能的。假如你站在另一个角度想一想——你是一个坐在轮椅上的乐观的残疾人运动会冠军——你将会对一个坐在轮椅上说他再也找不到工作的人说什么？"

2）扮演另一方角色。人们常常觉得难以理解他人的看法，扮演另一方角色可以帮助案主拓宽他们对关系的看法，并为案主提供一种看待他人的新眼光。工作者可以这样指导案主："阿芳，我们已经谈了许多你与前男友阿宽的关系，现在让我们试一下你扮演你的前男友，这样你可能会得到一些他怎么看事情的顿悟。好，你坐到那个椅子上，现在你就是阿宽。"然后，工作者问："阿宽，你是怎么看待阿芳的？……"

3）扮演旁观者。有时当案主觉得离情景远一点的话，可能会有一个更好的视角。工作者可以通过要求案主当"旁观者"的方法来帮助案主从不同的角度看事情："假如你是一个旁观者，置身事外看这件事，你会有什么不同的想法呢？"或者，工作者也可以用小说或电影中类似的情节、人物问案主："你怎么理解她的故事？""你对那个主角还观察到了什么?”通过这种不同角色的扮演，有助于案主走出原来单一思维的死胡同，看到新的不同的解释和选择，从而获得一种新的体验和感觉。

（4）接触他人。接触他人可以协助案主重新界定他们自己和自己的故事，可以鼓励案主参加到一个与他们面临同样或类似困扰的自助团体中，例如单亲妈妈自强团体，癌友俱乐部等，并鼓励案主向组员开放自己的离奇的经历、自由的想法或苦恼。在这样的支持性的团体中，案主常常很快不再孤独，不再无望，他们变得更加有希望感和自我接纳，对未来看到了更多的选择和可能。

（5）日常情绪日志。伯恩斯开发出的“日常情绪日志”，经实践证明是很有帮助的、既清楚又生动的认知工具，用以帮助案主认识他们那些起反作用的未加思索生成的想法的模式。

第1步是由案主描述困扰他的具体的问题或事件，写在日常情绪日志头栏。例如：“我今天在办公室里不小心把小林的新裙子滴上了墨水，虽然她说没关系，但我很烦恼，晚上也睡不好。”需要注意的是，工作者应该提醒案主，在他辨识令他烦恼的事件时一定要具体，不要笼统地说什么“今天糟透了”，而是要请他说清楚，今天的什么时间、在什么地方他感觉到什么。

第2步是由案主记录下负面感情，并标出1～100等级（程度从最轻到最重)，表示诸如悲哀、沮丧、令人泄气、愤怒、焦虑、尴尬或负罪感等感情。针对有人觉得这种等级标定既烦琐又似乎太具强迫性的想法，伯恩斯指出，这样做其实可能有惊人的效果，因为通过这种方式工作者和案主可以衡量完成等级标定后他感觉好了多少，也可以帮助他打破以往以一种非此即彼走极端的方式考虑自己情感的习惯。假如案主的焦虑等级从100降为50，案主可能还是感到紧张，但感觉会比之前好许多，这个改进能够给案主以信心，也会提高他的士气。

第3步是采用三栏技术来改变案主的思维方式，用更为客观的、理性的想法取代不合逻辑的、苛刻的自我责备。如以下示例所示[1]，案主在左边一栏记录他自己的负面想法并评估这个想法的等级（0～100)；

---

[1] David D Burns. The Feeling Good Handbook. Revised Edition. New York: Plume, 1999. 93－96.

中间一栏记录那个（些）未加思索得出的想法的“扭曲类型”；右边一栏是描述比较合适的“理性的回应”，用比较理性的想法取代负面的想法并标出每一个信念等级（0～100）。

第4步是结果，即通过前面的三栏技术，案主对原有那些负面情绪的程度重新定级。

示例

日常情绪日志

【第1步】 描述令人心烦的事件：今天得知英语四级只考了51分，感觉见不得人，害怕有人问我分数，心里又很烦，恨自己怎么这么笨。今天一整天吃不香，也睡不好。

【第2步】 用诸如悲哀、焦虑、愤怒、罪感、羞耻和沮丧等词标示你的负面情绪并对每一种负面情绪用0～100（从最低至最高）的等级表示。

情绪	等级	情绪	等级	情绪	等级
1. 羞愧	90	3.		5.	
2. 沮丧	95	4.		6.	

【第3步】 三栏技术

未加思索得出的想法	扭曲的想法	理性的回应
写下你的负面想法，并且估计每一个信念等级（0～100）	辨识每一个未加思索得出的想法中扭曲思考的形式	代之以比较现实的想法或一种新的视角，并标示等级（0～100）
我多丢人啊．人家都通过考试了，就我还在考，而且考成这样，同学们背后肯定说我是笨蛋（100%）（20%）	测心术；贴标签	我考得是不太好，但这也不是什么丢人的事，因为原来的基础差，同学们也都知道，还帮助我出主意，况且我比上次还高了4分。我没有必要害羞（90%）
我怎么就那么不争气，我将来还能做什么？（90%）（10%）	责备；超概括	我已尽了力了，没有必要过多地责备自己，我其他功课都是不错的，只是英语学习上有点麻烦。我不必因为英语而否定自己（85%）

【第 4 步】 结果——给你的每一个未加思索得出的想法（请见表中黑体部分）重新定级（0～100），并审核确认表示自己感觉的选择：一点不好，有一点好，还好，相当好。

工作者还可以通过改变他人的视角，或者通过致力于社会变革改变一些容易导致案主产生负面情绪的社会环境来帮助案主。例如，社会普遍对艾滋病患者的排斥和歧视，会加剧当事人的失望感、自我怜悯、自卑、愤怒或仇视等心理，工作者可以通过工作坊（workshop）、社区倡导、同伴教育和媒体宣传等形式改变人们对艾滋病患者的态度、看法，增进理解、尊重和关怀，这会大大减少当事人的压力和负面情绪。这实际上就是中观层面或宏观层面的社会工作，它对属于该群体的个人一样有意义。

工作者应该帮助案主以理性的思考取代非理性的思考，学习用新的视角去看待事物，创造一些让案主更自尊、更有弹性、有更多选择的看待事物的新方法。同时工作者自己也应该用同样的对案主有用的技术开阔自己的视野，拓宽自己看事物的角度，以新的眼光看待案主。

上述回应策略是由使用理性的、有效的、能消除负向情绪反应及自我挫败行为的内言（自述）、新的看待事情的角度所组成。自然，要改变多年形成的根深蒂固的思考模式并非易事，但工作者一定要鼓励案主去努力、去尝试，例如："当你多练习一些建设性的应对自述，或从新的角度去看事物时，你会发现它们对你是越来越自然，最后你可以将旧的、阻碍你获得好感觉的想法完全去除。"在鼓励后，工作者应该协助案主模塑（model）新的自述、新的视角，来替代自我挫败的自述和单一的视角。在模塑时，最好询问案主是否觉得准备好去练习相似的行为。一般而言，如果工作者给予鼓励，案主还是愿意开始引导式的练习。一旦案主自己产生建设性的自述并学会从不同的角度去看事物，工作者应该给以正向回馈。工作者要持续地陪案主进行练习，直到他们感觉舒服为主。在模塑自述时，工作者应该不断地探索案主的反应及感觉。如果他们已经准备好，工作者可以请他们详述更多的应对自述，或一些新的视角。

鼓励、督促案主坚持记录日常情绪日志并运用到日常真实情景中，是十分重要而有效的方法。持续的记录和任务的完成，还可培养案主独立的精神。

能自动地以新的建设性的自述替代自我挫败的自述，是认知干预的根本所在。但做起来永远比说起来难得多。成功地运用这个方法需要案主的坚持和社会工作者的鼓励，应该允许有反复，不能给案主太大的压力，否则可能会使他们感到威胁和灰心。但仍然要强调，如果案主每天开始时，预想可能面临的情景，并运用新的应对自述，那么他们会加快进步的步伐。伯恩斯认为，如果案主想要一个好的结果，最好每天 10～15 分钟，每周 5 天，至少坚持 1 个月，就可以有效果！

认知干预常常与其他处遇方法（如示范、行为预演、放松训练、自我肯定训练、药物治疗和减敏等方法）配合使用，因为某些方法的结合运用有时比单一方法更有效。本书下一章会介绍其中的一些方法。

■认知干预的局限

在协助案主认知改变，代之以新的认知和新的视角时，工作者不可误以为只要有认知上的改变就一定能成功表现或发展出新的行为。有时案主因为缺乏必要的相关技巧，例如社交技巧、自我肯定技巧等，都会引起行为不当或障碍，需要工作者给以指导和练习，本书下一章会作一些相关介绍。此外，认知干预对于某些人群可能不是很合适，其中包括：①部分儿童（其心智未成熟到可以与自己的非理性信念辩论的程度）；②部分老年人（思想相对定型，较难改变）；③中重度智障人士；④精神障碍人士。

第八章　协助案主获得新行为

有时案主寻求帮助是因为他想改变自己不满意的行为模式或者想学习新的技巧和新的行为。例如，大林想学习如何与妻子协商着解决冲突，他很不满意两口子一有不同意见就吵架，最后两败俱伤的现状；阿莲想学习如何控制愤怒，而不是遇到什么事就大喊大叫，丈夫、孩子都不喜欢；佳佳想学习如何在工作上更能自我肯定；小栋有强迫洗手的习惯，他想改掉这个让他苦恼的习惯。

有时案主寻求帮助是希望获得一些如何做事的实用信息。例如，老王的母亲马上要从老家来和他们一起生活，他担心妻子和母亲相处不来，想知道有什么诀窍可以预防婆媳冲突。

有时案主寻求帮助是因为其他人担心他们的行为，希望他们能通过帮助得到改变。例如，小健是一个有点智障的孩子，家人希望他学习如何生活自理；小超是老师带他来求助的，因为他经常破坏课堂纪律。有时案主一开始来到社会工作机构，可能也不是想要改变自己的行为模式，但慢慢认识到改变某种行为或学习一种新的技巧可能与改变目前的问题有联系。例如，桂花向社会工作者抱怨丈夫虐待她，在与工作者的谈话中，她认识到自己的两个孩子已经受到有暴力行为的丈夫的影响，她想学习怎么跟丈夫说这件事，甚至在合适的时候结束婚姻关系。

第一节　行为改变的互动效应

正如认知的改变可以带来情绪和行为等的一系列改变一样，行为的改变也可以带来认知、情绪和行为等方面的改变。人是生理、心理和社会各方面互相联系的整体，一个部分变化了，其他部分也会或多或少地随之发生变化。当案主改变了他们的行为，学习了新的技巧或完成了一个具体的任务，他们生活的许多方面会受到影响，不仅行为，而且看事物的角度、情绪、感觉状态、自我概念、与他人的关系、成就水平乃至他人的看法等可能都会改变，因为它们是彼此关联的。可以打个比方说明，行为的改变，就像往小溪里扔一块石片，会在周围激起片片涟漪。或许有人问，到底是一个人正在变化着的知觉或视角改变了人的行为呢？还是变化着的行为改变了人们的感觉和情绪呢？其实哪一个首先发生改变并不重要，关键是有些改变出现后，就会像投进小溪的石片会引起片片涟漪一样，影响其他方面的变化。这一章主要介绍一些能使人行为改变的一些方法和技巧。

示例

小刚在学校里被老师视为难管教的差学生，他经常与同学打架，也不太遵守课堂纪律，学习成绩很差，家长唉声叹气，怪自己运气不好，生了个逆胚。小刚也知道大家怎么看他，他心里想着反正破罐子破摔，爱怎么着就怎么着。一个偶然的机会，小刚参加了一个社交技巧培训小组。在小组里，老师指出，小刚他们打架也并不就是说小刚他们天生就是坏孩子，而是在与别人发生冲突时不懂得如何以合适的方式应对，其实合适的方法是可以学习的。小刚一想也对，自己从小看着爹妈一句不对就吵，爸爸还经常打他和妈妈，因此他不知道冲突发生时，除了拳头还能有什么方法来解决争论。在培训小组里，老师教小刚他们分辨出自己的一些让大人们批评的行为，分析冲突发生的情景，指出为什么原来的方法不对，学习新的行为的意义，并教授新的行为方法，还要求他们把学到的东西一点一点地运用到实际的生活中。

小刚本来是一个聪明的孩子，他把自己学到的一些新的行为运用在生活中，发现感觉真不错。老师看到小刚变了，开始表扬他，他还被同学评为学期进步最大的学生。也奇怪，他现在的学习成绩也好起来了，家长看了也高兴，爸爸也不太像以前那样打他了，而且老师还教他如何与爸爸沟通，他觉得老师讲的很管用。总之，小刚现在感觉好多了，原先想用在课堂上搞怪引起大家注意的想法也没有了，因为现在他觉得用这种方式不仅得不到什么好处，只能让大家更烦他，而且现在老师和同学对小刚也很尊重，他和老师、同学和家长的关系也变好了，他觉得生活开始有意思了。

第二节　问题解决技巧训练

每个人在日常生活中都会遇到这样那样的情景、事件和问题需要去应对。有效的应对需要各种各样的技巧，包括作决定、沟通、解决问题、处理冲突和管理压力等。越来越多的研究表明，这些应对技巧对一个人健全的心理健康和行为调适至关重要，无法有效应对问题情景常常会导致情绪和行为障碍，从而严重影响功能的发挥。

早在 20 世纪 70 年代初，一些专家（如 D'Zurilla & Goldfried 等）就倡导实务工作者必须强化案主解决问题的能力，他们认为，一般人所谓的不正常行为其实都是应对能力不足造成的。当事人由于不能应对生活中的挑战或问题，导致不希望的结果，如焦虑和抑郁等。

后来又有许多专家支持这些专家的看法，如斯碧凡克、普拉特和舒尔（Spivack，Platt & Shure）等研究发现，具有偏差行为的人在解决问题的技巧上不如一般的人，他们不是缺乏技巧，就是无法正确预估自己行为可能的结果，或者运用反社会的解决问题的方式。同样，有许多研究印证了问题解决技巧训练的效率，例如，接受问题解决技巧训练的案主后来比较能够应对冲突情景。所以，在过去的 30 年里，越来越多的实务工作者和研究者将重点放在促进案主应对能力提升的方法上。通过教导案主解决问题的技巧，协助其有效地解决问题，可提升案主未来解决问题的能力。教导案主解决问题和协助其理解环境中系统的本质，是增权的重要部分。一旦案主掌握了作出决定和解决问题的系统方法，案主将获得许多益处，例如，它将有助于案主与家庭或团体成员更和睦地相处；可预防因为草率作出决定或没有效率地解决问题而造成的人际冲突；可因有效解决造成压力的问题以减少紧张、焦虑和沮丧；如果儿童参与到解决问题的过程中，还可以预防儿童发展出失功能或无效的应对模式。如此，借由应对能力的提高，案主的自信心、自我效能和自我价值感也将得以提升。

现在，专家学者已开发出许多培训项目协助案主发展应对技巧。本章介绍三种常见的应对技巧，包括问题解决技巧、社交技巧和自我肯定技巧。

■问题解决技巧训练策略

为了让案主愿意学习问题解决技巧，并在此过程中以合作的态度彼此配合，工作者最好在初期便采取以下一些策略以增进案主的合作。

（一）在订立契约的初期就奠定良好的基础

工作者在与案主订立契约时，学习问题解决技巧是契约中重要的组成部分。工作者应该和案主发展出一种约定，即案主或所有的家庭成员都应一同参与作抉择，而且工作者应该教导案主如何作抉择。许多家庭或团体由于不当的互动模式和无效的抉择方式，使得部分或全体成员的需要无法满足，导致怨愤、不安和冲突。因此，在与案主初期的会谈中，工作者应该与案主协商有关学习运用有效问题解决技巧的目标。

示例 1

案主：我们（夫妻）俩的收入按理说也不错了，但对如何花钱在理念上有很大区别，他喜欢存钱，买衣服都是挑最便宜的，连吃个好一点的水果都认为是浪费，弄得我和孩子都挺生气的，为此我常常和他吵架。

工作者：听起来你们由于在如何花钱的观念上存在较大差异，使得原本收入不错的一家人为此而生气、吵架，影响家庭关系。我猜想你们会觉得有学习如何协商和解决两人分歧的需要。

示例 2

案主：我们宿舍常常为一些琐事闹得不快：要么今天该 A 值日她却像是忘了，然后，别人也常常借故不打扫；要么晚上 11 点了 B 还在哗啦哗啦洗衣服，搞得人心神不定；要么你想看书，C 却要看韩剧，好像永远没法和平共处！

工作者：依你的描述，你的室友各人只顾自己，不考虑他人感受，影响了和睦关系的建立。我想，你们若能学习如何和睦共处之道，则将既满足个人的需要又不影响他人的利益。

以上两个示例中的案主都表达出了无法合作而产生的困扰，当案主表现出这些苦恼时，工作者就可以指出学习合作解决技巧的必要性，并

适时引导案主商讨问题解决的目标，如工作者能以示例 1 和示例 2 的方式回应案主，则对方常常会有积极的反应。若案主透露出想要学习此技巧的想法，则工作者可借此机会提出请他考虑学习问题解决的技巧，并作为目标列入契约。如果案主没有考虑将之列入，工作者可再次指出他们的问题，告诉他们，发展有效的问题解决方法．不仅有助于解决现在的问题，甚至还可以应对未来的问题。

（二）证明学习解决问题技巧的需要

在上面的策略中已向案主解释关于共同学习问题解决之道的益处，而在这个策略里；工作者除了更详细地说明这些益处外，还通过观察案主那些导致紧张和冲突的不当互动过程，利用他们明显的挫折感指出这种破坏性互动的负面影响，特别提醒他们注意每个人是如何促成了这个不当互动的，再点出他们需要学习有效解决问题的方法，这时常常能刺激案主的动机，激发他们将学习问题解决技巧纳入他们的目标。

示例

【背景】　案主是一对夫妻，他们常常为如何资助双方家庭吵架。

工作者：看起来你们俩现在都在气头上，如果继续以这种方式对话，恐怕只会火上浇油，于事无补，我希望你们暂停一下，想一想你们之间到底是怎么回事？

阿慧：他（丈夫大明）眼里只有他们家，他们家的人是人，我们家的人不是人。逢年过节给了他们家钱还不算，平时还偷偷摸摸给他妹寄钱。

大明：你（妻子阿慧）这是什么话？我妈 35 岁就守寡带着我们兄妹两个，我妹妹为了我能继续上学，本来成绩很好的，都停了学，现在她孩子上学经济上有困难，我能不帮一把吗？

阿慧：你妈带你们不容易，我们都是石头缝里蹦出来的？哪个父母容易？我哥哥小时候很照顾我的，我也想报答，你给钱吗？

大明：你这不是硬要跟我作对吗？你娘家条件好一点，为什么就不能体谅一下我家？

阿慧：我体谅你，谁体谅我？这日子没法过了。

工作者：请等一等！看起来你们俩现在情绪都很激动，很难沟通。

我希望你们停下来，审视一下你们的分歧到底是什么，你们愿意吗？（两人默默地停了下来）

你们的分歧似乎是大家都觉得自己娘家人重要，彼此不服气，互相指责，结果，谁也不服谁，反而责怪对方，导致双方怒气冲天，我说的对不对？（两人承认）你们都想证明自己有理，实际上已经不可能有建设性的沟通了。

大明：您说的是有道理，您说我们该怎么办？

工作者：还好，有救。（幽默一下）

我希望你们能够考虑学习问题解决之道，包括：在一方讲话的时候倾听，试着了解对方的观点和感受，共同寻找双方都能够接受的解决方案，避免输赢的争论，更要尽量避免互相指责。这种方法的好处是谋求合作，避免冲突，最终达到问题的解决。

阿慈：听起来是不错，但有时太气人了，没有办法心平气和。

工作者：但如果你们想要心平气和，就必须学习问题解决的方法，否则，一直这样争吵能心平气和吗？

阿慧：这倒也是。

大明：我觉得工作者说得是有道理，我们是应该试试新的办法了，否则，再这样下去，这日子过得不舒心。

取得案主同意的承诺只是改变的第1步，但还不够，毕竟，要改变一种长期形成的互动模式并不容易，工作者要鼓励、支持案主持续地努力，下面的策略可以协助有改变动机的案主产生更多的合作行为。

（三）利用干预促成合作性互动

在这个策略中要运用两个战术：

(1) 工作者积极地介入处理消极、敌对的或具有破坏性的互动模式，工作者要打断这种失功能的互动模式，把消极、责备的信息转化或重新界定为需求或想改变现状的要求。

(2) 通过辨识建设性的模式，教导案主表达他们的需要，专注地倾听并给予正向的回馈，以促成合作的互动。这种合作互动使案主学习到一些新的行为模式并体验到它们的益处，而体验到这些益处后案主将获得一种成功和满足的方法，反过来又刺激新行为出现的频率。

示例

女儿（小倩）：（对父母）你们对我管得太紧，一点不给我自由，连电话都不让我接，烦死了。（不满和指责的信息）

母亲：如果你自觉一点，不与男同学通电话，我们也不会管你了，你以为我不累？你让我们伤透了心！（反击和不满的信息）

女儿：其实我本来也烦男同学的电话，但我看不惯你们那种小题大做、神经兮兮的样子，索性倒要在家里接（电话）给你们看看！（不满、反击）

母亲：我们怎么小题大做了？你才14岁，学习又那么紧张，男同学经常打电话来，没事找事，能不管吗？吃亏了还来得及吗？（自我辩解）

女儿：你们越管我就越要与他们来往！（坚持到底）

工作者：我要你们先停一下，仔细想一想，看看每个人的需要是什么，我希望你们每个人都能倾听一下他人的需要是什么，你可能不同意他人的看法，但我希望你们试着先去了解对方。小倩，听起来你似乎想要更多的个人空间和自由，是吗？（工作者将负面的信息转述为需要，并要求他们互相学会倾听或试着去了解对方）

女儿：是的，我不想连接个电话的自由都没有！

工作者：好，你能不能告诉你的爸爸妈妈，说说你希望他们怎样对待你？告诉他们你要他们怎么做，而不是集中在他们做错了什么。（让父母了解女儿的需要）

女儿：哼！说了也没有用，他们不会听的！

工作者：如果你想解决问题，你就要试试。告诉他们，你需要什么。

女儿：好吧，我说。（对父母）我希望你们对我尊重一点，信任一点，给我接电话的自由，不要一听到是男生就打听是谁。我觉得你们不信任我。

工作者（对父母）：她说希望你们信任、尊重她，你们过去知道她的这个要求吗？

母亲：知道，但是……

工作者：我希望大家先不要以“但是”沟通，现在重要的是了解彼此的需要。（对父母）现在你们说说自己的需要，你们希望看到什么样正面的改变？

母亲：我希望她不要与男生通电话或通信，因为我很担心。

工作者：你能否告诉小倩你担心什么？

母亲：我们就这么个宝贝女儿，希望她顺顺利利地成长，学业上进将来有所作为。看到有男生找她，我们自然担心她会受到不好的影响，怕她吃亏。

工作者（对女儿）：我希望你能听到妈妈的话，她所表达的是关心，不是不信任。

工作者要注意家庭成员间不良的互动，利用干预及时把负面的信息转化为正面的表达，将焦点集中在背后的善意上。同时，要求成员互相倾听，辨识各自的需要，并明确而直接地表达出来，以促进正向的互动与沟通。

（四）肯定合作的努力

这个策略的运用旨在增强案主自发的合作行为，增进他们对积极的行为改变和正向结果之间良性互动关系的觉知。尽管合作行为本身由于其积极的效果而容易产生自我增强的功能，但工作者如果能表达对这种合作行为的承认和赞赏，则会进一步强化这种行为。

此外，工作者应该协助案主察觉他们的合作行为和合意的结果之间的关联，进一步使他们作出合作互动的决定。

示例

工作者（对母女）：我很高兴地想就我刚才看到的情况与你们分享，记得刚开始见到你们的几次，你们俩似乎互相间很不满意，女儿一开口妈妈就气不打一处来，现在我看到女儿讲话时，妈妈很耐心地倾听，温和地点头，不清楚的地方还要求澄清，女儿脸上也有笑容了。

女儿：我发现妈妈变得知道尊重我了……

妈妈：也很奇怪，当我学着试图理解她真正想要说的是什么的时候，我发现原来女儿其实很懂事。

（五）把问题放到系统中去考虑

当案主暴露出问题时，重要他人很容易把问题归于案主一个人的过错，似乎自己与之毫无干系。这与系统理论的观点相悖，该理论认为成员的问题是系统的问题，其他人对之也有责任。而且，如果把问题看成是系统的问题，每个人都要负一定责任，假如每个人都参与到解决问题的过程，那么，解决起来可能更为有效。

示例

老师：这个学生上课不专心，还常常搞怪，破坏课堂纪律，真拿他没办法。

学生：老师对我有偏见，那次我发狠要考好英语，后来果然得了高分，老师却满脸怀疑，似乎我是作假得来的，你说我在他手下还能出头吗？

显然，所谓学生的问题，与老师的做法不无关系。工作者要鼓励和引导老师从系统的角度去看问题，同时，鼓励案主与其期望别人改变，不如先集中于自己行为的改变，因为这是自己可以控制的，这样或许可以引发对方的改变。例如，对那个学生，工作者一方面可以同理他的感受，承认老师做法的不妥，另一方面也应该鼓励他继续努力，再创好成绩，让老师看到他真的是进步了，也许以后对他的偏见可能少一些。

■问题解决过程中案主互动须遵守的行动指南

在教授案主问题解决的步骤前，为了减少互动中出现的问题，必须要求案主遵守下列行动指南：

（1）问题陈述要具体，表达要明确，以便让对方清楚问题的性质，避免不必要的混乱。如果案主表达不清，工作者要协助案主澄清或提供细节。这一点适合所有的行为改变方法中对问题行为描述的要求。

（2）把焦点集中在此时此地的问题，避免翻旧账。因为纠缠于旧账会妨碍互动，如果案主有回到过去的问题与情景的情况出现，工作者要及时把他拉回到焦点，集中于现在的问题。

（3）一次只针对一个问题。如果案主在一个问题还没有解决的情况下就跳到下一个，工作者应立即干预，提醒大家这种方式阻碍问题解决，削弱了解决问题的努力。

（4）成员在陈述自己的问题时，其他人必须保持倾听，这意味着暂停评判对方所表达的关心和感受是否正确。

此外还必须尽量避免表达反面观点，或者劝告对方应该怎么做以解决问题。为了确认自己真正理解对方所说，倾听者应该运用反馈来求得验证。总结自己所听到的是一个有效的反馈途径。这一点特别重要，因为一个人怎么回应分享的问题，决定了是否会发展出一个正向而合作的气氛还是出现防卫性心理。工作者可以指导案主如何倾听。如果听者回馈的信息是负面的，工作者必须随时干预，通过教导或角色扮演，要求说者和听者练习沟通与回馈，直到双方觉得信息已清楚地传达和接受。

（5）尽量以正面的建设性的方式分享问题。问题呈现的方式会影响听者对问题持关心、合作态度还是防卫心理，特别是当陈述的问题与参与者有关时，呈现的方式更具有影响力，“你一点也不关心我的感受。”“你从来没有注意过我工作是多么辛苦！”这种陈述容易引起对方防卫行为和反弹，应尽量避免。请比较以下陈述方式可能引起听者什么样的不同感受。

示例

正在谈对象的案主 1（对过度干涉他选择的母亲）：妈妈，我知道你很关心我，从小到大为我操了不少心，我真的很感激你。婚姻是终身大事，我自然要听听你们的意见，但日子是我要和她一天一天地过，我希望你们能尊重我的看法和感受，我想，你们也不希望我找一个我不喜欢的人吧？

正在谈对象的案主 2：妈妈，我从小到大你管得还不够吗？现在我都 25 岁啦，你能不能少说两句？到底是你找对象还是我找对象？

许多案主需要工作者的协助才能学会以不伤人的方式表达问题，所以，只要案主在会谈过程中用负面方式表达问题，工作者最好马上干预，以减少破坏性互动。工作者可以说明负面信息的负面影响，或者请

听者表达感受，然后进一步区分正面和负面信息传递方式的不同，再教以如何以建设性方式表达。

■问题解决的步骤

专家们已开发出了一个行之有效的问题解决六步法。为了使案主熟悉这些步骤并在未来能运用它们，工作者可以将这些步骤印成人手一份的小读物。在讨论这些步骤前，提醒案主，掌握这些技巧并不一定保证问题得到解决，因为影响问题的因素很复杂，但至少可以使获得解决的可能性大增。

（一）步骤1：承认问题的存在

人们常常不愿面对问题，直到问题严重到不得不承认为止。因为承认问题常常让自己很不舒服，有沮丧感。工作者此时应该让案主明白，目前的情况是可以解决或至少是可以减轻的，早处理比晚处理要好，若现在不去处理将来可能会恶化，以此引发案主改变的动机。

（二）步骤2：分析问题并辨认案主的需要

这一步的重点是正确地分析问题，评估案主的需要，而不是忙着寻找不成熟的解决方案。但当工作者协助案主分析问题的时候应该避免深究问题的根源（root cause），因为这样会导致无谓的猜测。工作者的重点应该放在找出导致案主困境的因素，并辨识案主的需要。为了正确地界定问题，案主必须学着遵守以下原则：

（1）指出问题行为并清楚地表达与之相关的感受。

（2）分析谁牵涉到问题中，受问题的哪一部分影响。

（3）具体指出与问题情景有关者的需要。

示例1

【背景】 中学生案主不喜欢他爸爸总是将他与楼下的中学生大平比成绩。

案主：我不喜欢你老拿我与楼下大平比（案主认为的问题行为），让我觉得很没面子（案主的感受）。我希望你看到我已尽力了，而且我也有我的优点（案主的需要）。

示例 2

【背景】妻子（案主）不满丈夫应酬太多而忽略了自己的感情需要。

案主：你的周末基本上都应酬去了（案主认为的问题行为），我很不高兴，感觉自己像是被遗忘了似的，在你心中还不如别人（案主的感觉），我希望你周末花点时间陪陪我（案主的需要）。

请注意上述示例中案主传递信息的方式，他们具体地陈述问题行为、行为发生的情景、对行为的情感反应、未满足的需要，焦点集中在现在、避免指责等字眼。

在会谈中，辨识需要时应该小心建构和积极介入，特别是在家庭会议中，因为案主常常会很快地从需要转为指责和批评。为了防止防御性的回应，工作者要帮助案主用“我……”式表达信息，必要时指导他们如何正确地表达情绪，辨认自己的需要。进而言之，针对听者，要引导他们多运用回馈，以确定自己是否已真正了解对方的讯息。建构此种过程的主要方式是协助案主辨识并尊重别人的需要，工作者可以根据以下行动步骤进行：

（1）向成员解释清楚：最有效的问题解决方案是那种最能满足每个有关成员需要的方案。

（2）向成员澄清：每个人的需要都是重要的，谁都不能被排除在问题解决过程之外。每个人都要轮流鉴定他们的需要，其他人则被要求专注地倾听以求了解对方，必要时可寻求澄清。

（3）要求一个志愿者记录下被辨识出来的需要，假如没有志愿者，工作者可以指定一个人或自己充当记录员。

（4）要求每个人轮流确定其个人的需要，当表达模糊或混乱时，鼓励开放讨论或要求澄清。确保所有人的需要都被正确无误地记录下来。

（三）步骤 3：运用头脑风暴找出可能的解决方案

为了获得一个完好的解决方案，案主需要考虑各种可能的选择。头脑风暴提供了一种在参与者中迅速地分享看法、提出许多可能的方案的机会。如果成员犹豫或不能提出许多想法，工作者就要给以一些额外的可能的方案。有效决策的目标不是要找到最完美的或令人满意的解决方法，而是从众多方案中找出最合适的即可。

为了最大限度地鼓励参与，重要的是参与者要营造一种开放、接纳的气氛，每个人的观点都是同等重要的，都应该得到尊重。无论一个人的看法似乎多么地不切实际或荒谬，都不应该批评或讽刺，否则会阻碍人们表达的意愿。为了推动随后的评估，最好要求记录者把每一个提案都列出来。

（四）步骤4：评估每一个选择，顾及参与者的需要

这是决策过程的核心步骤。如果参与者满意地完成前几个步骤，则会有一种合作的气氛存在。这一步的目标是衡量各个方案的优缺点，再去选择一个最能满足案主的最佳方案。评估方案时要避免无谓的争吵，尽可能寻求一致的决定。最佳的方案就是最能满足所有成员需要的方案，可以避免权力角逐，所以问题解决法也是一种没有输家的方法，因为所有成员的需要都被考虑到了。

为了协助案主完成决策，可以运用表格，在纵向格子上列出所有方案，然后在横向格子上列出所有成员的名字，名字下面的纵列上标出每个人对每一个方案的态度，以正号（＋）表示接受某方案，以负号（－）表示无法接受；或者以数字来表示，以“1”代表“完全无法满足我的需要”，以“10”代表“完全满足我的需要”。虽然这个方法不能使每个人的需要都被完全满足，但却能让每个人的需要得到平衡。表8-1中所示的问题是家庭成员每个人都想看自己喜欢的电视频道而造成的冲突。利用头脑风暴列出一些解决方案，由家庭成员以1～10分来回答满意度。

表8-1 家庭成员需要表

可能的解决方法	爸爸	妈妈	儿子
1. 买第二台电视	2	1	8
2. 减少看电视的娱乐或活动	5	6	5
3. 根据节目特点和个人兴趣，每周每人轮流有两天作主看自己喜欢的频道	6	6	8
4. 尽可能考虑其他的娱乐方式	3	2	7
5. 在每周六排出下一周时刻表，尽可能根据个人兴趣安排时间	6	8	7

由表8-1可以发现，第1提案和第4提案较不符合大家需要，所以将此两项取消，其他则为可实行的方案，予以保留。

（五）步骤5：实行所选择的方案

找出可行的方案后，工作者应该向案主解释下一步便是以热情和信心，全身心地投入到完成方案的过程中。强调这一点是很重要的，因为，有些人因拖延、怀疑很容易推迟行动，也有些人三心二意地去做，使成功解决问题的机会大打折扣。许多完美的方案最后成为泡影，不是因为计划不佳，而是由于犹豫不决、怀疑和害怕失败而没有被很好地执行。

（六）步骤6：评估结果

有效的问题解决方法不是在案主实行解决方案后就结束了。因为人性的弱点和生活的变幻，有时，一个方案即使精心选择并实施良好，最后还是不能达成合意的结果。所以，案主系统地监督他们自己所选的行动过程的效果是十分重要的。仔细而连贯的观察记录有助于他们作出全面而又客观的评价，并且，由此还可早早地知道方案是否按计划如期运转。一个合适的评估策略可以是坚持记日志（记录成员合意行为发生的频率），也可以是定期会议（大家分享关于方案如何运作的看法）。如果方案在实施一段时间后未能产生预期的结果，大家可以一起回顾整个过程，看看在哪一步发生了问题，重新再走过上述六个步骤，必能找出问题的症结，实施之后一样能产生预期的效果。[1]

第三节　社交技巧训练

■社交技巧培训的原因、原理和运用范围

社交技巧．作为一种成功与他人互动所必需的人际能力，对一个人的正常生活是必不可少的。社交技巧的不足与人生过程中许许多多的适应问题相关联。例如，在儿童和青少年时期，社交技巧不足与社会疏离、学业成绩欠佳和犯罪有关；在成年期，社交技巧不足与抑郁、社交焦虑和精神分裂症相关。社交技巧培训在美国已发展了20多年，广泛运用于各种预防和治疗项目。其预防项目是建立在这样一个简单的原则

---

[1] 参考：Dean H Hepworth，Ronald H Roonep，Jo Ann Larsen. Direct Social WorkPractice. 6th Edition. Pacific Grove，2002. 401－414.

上的，即案主能够从模仿和观察、学习他人的经验中获益。工作者可以运用各种示范程序，再配合其他诸如增强、促进和模塑等行为治疗方法协助案主掌握应对技巧，以减少日后产生适应障碍、不快乐和不能发展潜能等问题的可能性。而且，预防较之于治疗性项目所费要少得多。

许多研究已证明，在儿童和青少年时期，充分的社会化对良好的社会适应具有重要意义。那些被剥夺了正常社会化的孩子将无法学习到某些非常重要的社交技巧，而且有经历各种个人困难和人际困难的风险。有研究指出，形成同伴关系技巧对儿童的健康社会化十分重要。由于这些发现，社会工作者已经发展出预防性的社交技巧项目。

治疗项目中社交技巧培训的原理和方法与预防性项目一样。社交失功能普遍地与缺少社交技巧相关，而社交技巧对形成个人自尊以及满意的人际关系，有效地履行各种社会角色至关重要。社交技巧的局限引起的问题包括孤独和抑郁、婚姻失功能、亲子关系问题、家庭解体、就业问题、各种精神健康问题和其他困难。

社交技巧培训可运用于各个年龄段中有需要的人群。但相对而言，青少年和一些患有严重疾病者，如自向症、智力障碍和精神分裂症的患者，是主要服务人群，因为这些群体常常缺少社交技巧和其他应对技巧。那些显示出与同伴互动处于低水平状态的儿童是该训练的主要对象。这个训练对有攻击性和破坏性行为的儿童和青少年也有积极的效果。有研究表明，老年人也是运用这个技巧产生助益的人群。斯皮格勒和盖夫勒蒙（Michael D. Spiegler & David C. Guevremont）等介绍了对年龄在74～89岁之间生活在护理院的日益回避社交互动并报告说感觉孤独的女性运用社交技巧培训的成功例子。[1] 目前，预防性的社交技巧

---

[1] Michael D Spiegler & David C Guevremont. Contemporary Behavior Therapy. 3rd. Pacific Grove：Brooks/Cole Publishing Inc.，1998. 272.

该技巧是通过讨论、示范、角色扮演和回馈等方式，由工作者教以谈话技巧，每次1小时，约5～8次。工作者特别注意让妇女们参与到设计活动中：首先由每一个老人自己决定是否愿意接受社交技巧训练；然后，协助有兴趣者辨识她们的技巧不足和问题情景。这种工作者和案主的合作形式很有意义，因为对于老年人的治疗，人们常常不跟他们协商。工作者还教她们一般的行为原则，例如运用增强和消除等，这样她们可以更好地影响环境中的他人。每一个参与者证实她们的互动数量和质量都有很大的改善，而且在训练结束后，这种积极效果继续维持。我国已进入老龄化时代，这种能改善老人社交水平的技巧训练值得我们借鉴，因为社交水平的高低对老人的身心健康有重要影响。

训练已被一些中学采用，主要教导三种技巧：拒绝同伴压力，向毒品说不，维持友谊。治疗性社交技巧的训练随机构功能和案主问题的不同而各异，常见的有：亲职训练，自我肯定，倾听，发送清晰的信息，个性化地表达感情，提出要求，开始和维持对话，交友，管理愤怒，解决问题。而对于社交技巧不足的案主，技巧培训还包括：个人自理、使用交通工具、订餐、打电话和主动对谈等。

示例

【背景】 下面是老师们经常抱怨的班上一些所谓难管孩子的表现。

小明：他常常擅自在上课时讲话搞噱头，害得老师无法控制班级秩序。他的屁股坐不住，老师实在拿他没有办法。

小兵：他不能控制情绪，常常发怒，而且他一旦发疯，必定搞得其他孩子也疯起来。

小君：他太没安全感、太退缩了，我（指老师）担心别人嘲笑他、欺负他。

很显然，这些孩子在班级里不能得到一些控制和安慰，与同伴不能很好相处。这已影响了他们的日常生活，在社交技巧的框架内，如以上老师们眼中的孩子的问题行为，被视为缺乏合适的技巧。对于那些孩子，着眼点不在于如何以更严厉的手段去制止、消除其问题行为，而在于如何发展出一种回应这种困难的方法。社交技巧训练的目的是教孩子们一种新的应对其问题情景的方法。

■探讨什么是案主“做得合适的”

在协助案主学习新的行为和技巧前需要再一次提醒的是，工作者引出案主的力量、他小小的胜利、成功地适应策略和活动是非常重要的，无论这些优点是多么的不起眼都是如此。案主的过去和现在是不能分割的，工作者在强调他想协助案主改变的行为的同时，强调并承认什么是已对案主起作用的，什么是他喜欢的，什么是他想保留和扩展的，是很重要的策略，这样承认了案主已有的力量和他自己的喜好，有助于提升案主的自尊和学习新行为、新技巧的动力。默非等发现，在与案主的工作中，强调以下两点是很重要的：

（1）哪些是对案主有用的。

（2）它们是怎么出现的，认识到它们的出现不是由于什么魔法和命运，而是通过刻苦工作和毅力成功地与那些关心和帮助他们的人互动得来的。

同样，工作者也应该与案主探讨他们已经从过去的挣扎、应对和征服中学得的问题解决技巧。这些技巧可能有运用到目前情景中去的潜在价值。例如，鹃子说她从参加志愿活动中感到这样的活动可以减轻她的抑郁情绪，而且从其他志愿者身上学到一些他们的人际交往技巧。工作者肯定了她来自经验的发现，鼓励她在参加社交技巧训练的同时可继续参与一些志愿活动。

■辨识要改变的行为和要学习的新技巧

为了协助案主不同地去做（doing differently），工作者需要帮助案主辨识行为、关系和他们希望执行的任务或他们需要或希望学习的新技巧。默菲等认为遵守下列原则有助于促进这个过程：

（1）工作者协助案主尽可能地具体、特定地描述他们想有不同做法的事。正如前面已多次提到的，工作者和案主对想要获得的合意的目标和可能的策略越清楚就越有可能达成，因为它发展出了一种清晰的想象和隐喻，使工作者和案主知道将要出现的改变可能是什么样的。

（2）协助案主辨识所欲改变的行为发生的背景并鼓励他们检查什么时候、和谁、在什么情况下目标行为出现。意识到什么情况下出现目标行为，有助于工作者和案主考虑合适的干预。行为与其发生的背景从来都是相关的。

（3）协助案主辨识突发事件或引发连串反应的“扳机”或后果，因为这似乎开始了一个习惯的行为模式。例如，单亲妈妈阿丽听到孩子说想念爸爸或听到同事大谈丈夫时最有可能发脾气。有时这些“扳机”不容易发现，工作者需要耐心探询。

（4）工作者和案主一起辨识当前行为的结果：什么事情增强或鼓励了这个行为，什么事情遏止了这个行为（即案主行为改变的原因）。

（5）工作者和案主一起辨识所陈述的问题行为或行为后果的例外情

况。工作者可能会听到案主说“我总是……”“我从不……”，但工作者应该有礼貌地挑战这种说法，找出那代表案主力量的例外情况。[1]

示例

案主：是的，我对集体活动从来都是迟到的。

工作者：我记得你说过那次野营你很早就起床了，第一个赶到集合地了。

案主：咳，那是什么活动啊！你知道，我平时一直被老师骂没出息，可我腿脚比他们哪个都行，我就是要给他们看看，今天看我的！我那次一直遥遥领先，那真叫过瘾。

工作者：因为那次活动给你带来快乐、自豪，是吗？

案主：那当然……

技巧不足常常是案主问题得以维持的条件。为了实施一个技巧，案主必须做到四点：①知道做什么；②娴熟于那个技巧；③有充分的动机实施这个技巧；④知道什么时候是运用这个技巧的合适时机。一般来说，技巧不足是指如表 8－2 所示中四个成分中一个或多个方面的不足。

表 8－2　技巧不足的类型

不足方面	描述	例子
知识	案主不知道如何实施这个技巧	有攻击性和破坏性行为的青少年，不知道如何控制自己的冲动
熟练	案主因为实践不够，还不能运用这个技巧	长期被溺爱而较少自我控制的孩子，不知道如何与同伴合作
动机	案主没有足够的运用这个技巧的动力	护理院的住客无意用自我照顾这个技巧
鉴别力	案主不知道合适运用这个技巧的情形（时间和场合）	老师讲课时学生开始谈话

工作者在进行训练前先要协助案主辨析其技巧不足的类别，然后有针对性地选择所要训练的技巧和情景。例如，给予和接受回馈的技巧、

[1] Bianca Cody Murphy & Carolyn Dillon. Interviewing in Action—Relationship, Process. and Change. Second Edition. Pacific Grove：Brooks/ Cole，2003. 179－181.

交友技巧和抵制同伴压力技巧。其他可以选择教授的社交技巧项目还有不少，例如：协商、向他人提出要求、自我肯定、找工作、独立生活（运用社区资源）和练习愤怒控制等。

在广泛的社交技巧中，工作者根据案主的需要选择合适的技巧。以本节开头的背景资料为例，工作者可以选择抵制同伴压力技巧，然后，必须辨识出构成同伴压力的那些微观技巧。例如，抵制同伴压力的微观技巧包括：缓慢而镇静地说话，尽可能快速而又清楚地说“不”，继续拒绝压力，建议采取其他的行动或离开那种情景。

另一个需要考虑的重要方面是训练情景的设计。问题情景的设计要反映社交技巧实际所运用的现实情景，也就是说，要个性化地针对需要训练者实际运用的情景来设计问题情景。例如，针对上述背景，训练情景可以设计成围绕偷窃、说谎和吸毒等情景的压力。

■帮助案主改变所作所为的技术和步骤

社交技巧的训练是以一种相当直截了当、结构化的方式推进的。下面各个部分描述了主要的领导技巧和程序。一般的程序如图 8-1 所示，包括在案主自然环境或角色扮演情景中的行为观察。一旦认定这些问题是由于技巧缺乏而得以维持，并且评估了技巧缺乏的类型，就可以开始考虑技巧训练。当进一步的评估显示案主能够成功地运用相关技巧时，训练就可以结束。但如果条件允许，最好作跟踪评估和支持性训练。

（一）讨论社交技巧

首先，工作者必须与案主讨论社交技巧的使用话题，目的是指出学习这个技巧的理由并提供一个该技巧可以运用的例子。案主只有理解了学习这个技巧的理由，才更有学习的动机并将其运用于日常生活中。工作者可以用“为什么学会如何抵制同伴压力是很重要的呢?”“你能想出你运用过或以后能运用这个技巧的例子吗?”等问题来引发案主的参与和理解。

在讨论中，很重要的一点是要把技巧操作化，又称为部分化（partializing）。工作者可以把一个技巧分解成小的、更容易达成的可操作的几步，让案主很清楚地理解这些步骤是如何构成这个技巧整体运用的。例如，抵制同伴压力，工作者可以分成以下五步要求案主学习并记住：

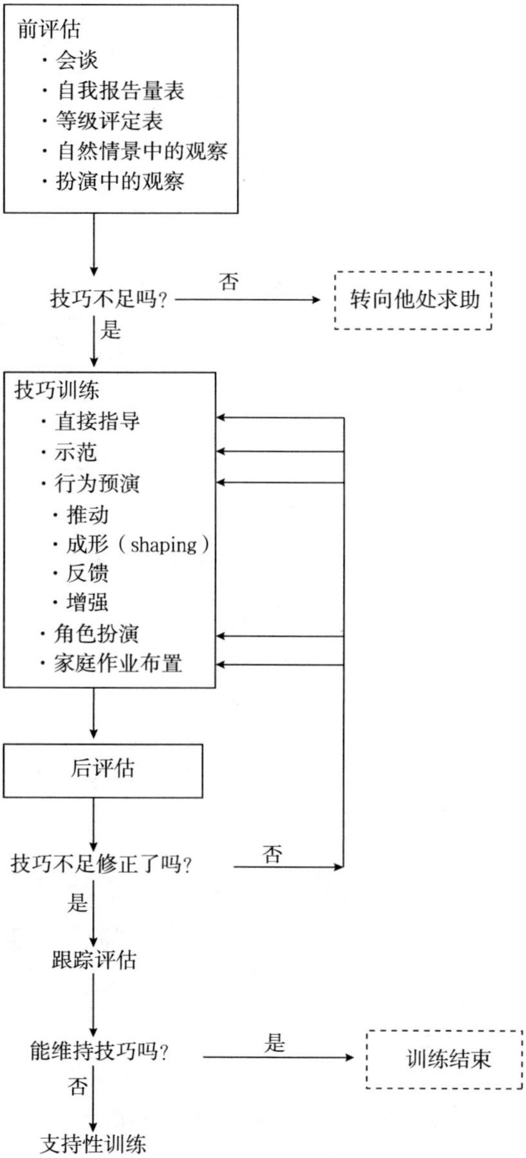

图 8－1　技巧训练流程图

资料来源：Michael D Spiegler & David C Guevremont. Contemporary Behavior Therapy. 3rd. Pacific Grove. Brooks/Cole Publishing Inc.，1998. 268.

(1) 很认真地用眼睛看人。

(2) 清晰、快速地说"不"。

(3) 假如还不断地得到这个压力，就继续说"不"。

(4) 换一个行动。

(5) 假如压力还在，就离开那里！

这些步骤为案主提供了一个很清楚地有效回应压力的概念。工作者要用案主理解的语言引导案主讨论每一步的意义。

示例

【背景】小晨是一个胆小的初中2年级学生，她因为胆小、羞怯、不合群，没有朋友，目前正接受社交技巧训练。

理想的行为	技巧的组成部分	技巧的细化部分
交上新朋友	改善自尊	正面的自我概念：谈论一些自己感觉良好的事情
	接近一个同学	练习眼睛接触；和同学作些寒暄
	出去接触团组	给人家临时看管一个孩子，陪孩子玩；让孩子的家长放心地出门2个小时

工作者通过和案主一起讨论把一个理想行为分解为几个组成部分，然后再把它们细分为达成理想行为的一些连续的小步骤，作为模塑的内容。

(二) 准备使用角色扮演

角色扮演是案主学习技巧的重要途径。角色扮演可以在工作者和单个的案主之间进行，也可以由工作者与整个家庭或部分家庭成员一起扮演，还可以把有类似需要的几个案主组成团体进行。工作者可以考虑用这样的提问来推动案主准备一个现实的角色扮演情景："这个（要扮演的）情景是什么?""它发生在什么地方?""谁在那里?"案主的参与和观察角色扮演是十分重要的，毕竟技巧的学习需要多练习和观察。因此，如何刺激案主参与是一个需要考虑的很重要的方面，需要工作者针对不同的案主精心策划。以上述情景为例，工作者可以发动案主参与讨论界定角色扮演中的人物特征，例如："这个人像什么？""我们应该给这个人什么样类型的性格？""这个人听起来、看起来像什么？"工作者通过这些问题鼓励案主参与，同时也可以给角色扮演者一些指导和任务，例如，要求扮演者注意语言和非语言的表达，要求其他人观察扮演者，注意他们是否遵守了所要求的技巧步骤，语言和非语言表达怎样等，并要求在事后作出反馈。通过这样一些技巧鼓励案主积极参与，更容易地获得技巧。在观察者作出反馈时，要及时地讨论如何合适地作出反馈。

（三）示范技巧

示范（modeling）是技巧训练中的主要部分，因为直接指导常常不足以传达实施复杂技巧时的微妙性。单独的提示和塑造也可能不够，因为案主需要看到所实施的行为。示范是建立在行为主义理论基础上的一种改变他人行为的方法。行为主义理论家班杜拉（Bandura）认为人类更有效、更普遍的学习方式是观察学习。让案主观察他人的做法可以使案主学习新的技巧、新的行为态度和价值观。假如人们觉得那个模特与他们相似或是一个他们喜欢或尊重的人物或著名人士，人们很可能去模仿这个模特的行为。商业广告的运作常常就是基于这个原理利用各种各样的有影响力的人去影响人们的行为。在社会工作中，工作者就扮演着这个模特的角色。这就要求工作者先要作出良好的示范，但在帮助案主改变不适当的行为或学习新的技巧的过程中，工作者不是唯一的示范新行为的模特。工作者也可以挑选一个自己认为能胜任示范工作的人担当此任的主角。此外，案主也可以通过加入有共同兴趣学习类似技巧的一个团体或工作坊去发现模特。书籍、电影和录像带等都可以帮助案主学习新行为或去实施新的行为。建议案主察觉辨识出这样的人：既能够提供特定的能够运用到理想改变步骤中的信息，又能提供一个行为改变的模特。例如，一个单身父亲可以从一本介绍他本人类似情况的书或录像中获得信息，了解其他的单亲父亲是如何管理家务并与孩子良好互动的。

在角色扮演前，工作者通过评论这些模特的技巧步骤来推动示范。在扮演时，扮演者对于所演角色要说的话再简要地温习一下，工作者在最后再对案主的表现作回顾评论。

社会工作者也应该鼓励案主在观察示范的同时，尝试对所观察的行为作些修正，使新行为更适合自己的风格，使其变成真正为自己“拥有的”，并且内化它们。

（四）角色扮演和技巧演练

伴随着角色扮演，案主应该准备用他们的回馈来作出回应。工作者最好先积极地引导出正向回馈，例如，工作者可以问案主：“主角做得好的地方是什么?”工作者还可以鼓励和要求主角作出自我评价，然后紧跟着一些谨慎的批评技巧：“这些技巧步骤理解了吗?”“哪一步还可以做得更好一点?”“你有什么不同的做法?”工作者应该建构这个反馈，使案主聚焦于学习这些不连贯的技巧步骤上。

然后，这些反馈被联合到其他的角色扮演中。下一次，主角要根据大家的反馈调整扮演。角色扮演不断继续，直到主角扮演完所有的步骤。对每一个步骤，工作者应该创造机会让每一个案主都有当主角的机会，这样所有的人都能熟练地学习到这个技巧。

（五）实践复杂的情景

当案主熟练地掌握了诸如给以和接受反馈、抵制压力等基本的技巧后，工作者可以不断地介绍复杂一些的情景，也可以要求案主带来一些他们自己的社交情景，让工作者或其他案主帮助处理对问题情景的新的回应方式。

（六）在真实情景中运用社交技巧，使之成为习惯

教授社交技巧的初衷是为了案主将来能在自然的环境中运用这些技巧。经过一段时间的训练，工作者应该鼓励案主在训练以外的时间里实践这些技巧。工作者可以给案主布置一些作业，要求他们运用某些技巧，同时要求他们用日志记录结果。日志很有用，工作者可以根据案主日志所记作出评论，以此强化案主实践技巧的动力。如果案主是学生，工作者要不断地与老师和家长沟通，了解并督察他们在实际的人际沟通中运用所学技巧的情况，这样，工作者还可以把收集来的资料结合到训练中，增进案主对技巧的理解和掌握。[1]

---

[1] Craig Winston LeCroy. Case Studies in Social Work Practice. 2nd Edition. PacificGrove: Brooks/Cole Publishing Company, 1999. 222－225.

工作者在帮助案主角色扮演、行为演练并鼓励案主把所学到的新行为和新技巧运用于实际情景中的过程中，应该善于利用增强物，强化案主的合适行为。行为理论家桑代克（Edward L. Thorndike）和斯金纳（Burhus F. Skinner）等断言，一个行为如果造成了有利的结果（对行为者的生存和安宁有好处），这个行为更有可能在将来类似的环境中被重复。增强物就是一个行为发生后出现的结果和事件，并增加了将来再发生类似行为的可能性。社会工作者应该善于运用行为知识去探讨案主当前的行为是如何被强化的，什么是他产生新行为的增强物。例如，小强喜欢在课堂上搞怪以吸引老师注意，尽管老师对他的行为严厉批评，但小强喜欢这种注意。所以，老师想要改变小强的不当行为就应当改变自己原来的反应方式，否则，他越严厉，小强可能越起劲。

对一个人合适的增强物不一定适合另外一个人，所以，工作者应该谨记：为了有效，增强物必须是案主所看重的，是由他们来确立的，当然，有些案主喜欢的增强物对个体没有好处，例如吸毒，因此，工作者也需要区分什么是合适的增强物。[1]

在帮助案主将所学运用于实际生活情景中时，请注意以下几点：

（1）针对未来一周很可能发生的情景进行讨论，再次取得案主运用新获得技巧的承诺。

（2）回顾所学技巧，针对可能发生的情景预做练习。

（3）预估可能出现的困难，教导案主做应对准备，以最充分的准备和自我效能来克服可能的困难。

（4）提供汇报交流机会，让成员讨论和分析参与者运用技巧的经验。工作者应该对成功予以肯定，热情提醒案主注意促成成功的具体行为和认知。这种聚焦吸引案主注意他们对所学之目标内容的驾驭，进一步强化他们的自我效能。

（5）针对失败之处，提供复习和强化技巧的机会。

当然，并非所有的参与者都报告成功，甚至那些成功者也会在某些方面存在不足。因此，汇报交流会提供了强化和改进的机会。

---

[1] 关于如何运用增强物及行为改变的原理和方法，请详见：R G Miltenberger. 行为矫正的原理与方法．胡佩诚等译．北京：中国轻工业出版社，2000 年.

示例

小宇是一个14岁的女孩，她没有同龄朋友，很少与同班同学来往，她主要跟比她小四五岁的孩子来往。她甚至很难与她的同辈进行简单的谈话。针对她的训练确定为每周2次，每次20～30分钟。训练集中在四个谈话技巧上：①提合适的问题；②作出正面的或承认性的评论；③保持适当的眼睛接触；④举止热忱、友好。

对于每一个要学习的技巧，工作者都要提供学习的原理，并示范每一个行为的各个部分；然后，小宇和工作者一起预演每一个技巧。在证实熟练了每一个与工作者的谈话技巧后，小宇就与同辈男女两性中的“谈话伙伴”进行“实战”练习。每个10分钟的谈话始于工作者提示小宇运用谈话技巧，终于工作者对小宇运用每一个目标技巧作出反馈。小宇还有家庭作业，她要在家里和学校实践与他人的新的谈话技巧。

第四节　自我肯定训练

■自我肯定的概念和不同类型

自我肯定（assertive），有的学者（如林孟平）称之为“敢于自表”，意指以坚定、自信的语气表达自己。许多人际关系中的问题或困扰都与当事人不能自我肯定有关。这个训练关注的问题主要是减低焦虑和训练社交技能。训练的目的，从信念上看，是要促进案主的自我尊严和自我尊重；从行为角度看，是要令案主可以畅快表达自己，可以自由作决定，可以与人建立亲密的人际关系，可以享受个人的权益和保护自己。可以说，自我肯定可以改善个人的沟通，而这反过来有助于建立自信。❶

自我肯定的定义很多，但区别不是很明显。本书将这些定义加以整合，提出我们的理解。它指在一个人际情景中，个体在不侵犯他人权利或伤害他人尊严的情况下，能够直截了当地表达自己的意见、感受、需

---

❶ 转引自：林孟平．辅导与心理治疗．香港：商务印书馆，1997.123.

求和好恶的行为。听起来，这在如今这样一个开始崇尚自我和个性的时代，似乎是一件简单的事。但事实上，对许多人来讲，合适的自我肯定难以掌握。人们在自我肯定行为方面的不足非常普遍，请设想以下情景：你听说某天有你最崇拜的偶像明星要来本市，某主办单位宣称排队前 20 名的人可以以半价获得入场券，你比预定时间提前 3 个小时到达排队处，但已有十几个影迷候在那边。在马上要轮到你但不知还剩有多少入场券时，一个头发染得花花绿绿的青年大摇大摆地往你前面一站，招呼也不打一个，你当时是什么想法和感受？你可能觉得这家伙像是个刺头，还是忍一忍为妙，免得节外生枝，好汉不吃眼前亏，但心里却是有点不舒服。你也可能觉得他太不像话了，应该据理力争："对不起，我站在这儿已经 3 个小时了，请你往后面站。"你也可能气不打一处来，破口大骂："浑小子，吃了豹子胆了，你知道本人是几点来的吗？"以上"你"的几种不同表现反映了在一个特定的需要自我肯定的情景中个体的不同行为反应模式。为了准备案主的训练，区分自我肯定和攻击性反应及缺乏自我肯定的反应模式是很重要的。表 8－3 所示为三者间的不同。

表 8－3 同一情景中的不同反应

情景	自我肯定的反应	攻击性反应	缺乏自我肯定的反应
你不会喝酒，在一个晚会上有人请你喝	"不，谢谢。我有痛风，不能喝酒。"	"不！我不想喝酒，快拿走。"	"呃……谢谢，不过我猜它不会伤害我吧。"
你去找老师帮助你处理作业中的难题，老师说忙，没有时间	"我知道您忙，但这个作业马上要交，我不想拖拉。您是否今天或明早还有几分钟空呢？"	"我还不理解，你怎么指望我做这个作业？你不帮忙就别指望我交。"	"呃……好吧，那我就自己再想想吧。"
你正要出去办个急事，不想迟到。一个朋友拦住你，要你陪她逛街	"对不起。我要出去办事，假如下午你还需要，请告诉我。"	"你开什么玩笑！我正要去办事，你这不是添乱吗？"	"好啊，我正要去办事，不过，我先陪你吧。"

从表8-3可以看出，在自我肯定的情景中，当事人能够合适地表达自己内心的想法和感受，不卑不亢，既维护了自己的权利，也没有冒犯对方；在攻击性情景中，虽然当事人也维护了自己的权利，但在方式上表现欠妥，甚至冒犯了他人；在缺乏自我肯定的情景中，当事人似乎过分礼貌、谦让，不敢表达内心真实的感受、想法，或者表达的方式不够肯定，害怕别人生气，宁愿委屈自己，从中透露出的信息是：他人的需要、意见和感受比自己的重要，这常常导致他人的轻忽，而事后又觉得自己窝囊，影响一个人的自尊和自信。

常常有后两种情景反应的人很可能发生人际关系的困扰。兰格和雅库博夫斯基等（Lange & Jakubowski）将“攻击”定义为：“以一种侵犯他人权利的方式，直接地维护个人权利，表达自己的想法、感受和信念。”以这种方式行事的人寻求支配他人，忽视他人的需要和感受，由于他人厌倦他们粗鄙而贬低身份的回应风格，他们常常因此而失去一些重要的关系。

缺乏自我肯定的人常常被他人忽视。因为不能在许多情景中有效地表达自己，他们常常觉得不被欣赏，或被他人剥削，内心不免郁闷。还有一些游离于攻击性和缺乏自我肯定或者被动行为之间的人，不能与他人发展出一种有效而舒服的人际关系。这些困难导致促成人际情景中的低自尊、抑郁或明显的焦虑等问题，因此发展合适的自我肯定是很重要的。自我肯定的形式可以分为以下几种，如表8-4所示。

表8-4　五种相对性质不同的自我肯定形式

自我肯定行为类型	例　　子
要求你该得的	当你的考卷上老师少给分数时，你要求老师改正分数
坚持你的权利	当他人插队排到你前面时，你提出反对的理由
拒绝不合理要求	当一个朋友问你借一笔超出你能力的钱时说“不”
表达观点和感情（甚至在不受欢迎或反对的情况下）	在一个自由派小组会上说出你的保守看法
表达愿望和要求	告诉你恋爱中的另一半，你喜欢什么，不喜欢什么

需要指出的是，在大多数情况下，自我肯定行为是针对特定情景的

(situation - specific)，它有以下三层含义：

(1) 不能以自我肯定或缺乏自我肯定来表示某人的性格，但可以说某人的行为在一个特别的情景中是自我肯定的或缺乏自我肯定的。

(2) 训练某一方面的自我肯定行为，可能不表示他在其他方面就能自我肯定。

(3) 无论如何被某个特定情景中的自我肯定行为的结果证明对某人自己或他人合适，自我肯定行为并不总是合适的或适应的。例如，假如一个服务员多收了你几块钱，你能够作出自我肯定行为，维护自己权利，但如果你要匆匆赶路，你可能决定放弃交涉。这算起来是缺乏自我肯定，但在那种情景下它是合适的反应。[1]

■自我肯定与认知障碍

对案主来说，发展自我肯定不是易事。有时案主有心想自我肯定，但因为紧张和情绪干扰导致不知所措，言行失当，最后无法表达心意。其实，这种紧张和情绪干扰可能根植于案主错误的信念或认知模式，影响之深远，案主常常不自知。工作者可以协助案主辨识这些非理性的信念，加以导正，为自我肯定奠定基础。阻碍自我肯定的常见错误观念包括以下方面：

(1) 相信自己对他人的责任和义务，胜过自己的需要和权利。

(2) 过度想取悦他人或给他人留下良好的印象。

(3) 过度惧怕自我肯定可能带来的负面结果。

本书上一章介绍的获得新认知和新视角的一些方法和本章的一些技巧训练有助于自我肯定的改善。

■评估自我肯定行为的不足

在选择最合适的干预方法中，辨识技巧不足的类型是十分关键的一步。对案主自我肯定行为的不足进行评估是必要的。专家们已发展出多种评估方法，包括会谈、直接的自我报告量表、角色扮演、自我监督和

---

[1] Michael D Spiegler & David C Guevremont. Contemporary Behavior Therapy. 3rd. Pacific Grove：Brooks/Cole Publishing Inc.，1998. 268.

系统的自然观察。但总的来讲人们偏向于采用多元方法，以下介绍两种比较方便的评估方法：

（1）自我报告量表，即要求案主回答一系列问题，根据回应来推测案主自我肯定程度。

示例

0＝从不；1＝偶尔；2＝有时；3＝经常；4＝总是

（1）有人对我不公平时，我就大声说出来，引起人们的注意。

（2）很容易地作出决定。

（3）有人在我前面插队时，我就大声地说出来。

（4）一个推销员试图向我推销我不想要或不需要的东西时，我就对他说，我不感兴趣。

（5）在小组里会明确而坦率地说出想法。

（6）向他人表达正面的感情。

（7）向他人表达负面的感情。

（8）如我在餐馆里订餐没有得到恰当的服务，我要求纠正。

（9）假如有人向我借了东西（如钱或书）又未及时归还，我会对这个人说。

（10）发现东西质量有问题的，会找商家理论。

（11）拒绝对我的不合理要求。

（12）赞美和表扬别人。

（13）如有人打扰我，我会对他说点什么。

（14）我没有得到我该得到的服务时，我会提出要求。

对这个表的反应使人意识到自己是如何应对不同的需要自我肯定的情景的。每一条的等级分越高，表示你在某个所描述的特定情景中的自我肯定越果断。但要注意，把分数加起来得到一个总分的做法是不合适的，因为前面讲过，自我肯定与特定情景有关。

（2）行为观察。完整的对自我肯定行为不足的评估常常需要行为观察。假如可行，系统的自然观察是在案主有难以自我肯定的情景中作出的。模拟性的观察（simulated observations）更典型，因为比较容易安排。通常，模拟性的观察是针对案主对要求有自我肯定行为的假设情景进行角色扮演时的回应的观察。在观察中应该特别注意案主的非语言表达。表 8－5 所示反映了三种不同的自我肯定方式在非语言方面的表现。

表 8－5　自我肯定和其他不同的反应

观察类别	自我肯定	攻击性	缺乏自我肯定
眼睛接触	说话时看着对方	说话时瞪眼看	对方说话时回避目光
脸部表情	放松、温和	恶狠狠	胆怯或无表情
姿态	放松	过度或过分热情	紧张、焦虑的姿态
身体姿势	挺直，距离适中，微微前倾	挺直，离对方要么太近要么太远	耷拉着脑袋，离对方有点远
声音品质	肯定（自信地）而又合适的声音，适当的表达	咄咄逼人，喊叫辩解	低声，单调，道歉性的

资料来源：Michael D Spiegler & David C Guevremont. Contemporary Behavio: Therapy. 3rd. Pacific Grove: Brooks/Cole Publishing Inc.，1998. 280～282.

■自我肯定训练

自我肯定训练是用于教导案主如何以及何时肯定地表现行为的一种社交技巧训练。示范尤其有价值，因为其中的风格上的成分很难通过口头说得清楚（例如，“合适的音调和表达显示自信”这样的教导还是无法让案主明白什么是合适的音调和表达）。

家庭作业按照惯例用于自我肯定训练。一开始只是一些相对来讲对案主没有什么威胁的简单互动，例如，向售货员提个简单的要求。随着案主越来越熟练，越来越有信心，互动慢慢变得有挑战性，例如要求老板放一天假等。

在训练期间和家庭作业中，对案主的表现作出回馈是训练很重要的方面。工作者要增强案主的肯定行为，而不是着眼于获得合意的结果。

阿尔伯特和艾蒙斯把自我肯定训练具体化为以下13个步骤：[1]

(1) 帮助案主检查他自己的行为。他在一个要求自我肯定的情景中是怎么做的？在他的大多数情景中，他是属于自我肯定、缺乏自我肯定和攻击性行为三种情形中的哪一种？

(2) 要求案主记下那些他感觉缺少自我肯定的情景。他要怎么做才能比较有效地自我肯定或较少攻击性？

(3) 帮助案主选择并集中一些他感觉自己能够比较肯定的情景，鼓励他想象具体的细节。他确切地说了些什么？他感觉怎样？

(4) 帮助案主分析他是怎样反应的。严密地检查他的语言行为与非语言行为。阿尔伯特和艾蒙斯举出下面在训练期间对监督很重要的7个行为方面：

1) 眼睛接触：案主是看着人还是看地板？感觉不舒服时他发现自己避开眼睛接触吗？

2) 身体姿势：他是站直了还是无精打采？他是胆怯地想跟对方离得远一点吗？他是昂着头用眼睛看着对方吗？

3) 姿势：他的手势适合那种情景吗？他感觉自在吗？他有没有不时地跺脚、搓手？

4) 脸部表情：他表情严肃吗？他是微笑呢还是令人不舒服的咯咯傻笑，借此给人以他并非严肃之人的印象？

5) 音调、音调变化和响度：他用正常的音调说话吗？他胆怯地低声说话吗？当他强调什么时，声音提高一些了吗？听起来他是否有抱怨？

6) 时间：自我肯定反应行为最好马上发生在一个评论或事件之后，这是值得考虑的。

7) 案主说了什么是很重要的吗？他仔细选择用词了吗？他的反应具有他所想要的影响吗？

(5) 帮助案主辨识出角色模特。检验那个人是如何应对一个要求自我肯定的情景的。那个模特用了什么特别有效的词？他非语言的什么方

---

[1] Kirst－Ashman & Karen Kay. Understanding Generalist Practice. Chicago：Nelson－Hall，1993. 436－438.

面让人明白他的话？

(6) 协助案主辨识出一些缺少自我肯定的情景的其他新的反应（responses）。将来，他会用什么词？什么样的非语言行为可能比较有效？

(7) 要求案主想象他自己在已认定的问题情景中的样子。让他闭上眼睛，集中注意力，一步一步地，教他想象他能够更自我肯定地应对的情景。

(8) 帮助案主练习他觉得已经能比较自我肯定的方法，要求他以一个自己尚未解决问题的真实情景作为目标。例如，与案主一起生活的那个人总是留下一屋的脏袜子就出去了，或喝光了可乐也不告诉他冰箱里已经空了。工作者可以帮助案主通过角色扮演来回应这种情景。角色扮演为案主应对真实情景提供了有效的预先练习机制。

(9) 再次回顾案主的新的应对机制，帮助他强调自己的强项，同时修正不足。

(10) 继续练习 (7)、(8)、(9) 步，直到案主对新发展的自我肯定方法感到舒服和自然为止。

(11) 指导案主在真实情景中使用新的自我肯定方法。

(12) 鼓励案主继续扩展他的自我肯定能力，最终达到把这种行为变成他个人互动风格的一部分。他可以回顾他早期的步骤，并把它们运用于日益扩展的问题情景中。

(13) 在案主变得更自我肯定时予以增强。改变一种长期形成的行为模式绝非易事，鼓励他把焦点集中于他体验到成功后的一些美好的感觉上。

以上所介绍的一些方法和技巧，虽然为了说明的方便分别介绍，但实际上许多原理、方法和技巧是共通的。例如第二节社交技巧训练中提到的首先辨识案主已有的“做得合适”的行为，这实际上是“力量取向”的一种思路，适合于整个社会工作过程；再如，增强物的运用也同样可以运用于其他案主改变的实践中。

第九章　危机干预

危机理论源于20世纪40年代林德曼（Lindemann）和卡普兰（Caplan）的著作，后在70年代很快被帕瑞德（Howard Parad）发展为社会工作干预模式。这是最早认识到环境中的压力对失功能行为有重要影响的理论之一。危机理论认为当遭遇情景性的或危险的生活事件时，个人经历着情感失衡。这种不平衡与病态不是一回事，而是任何人都可能碰到的正常的生活事件。个人在试图重新获得恒定状态时，会暂时性地处于一种脆弱状态，而这又使他比较容易接受干预。危机干预的主要目标是使案主回复到危机前的功能水平。

第一节　危机的基本概念、种类和特征

■危机的基本概念

卡普兰在1964年对危机的定义是：它打乱了案主原有的稳定状态（平衡状态），并使重要的生活目标和最重要的需求无法满足，个人或家庭无法以平常使用的解决方法来克服它。[1] 到了1997年，吉利兰德和詹姆斯（Burl Gilliland & Richzrd James）对危机的定义是：把一个事件或情景看作是一种不能忍受的困难，超出了个人的资源和应对机制所能应对的范围。遭受危机的人除非得到援助，否则，就有可能导致严重的情感、认知和行为的失功能。[2] 卡普兰的定义突出了危机的破坏性、影响及个人或家庭原有应对策略失效等特点，吉利兰德和詹姆斯的定义与卡普兰定义的最大不同在于强调了危机是当事人对事件的看法和感受，

---

[1] Dean H Hepworth，Ronald H Roonep，Jo Ann Larsen. Direct Social Work Practice. 6th Edition. Pacific Grove，2002. 383.

[2] Nancy Boyd Webb. Play Therapy With Children in Crisis—Individual，Group，and Family Treatment. 2nd Edition. New York：The Guildford Press，1999. 4.

而不是事件本身，正确地道出了一个事件或情景对每个个体独特而又根本的意义，更符合危机的实质。有一点应该了解：在危机情景中，每个人的知觉和应对能力差异很大，对某个人和家庭很严重且无法克服的危机对其他人可能是可以应付的。虽然如此，大家还是公认天灾、心爱的人去世、失能、威胁生命的疾病、强暴等经历通常会使人陷入危机状态中。参考上述定义，我们认为：危机是由案主认为危险（或威胁）的突发性或触发性事件引起的一种混乱状态，它打破了案主原有的平衡世界，使其生活失去方向，基本的需求无法得到满足，而原有的应对机制又失灵或不足以应付威胁，从而可能导致案主严重的情感、认知和行为的失功能。

■危机的种类

根据危机的不同诱因，可以把危机分为以下四类。

（一）过渡性或发展性危机

艾里克森指出，个体正常的成长和生命周期的发展性事件可能产生适应新的人和新的挑战的发展性危机。发展性转换包括：孩子出生，结婚，离婚，上学，变换环境（搬家、转学、离家就学等），毕业就职，退休，生慢性疾病，衰老，家人死亡等——这些是每个人都可能遇到的事件，所以比较常见而且普遍存在。需要注意的是，不同的文化有不同的发展性转换，并可能具有不同的意义。

（二）情景性危机

情景性危机是由于意外事件而突然出现的危机，例如火灾、暴力行为、诊断出疾病或个人感觉安全的系统突然发生了变化等。此外，诸如贫穷和种族主义等因素可以置人于一些特定情景事件的危险中，例如，在贫困的内城街区生活，可能置人于暴力和健康危害的高危险之中。

（三）环境危机

环境危机是指影响共享一个共同的居住环境的群体的危机，它们可能由于自然灾害（即风暴、龙卷风、洪水、台风、地震或火山爆发等）或人为灾害（即油泄漏、有毒垃圾的倾倒或核事故等）而产生。詹姆斯等认为，环境危机还应该包括：基于生理上的灾害（疾病、流行病），基于政治的灾害（战争、难民危机、种族清洗），基于经济上的灾害

(严重的经济不景气、工厂倒闭)——这种界定扩大了人们对环境危机的认识。

(四)混合危机

林德曼和帕瑞德等许多人提到,一个危机常常来自以前的危机,波因德克斯特(Cynthir Poindexter)把这种现象称为“混合危机”,而詹姆斯等则称之为转危机状态(transcriss state)。例如,一个5岁丧母的人,在60岁时因她姐姐去世而重新经历危机,林德曼称之为“延迟的悲伤反应”,即新近经历丧亲的人可能突然体验到早年丧亲的悲哀。

■危机的特征

危机是一种独特的状态,了解它的特征有助于工作者进一步认识它并利用这些特征进行更好的干预。它有以下一些主要特征:

(1)有一个突发性的或触发性的事件。如危机分类所示,有各种各样的事件可以引起危机。但这一事件并不一定很大,诚如“打断骆驼背的最后一根稻草”这一短语所昭示的,压力积聚到一定程度后,即使再添加一点点的压力都可能导致崩溃。因此,有时一个突发性事件并不比以前遇到的事更严重,但却足以使人在身体、情绪或心理上被压倒。例如,李女士甚至在接连经历母亲去世和丈夫出车祸的打击之下仍能挺住,但是,就像那根最后打断了骆驼背的稻草那样,当她家客厅里的灯坏了,再没有丈夫来修理的时候,她突然如遇火山爆发一般陷入一种无法抗拒的巨大痛苦之中而不能自拔。

(2)案主视这个事件为一种危险、丧失或威胁。帕瑞德指出,这个导致危机的事件必须被看作是一个威胁。关键不是事情本身,而是案主归因于这事件的意义以及它对未来的预期的影响。

文化也影响人们对事件的理解和意义构建。例如,一个相信亲人的突然死亡是上帝在召唤的人,可能比那些无法理解为什么偏偏是他的亲人死去的人恢复得更快。

(3)原有的应对办法不起作用。应对机制是指那些人们用于克服、减少或调节压力的方法。在危机中,人们常常用通常的应对方法,但不起作用。

(4)案主感觉“泰山压顶”、焦虑、没有方向或不确定。当面临危机时，人们一下子被甩到一种不平衡状态，感觉自己垮了，感到焦虑，迷失方向或不确定。混乱的反应体现在以下一些陈述上，例如："我都到了神经崩溃的边缘了。""我的世界倒过来了。""我什么感觉也没有。""为什么是我？"

（5）危机本身具有的去稳定性（destabilization）状态提供了一个在更高或更低功能水平上重获稳定的机会。诚如中文"危机"一词本身所包含的意义：危险和机遇同在。无独有偶，英文中危机的希腊词根意为"作决定"，即在一个可能变好也可能变坏的决定性的转变中，事物进程中的某些状态到了关键性的转折点，其意思与我们汉语里的看法可谓异曲同工。危机理论总体上对人成长和适应的能力持积极的取向，认为危机干预为人们提供了一个最终减少负面的结果或减少在以后的生活中适应不良的危险的机会。

（6）危机期间有一面机会之窗打开。人在遇到危机的时候，感觉特别脆弱，这时可能对成长和发展持比较开放的态度，特别容易接受协助。危机理论家提醒，在危机发生的大约8周时间里，人们常常会寻找一些降低或消除压力或紧张的方法，过了那个时候，帮助的效果就比较小。[1] 这个理论提醒社会工作者，应该抓住危机干预的最佳时机，及时提供有效的干预，及早协助案主恢复平衡状态。

第二节　危机干预

危机干预与个案社会工作的其他干预有许多共同点。它也需要沟通过程中的专注和倾听、支持和同感、建立良好的专业关系、评估和协议等在一般个案社会工作中运用的方法和技巧，以协助案主获得新的视角、改变不合适的态度和行为。但由于危机的特点，危机干预在干预的速度和时间、焦点及会谈等方面还是有些独特之处。本书这一节中将讨论危机干预的特点和干预的过程，显示危机干预和一般干预的相同和不同之处。

---

[1] Bianca Cody Murphy & Carolyn Dillon. Interviewing in Action—Relationship, Process, and Change. 2nd Edition. Pacific Grove：Brooks/ Cole，2003. 198 - 202.

■危机干预的特征

正如危机的特点所示，危机干预需要快速反应和密集性处遇的策略。这个性质使它有一些独特性，主要体现在以下几个方面：

（1）危机干预是即时的。工作者应该知道，如果不及时提供帮助，案主在巨大的压力下可能会恶化他们的情景，做出一些不适当而有害于自己的行为，例如，由于不正确的信息而有冲动行为，向他人发泄情感，利用药物麻木自己或表达自己的情感，无望地疏离等。因此，危机干预要求工作者和案主互相快速而灵活地走近，以充分利用危机常常所能提供的成长和学习的机会。

（2）危机干预是短暂的（brief）。危机干预包括快速评估和有时间限制的服务提供，以支持应对和恢复危机前的关系及活动。短暂干预动员、增进和聚焦于案主的力量，以减少案主在压力下变得焦虑、抑郁和无助的状况。工作者辨识出关键的需要和活动进行短期干预。评估中辨识出来的长期需要和问题常常先搁置一边，假如案主愿意，在即时的干预结束后再做进一步复杂的工作。危机理论家认为，大多数危机只维持4～8周的时间，但一些实务工作者，例如艾尔（Ell），指出危机状态的持续时间因个体不同而差异很大，影响危机状态持续时间的因素包括压力或伤害的大小、个人的认知、应对能力及支持系统的强弱。例如，有的癌症手术患者可能需要4～5年的调适时间，而遭虐待或强奸的幸存者常常需要6个月到几年的时间来恢复。[1]

（3）危机干预有特定的焦点，聚焦于此时此地的危机。危机干预较之于其他的直接干预常常能够提供更多的结构。一旦双方协议达成，工作焦点立即集中在引出一个清晰的、有组织的关于突发事件的描述，讨论案主相关的解释和反应，计划行动以满足案主急切需要的具体资源，例如住所、衣物和食物等，并考虑未来几天和几周内下一步要采取的行动。虽然经由干预，案主可能会提高个人功能或改善社会支持系统，危机干预的目标也仅限于减缓压力，恢复危机前的平衡，而不尝试去处理

---

[1] Lambert Maguire. Clinical Social Work. Pacific Grove：Brooks/Cole，2002. 279；Dean H Hepworth，Ronald H Roonep，Jo Ann Larsen. Direct Social Work Practice. 6th Edition. Pacific Grove，2002. 383.

案主在危机前的不良功能或个人内在冲突。

（4）危机干预要求更频繁的会面和不同的会面时段。初期的会面相对频繁而又时间较长，以帮助案主安静下来，组织思考，减缓压力，比较快地解决与危机相关的问题。待危机减弱后，常常减少会面的时间和次数，同时继续给以一定支持。

（5）危机干预可能需要工作者比通常更频繁地活动。工作者常常要比他们以往的干预更多地给以案主鼓舞、指导、组织和劝告。工作者可能要陪伴案主去集会、申诉以提供支持，也可能代表目前太不稳定而不能表达的案主去采取行动。

■危机干预过程

危机干预理论假定，人对危机的典型反应可分为几个不同的阶段，学者们的观点不尽相同，有分为三个阶段的，也有分为四个阶段的。本书采用赫泼沃斯等人的观点，认为人对危机的反应可分为三个阶段。第一阶段，案主刚产生紧张并伴随惊吓，在这个阶段里，人们可能否认有危机或不相信已经发生了危机。为了降低紧张情绪，人们以其平常惯用的处理紧急问题的技巧来应对，当这些技巧不能减轻问题时，更高的紧张感随即出现，此时进入第二阶段，其特征是严重的紧张情绪让人感觉混乱、崩溃、无助、愤怒或深切的抑郁感。这一阶段维持时间的长短完全取决于危机事件的本质、个人的应对能力和社会支持系统的强弱。当人们从第二阶段进入第三阶段时，他们会运用许多应对策略，其结果则取决于这些策略的效果。如果有效，则慢慢恢复平衡；如果没有效果，则紧张的情绪可能继续扩大，使人心理崩溃，最严重的情形是导致自杀或其他自我伤害。工作者的干预就建立在对危机的特征和处于危机中的人们的典型反应的了解基础上的。

（一）开始阶段

开始阶段中，工作者的主要目标是：①缓解案主精神上的压力；②完成评估；③制定契约和干预计划。下面简要介绍这些要点。

（1）缓解案主精神上的压力。让案主吐露情绪时，工作者应该以同理心回应。同时，工作者应该协助案主组织一个连贯的、有意义的、对关键事件的叙述，其意义，一方面在于给案主提供一个释放痛苦和不安情绪的机会，另一方面在于帮助案主重新建立一种能力感和控制感，即使仅仅是组织一个连贯的故事也能达到这些效果。米歇尔和布雷等(Mitchell & Bray)指出，对于经历危机的案主，尤其是那些经历创伤的案主，如果在1～3天内详细询问他们所遭遇的创伤，可以减轻他们的症状并加速恢复，否则，创伤后的压力可能导致案主长期或永久的伤害。[1]

工作者可以借由证实事件与指出案主的情绪和行为反应是人类面临危机时普遍拥有的反应，来降低案主可能认为自己特别麻烦、与众不同或怀疑自己是否精神不正常等担心，以此鼓励他们直接表达情感而不是压抑。对于表达能力不足的孩子，还可以用画画或简单游戏的方式，让他们的情绪有所宣泄。述说、书写或哭泣可以帮助案主澄清思路和宣泄情感，重复这个过程可以减轻压力。工作者和案主见面时，要注意会谈地点不应引起案主的不安或焦虑，如果案主是儿童，最好让他和父母一起谈，工作者应避免穿白色或黑色外衣等，还可以运用团体方法，让案主相互倾诉、分享。

对于遭遇严重危机的案主，工作者应协助他们通过深呼吸或肌肉放松的技巧减缓紧张。但是，如果通过询问知道案主以前已有一些对他们有用的放松和舒缓的技巧，例如，漫步、洗温水澡或美发等，则应该鼓励他们用自己熟悉的方法，以减少学习新技巧可能带来的压力。当然，对一些案主而言，学习新技巧可能有助于他们把注意力从危机事件转移到放松的活动上，这要根据个体的具体情况而定。

利用社会支持系统也可以降低案主的精神压力。朋友、家人和同事等都可能是丰富的关于危机事件的信息资源和便利的帮助资源。但假如案主的危机与家庭或朋友有关，则把家庭和朋友包括进去是不合适的。

(2) 完成评估。由于危机干预的短暂性质，工作者在缓解案主压力的同时，应该快速评估案主以前的功能水平。对每一个危机事件，都必须考虑三类不同互动的变量。

- 危机情景的本质。
- 个体独特的特征。
- 个人支持系统的长处和薄弱点。

图9－1是韦伯(Nancy Boyd Webb)用于评估处于危机中的儿童

---

[1] 转引自：谢秀芬．杜会个案工作——理论与技巧．台北：双页书廊有限公司，2003.349.

的，但对于评估一般的危机人群也有重要的参考作用。该图详细说明了构成危机评估的三部分要素及具体的危机情景是如何依赖于三部分变量之间互相影响的各部分之间的平衡的。

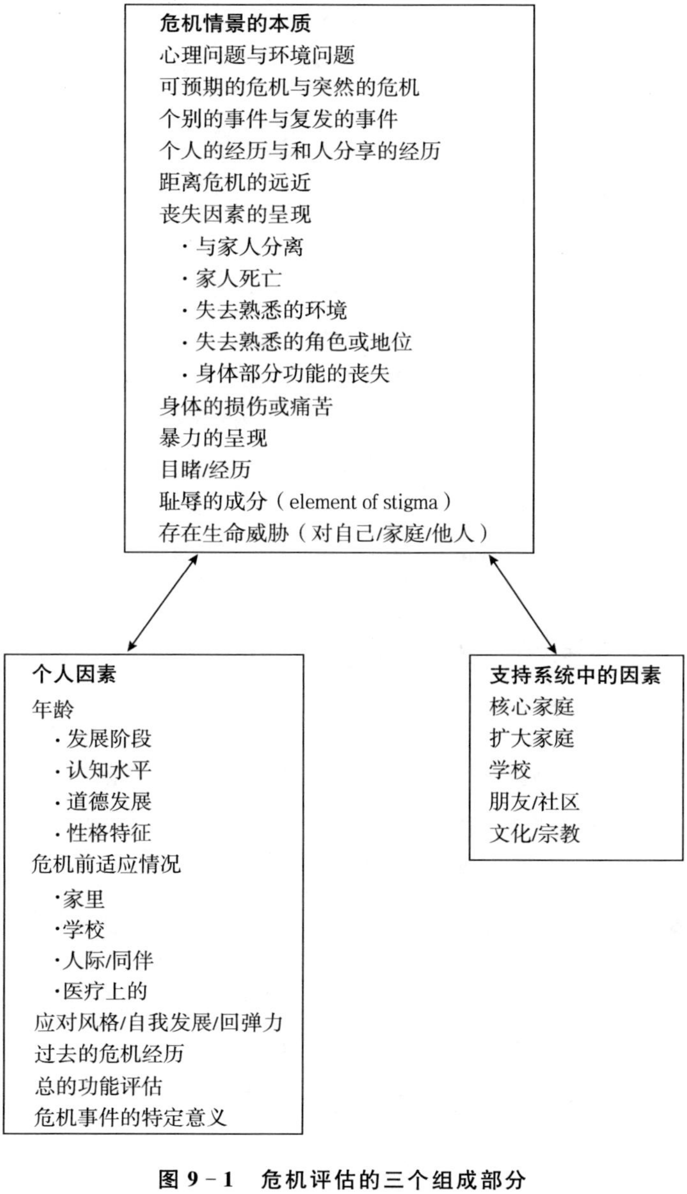

图 9－1　危机评估的三个组成部分

在实际的工作中，危机情景几乎从不给工作者一个方法上的、彻底的资料收集过程，因为，正如詹姆斯所说的："危机工作者一般没有时间去收集或分析所有的背景和其他在压力较少时正常地可得到的评估资料……因此，对案主失调和不能动的程度作出迅速评估的能力，以及随着形势的变化而足够灵活地改变评估就成了一个优先的技巧。"❶

由于危机情景的特殊性和处理时间的紧迫性，工作者的压力是巨大的。这种挑战允许工作者对评估过程作某些简化，通常可以将评估目标集中在以下几个方面：①引起危机的因素或事件；②危机情景的本质；③危机事件对案主的意义；④案主的应对能力；⑤案主可以用于缓解危机的资源。这些因素特别重要，因为它们对随后的任务达成有重要影响。

尽管个人对危机的理解要优先于对该事件或情景的客观情形的理解来考虑，但对危机情景的特定成分的分析有助于对危机的影响的理解。例如，一个长期屈服于酗酒父亲的苛刻和殴打的孩子，可能没有变得失功能，但当知道父亲威胁说要杀了他和全家时才发生危机。重要的是应该尽可能多地理解突发事件和危机情景的背景细节，例如，在同一个例子中，作为一种长期虐待的结果，孩子已处于非常脆弱的状态，父亲的威胁就是突发事件，其性质是案主觉得出现了迫在眉睫的生命威胁。

在评估中，评估危机事件对案主的独特意义和影响特别重要。以女性遭遇陌生人的性暴力为例，遭受这种暴力侵害的案主不仅身体受到严重的伤害，而且由于传统文化和社会习俗的偏见，常常会使案主产生一种耻辱感，认为自己已经是一个不洁的、没有价值的人，形成严重的自我责备，甚至产生自毁念头。工作者经由探讨这个事件和其他因素与案主反应的关系，有针对性地协助案主用女性主义的新视角来看待这个事件，指出所谓的不洁和没有价值，都是千百年来占主流地位的男权社会控制女性的一种方法，是父权下的一种价值观。当案主用新的角度看待自己的幸存时，可能会产生新的感受，并出现新的希望。本书前文已提及，工作者在干预之初应该协助案主讲述完整的故事，在了解事件对案主的意义以后，工作者则应该协助案主创造一个关于事件和情景的比较

---

❶ Nancy Boyd Webb. Play Therapy With Children in Crisis—Individual, Group, and Family Treatment. 2nd Edition. New York: The Guildford Press, 1999. 4－13.

全面的理解，构建对事件的新的意义。

在探讨事件对案主的意义时，工作者如果发现案主在陈述时不时提到“活着还有什么意思呢?”“我怎么有脸见人呢?”“要死一起死”“我肯定不会放过他”等信息时，就应该高度注意案主可能对自己、他人生命及社会的破坏性行为。如果案主以前有过危险性行为，那么再次发生的可能性就更大。对于危险性较高的案主，工作者应该相应延长会面时间，给予更多的情绪支持，必要时向案主的家人和有关机构求助。

评估案主的适应能力，可以确定他们现有的和在危机前的功能水平，这对于形成相关的干预目标和选择合适的相关技巧是很重要的。工作者需要对案主以前的关系模式、应对策略和危机管理经历有简要的了解。引出案主过去的志向和计划、自我概念以及对未来的期望等也很重要，因为它们常常透露出案主目前的反应和伴随失衡而需要重新调适的能力。因为无助、混乱和不适当是对失衡事件的普遍反应，所以有一点也很重要，即工作者询问案主这些态度、情感、自我评价是新的还是以前的模式。例如，假如一个男人由于危机的爆发，最近用药物镇静自己以求安睡，那么对这个案主制定的计划和目标就会不同于一个长期有用药史的人。

评估支持系统的强弱对案主恢复的作用很大。工作者可以利用生态图，快捷地展示案主的支持网络及其支持水平。

（3）制定契约和干预计划。危机干预过程中需要工作者和案主双方的契约，其意义与在本书第四章“个案社会工作的基本过程”中所说相同。研究证明，有契约的干预的正面效果多于没有契约的干预。在协议干预的时间时，赫泼沃斯等建议，由案主说出（以增加其自主性）他们认为需要多久才能回到稳定状态是很重要的。当案主不愿意对自己负责时，工作者可以建议4～8周通常足够了。工作者还可以请案主选定一个时间，确认所需会谈的次数。

危机干预的总体目标是恢复平衡，但对于一般的或特定的任务的发展，则依各个案主的具体情况而定。关于发展目标、制定计划的要求和方法在第四章中已有详细介绍，此处不再赘述。

（二）任务的实施和完成阶段

对于那些遭遇火灾、地震或洪水等自然灾害的案主，除了及时提供精神安慰，缓解其压力外，当务之急是帮助他们解决眼前紧迫的问题，确保基本生活的稳定，工作者应该代表他们倡导或行动以满足其基本的、具体的需要，例如，住处、衣食和医疗等，对遭遇家庭暴力而陷于危机的案主，寻找一个安全的住所以避免更大的、直接的身体和精神伤害也是第一要务。

工作者在危机干预中虽然扮演的是一种积极的指导的角色，但在干预过程中，尽可能地鼓励案主参与，仍然是一个基本的原则。此外，诚如本书一直强调的，工作者同样需要以力量视角看待危机中的案主。处于危机中的人容易忘记自己的长处和可靠的资源，因此工作者应该询问案主危机前他们被证明的各种力量，无论这种力量是大还是小，都是一样重要的。假如被危机压倒而又筋疲力尽的人在自己的恢复或需要被满足的过程中有所参与和协助，而不是闲散地旁观，他们常常会感觉更好，更有能力，从而更有自信。

在计划实施过程中，工作者应该定期检查案主是否有自杀或其他自我伤害的行为。工作者还应该定期检查案主的痛苦水平、情绪和占支配地位的想法，要听出案主是否露出绝望、无助的信号，表示逃避或与死去的人相聚的意愿，或者提到自我伤害的一些途径，例如药片、武器、跳崖等。工作者也应该警觉于案主一些发出信号的行为，例如突然赠送东西或钱，突然表现出不常见的放松和快乐——这实际是决定结束生命的表现。

（三）让案主准备结束阶段

通常，危机干预被双方理解为是有目的的短期干预，因此，随着工作的进展，工作者要提醒案主为结案作准备。从工作者一方而言，他应该逐渐地转为一种不太主动的立场，鼓励案主承担更多的责任，并设计未来问题解决的策略。当案主恢复到危机前的水平并重新建立了一个有足够的资源、社会支持、工作或其他有意义的活动的可靠基础时就可以结案了。

为了预防未来可能发展的危机，并确保能够有效回应，工作者必须协助案主做一些事先的导引，其策略包括：①分析压力源；②回想并增强应付过去危机时所做的有效努力、预期的需要；③确认并利用支持系统和其他潜在资源；④完成主要的工作。[1]

综上所述，危机是原有平衡状态的一种破坏，经过工作者的及时干预和案主自己的努力，案主会重新恢复平衡状态，李宗派的危机产生及适应与否的程序图就很好地说明了这个过程，如图 9－2 所示。

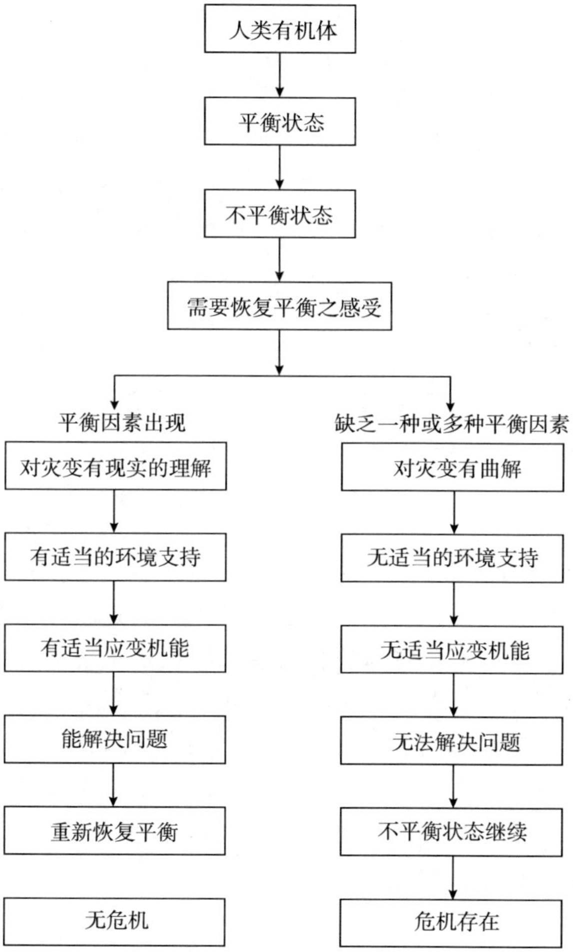

图 9－2　危机产生及适应与否的程序

资料来源：蔡汉贤．个案工作原理与实例研析．台北：台北市社会福利学会印行，1979. 67.

[1] Dean H Hepworth，Ronald H Roonep. Jo Ann Larsen. Direct Social Work Practice. 6th Edition. Pacific Grove，2002. 384－387.

第十章 任务中心干预

任务中心处理（task - centered treatment）是社会工作的一个实务模式，它强调运用任务和有限的时间去解决或减轻案主所认定的问题。1992年，艾泼斯坦把它概括为这样一些问题：人际冲突、社会关系或角色履行中的困难、反应性情感痛苦、不足的资源或与机构组织间的困难。该模式把问题看作是暂时性的应对策略发生故障，因而是能够在变迁的动力中调整的。它对人的能力持有积极而乐观的观点，它的一个中心主题是：人是有能力解决他们的问题的。因此，在该模式中，案主是主要的变迁代理人，而且案主必须界定问题并引领这个变迁。换言之，在这个模式中，案主被期望担负更大的自主的责任。由案主界定问题、确定优先考虑的问题，以及案主与工作者的合作关系等性质可以看出该模式增权的一面。

任务中心处理模式最初是由雷德和艾泼斯坦开发出来的一个社会工作模式。在20世纪60年代以前，在社会工作实务界和其他相关的专业领域里，处理个人及人际问题的方法中最流行的是较无限制的、长期的干预方法。而长期干预法背后隐含的一个假设是案主抗拒改变的力量很大，需要工作者花很长的时间去处理。60年代以后，有人质疑这种所谓的抗拒力，认为干预时间过长可能是方法不当导致的。这个观点的提出是理论发展上的一个里程碑，它打开了在助人过程中加速案主进展速度的希望之门。随后，短期干预模式迅速演进，它广泛地吸收了以经验为基础的理论和方法，既包括最初的依赖于心理动力理论，也包括现在的融合实用的问题解决、危机干预、认知重建、行为技术和生态系统中的干预等多种方法。60年代形成强大的冲力，影响至今。在雷德等人的努力下，该模式由最初的缺少系统的方法和实务指南慢慢发展成现在系统而有效的方法，为社会工作实务界许多人所采用。[1]

---

[1] Dean H Hepworth，Ronald H Roonep，Jo Ann Larsen. Direct Social Work Practice. 6th Edition. Pacific Grove，2002. 362 - 363；另见本书第四章第二节。

任务中心处理模式以短暂为特色，是最早明确表达以短暂干预为经验基础的模式之一，而且一直由以下三类研究证据支持其短暂方法，1996 年，雷德发表的研究表明：

（1）短暂干预的案主显示出与长期处遇的案主一样多的改善。

（2）大多数在长期干预中的积极改变出现于最初几次的干预中。

（3）无论初衷为何，大多数处遇在持续时间（duration）上是短期的，在任何类型的处遇中，只有少数案主为时超过 12 次。❶

第一节 任务中心干预的一些基本概念

■问题界定

任务中心模式最主要的特色在于“简要”和“时限”，因此该模式的策略之一是社会工作者协助和指导案主清楚界定在有限的时间里以工作者和案主双方的力量可解决的具体的问题。在任务中心模式中，一个可处理的问题必须具备以下条件：❷

- 案主知道这个问题的存在。
- 案主承认这是一个问题。
- 案主愿意处理这个问题。
- 案主有能力处理这个问题。

这个问题界定的过程包括案主自己讲述问题，并表示肯承担处理问题的责任，同时，工作者要分析案主所提出的问题并评估案主的能力是否能够处理该问题。案主面临的问题常常纠缠在一起，不仅仅是一个。但工作者必须协助案主知道他只能处理自己有力量并愿意去处理的问题，而且应该根据问题对案主而言的轻重程度和处理的难易，排出轻重缓急的优先顺序。临床社会工作研究专家麦奎尔说，假如案主到第二次会面结束时还不能具体地界定数目有限的问题，那么，很可能就意味着不适合运用任务中心干预这个方法。❸

---

❶ Lambert Maguire. Clinical Social Work. Pacific Grove：Brooks/Cole，2002. 281 - 282.

❷ 高刘宝慈等合著．个案工作理论及案例．香港：集贤社，1995. 159.

❸ Lambert Maguire. Clinical Social Work. Pacific Grove：Brooks/Cole，2002. 282.

需要注意的是，在任务中心干预模式中，由于强调问题由案主界定，似乎不必工作者再作评估，但实际上，工作者必须在认知层面作快速思考，以探讨问题所在，然后协助案主作出具体的界定，并评估案主处理此问题的能力及衡量解决此问题可能的任务，这需要工作者相当高的评估技巧。

■案主界定

从问题界定中可以看到，运用任务中心干预模式对案主的要求不同于一般的干预模式，换言之，并非每个求助的人都适合成为任务中心干预模式的案主。要成为一个“合适”的案主，首先，他一定要愿意承担为解决他的问题而确定的任务，也即他一定要承诺表示愿意去完成任务，然后工作者才接受他成为案主。此外，他一定要自主或者有能力得到自主。换言之，假如当事人在一个心智极度混乱、完全不能自主的极度脆弱状态，或其心态及行为极度怪异，以至于他不能对此时此地的情景有真实的感知及正确的判断，便不适宜以任务中心干预模式协助他。

除了要符合上述条件外，作为当事人，案主必须能够与工作者达成一个工作协议，表明双方同意有什么要去做，也就是说，当事人和工作者在分析问题及确定处理问题的计划上并没有不能协调之处。综上所述可以看出，任务中心干预模式很重视当事人的自决能力和自决权。

■目标和任务界定

目标是案主希望在作出改变的努力后能取得的产品或者说合意的结果状态。而一般性任务（task），根据雷德和艾泼斯坦 1992 年的描述，是指旨在减少或改变问题、达成合意目标的那些策略。因此，它们是指一组由案主并在一定情况下由工作者所采取的不连续的行动。任务可能是外显的，也可能是内隐的：外显的任务，可能是每天给妻子 2 个正向的回馈，也可能是每周陪妻子晚上出去散步 3 次等；内隐的任务，可能是认知方面的任务，例如，案主驳斥自己那些非理性的想法，并代之以理性想法。概而言之，任务是用于实现目标的工具策略或途径。任务计划是关键的，利用头脑风暴法，工作者和案主双方一起想出各种选择，这是理想的过程，尽管在此过程中，工作者的角色是多变的——他可能指出案主不现实的任务，可能开拓选择范围，也可能鼓励采用更有挑战的另外一种选择。工作者在这个模式中，不会指派或强加任何任务，但可以提出关于任务的想法。在任务计划期的最后，工作者应该总结大家一致同意的计划，并传递出这样一个信息：案主被期望在下次见面前去实施这个计划。

工作者在协助案主设计任务时，应考虑以下几点。

1. 案主的动机

动机是案主寻求改变的内在动力，所以，在计划任务时，需要考虑以下方面：

（1）案主想做什么。

（2）案主想做多少。

2. 任务是否可行

工作者需要协助案主考虑以下因素：

（1）案主的能力是否许可。

（2）案主是否具有完成任务所需要的时间和精力。

（3）机构是否能提供完成任务所需要的资源。

（4）考虑案主的支持系统是否能提供所需要的支持和帮助，例如，案主完成任务需要父母的配合，而其父母无暇顾及他。所有这些因素都会对案主完成任务有影响，工作者必须在全面考虑这些因素的基础上协助案主设计他乐意并能够承担的任务。

3. 任务之合意性

工作者需要协助案主考虑任务之合意性（desirability of task）。有些任务在履行时或履行后，可能会对案主、机构或其他人士带来一定的不良后果。例如，一个未婚先孕的女子，很喜欢孩子，不愿意做流产手术，但是她自己还没有充分的独立生活的能力，没有稳定的工作，而孩子的生父又不愿意承担应尽的责任。这时，工作者有责任让当事人考虑保留孩子对她本人和孩子可能带来的后果，然后与当事人讨论，看看是否有其他更合适的任务。

4. 次任务和多重任务

次任务是指案主为完成某一任务需要做出的一连串的行动，有时它需要相关人士的协作。例如，案主为完成“按时完成家庭作业”这一任务，他可能需要采取以下措施：

（1）准备一本备忘录，记下老师布置的作业。

（2）和父母约定监督自己不完成家庭作业不许看电视。

（3）遇到不懂的地方准备请教。

（4）如果按时完成家庭作业能连续坚持2周，则家长奖励他喜欢的一双旅游鞋等。

所以，次任务的概念有助于工作者及案主组织其活动，为每一项活动订立清楚的目标。当案主有不止一个目标问题，或当需要完成多项任务才能解决问题时，就有多重任务出现。这多项任务，可以同时履行，也可以分先后次序履行。总之，问题的性质、任务的难易的程度，案主的能力、时间的长短、资源的可得与否等因素都需要统合考虑。需要注意的是，在短期干预模式下，双方不应有太大的野心，应该能够满足于只帮助案主解决其力所能及、把握较大的问题。

5. 开放式任务和封闭式任务

开放式任务是指不会因目标已达到而不继续履行的任务，例如结交新朋友；后者是指有终点、可以清楚地完成的任务，例如，找到一个新工作。无论是开放式任务还是封闭式任务，都必须确定一个终结的日期，以敦促案主尽快完成任务。目标和任务的关系如以下示例所示。[1]

示例

【目标】 减少婚姻冲突中的事件及严重程度。

【一般性任务】

- 减少会激起彼此防卫和反责的批评和奚落。
- 避免将对方当作出气筒；不要以互相招致怨恨的方式表达；解释为何生气，而非只是表达气愤；辨识并表达气愤的感受，如受伤、失望、感觉不被重视等。
- 辨识气愤的来源，学习并应用有效的解决冲突的技巧。
- 夫妻一起辨识问题并运用问题解决技巧。

---

[1] Dean H Hepworth，Ronald H Roonep，Jo Ann Larsen. Direct Social Work Practice. 6th Edition. Pacific Grove，2002. 364－365.

- 增加正向的、支持性的信息（恭维、赞成、喜爱或欣赏）。

上述为实现目标而设计的一系列行动（即要完成的任务）方案，又称为将目标部分化（partializing）技术。有时，即使是一些很具体特定的目标，也常常是复杂的，涉及许多必须以合适的顺序完成的任务。由于复杂，许多案主感到难以招架，也不能把他们的最终目标分解成一些不太具有胁迫性的几个连贯的部分。实际上，当案主在社会工作者指导下分解这些目标时，他们会获得一种能够承担改进性行动（即任务）——导向目标达成的效能感。因此，这个过程与社会工作价值中的推动增权是一致的，因为它致力于促进案主智能和决策能力并影响他们生活中的事件。因此，部分化技术涉及目标的发展，以及把目标分解为几个一般性任务，这些任务具体说明了目标完成的清晰的先决步骤。

示例

居民老王希望楼下噪声、油污严重的小餐馆最终能搬走（目标）。以前他曾多次找老板交涉，但被老板拒绝。这次在社会工作者的协助下，老王和工作者讨论决定发展出以下一般性任务：

- 联合楼上其他受害居民形成一个维权团体。
- 选举推出领导者代表大家出面交涉。
- 团体讨论制定有关的行动规则，确定分工合作的内容。
- 收集小餐馆扰民证据及所违反的有关环保法律、法规的文献，形成书面报告。
- 寻找有用的资源，包括法律咨询。
- 向小餐馆主交涉。
- 如果对方不肯搬走，则诉诸工商、环保和卫生等部门，通过法律途径解决。

在这个过程中，有些任务可能由社会工作者来完成，例如寻求法律咨询，或召集楼上相关居民协调其行动。

如果是针对家庭的工作，也是相同的程序。在家庭个案中，整个家庭是一个团体，大家一起合作确定一个团体目标，并形成相关的一般性任务以完成确认的团体目标。

示例

某家庭的目标是增进夫妻间互相关怀感。工作者可以协助这对夫妻，把目标分解成以下双方各自要完成的一般性任务。

妻子的要求	丈夫的要求
（1）在早晨起床前拥抱我	（1）为我准备上班穿的衣服
（2）每月至少有 3 个周末待在家里	（2）当你醒来时微笑并说很高兴在我身边
（3）经常告诉我你爱我	（3）晚饭时帮我倒好一小杯葡萄酒
（4）你进门时要把东西放好	（4）对我真情的殷勤表示感谢
（5）当我需要时，睡前帮我揉背	（5）看到我消沉时，轻轻地按摩我的肩和背，不要追根究底
（6）当我对你说话时请专注地看着我	（6）告诉我你在乎我
（7）当我看起来有吸引力时，要告诉我	（7）不要在我与朋友聚会时不断打来电话

在将目标分解为一般性任务后，接下来是将这些任务一个接一个地按照顺序完成。但有时任务之间不一定有连续性，也不一定按逻辑地进行。在有些案例中，案主的目标可能不止一个，工作者必须协助案主决定哪个次目标是他最关心的，而工作者一开始就要将焦点集中在那个次目标上。

一般性任务每一项的完成都将增加案主的信心并使其有更大的动机和勇气去完成另一项；当然，如果任务失败，也可能使案主沮丧，打击他的信心。所以，目标和任务的制定都要切实可行，并精心准备。

第二节　干预过程

和其他干预过程一样，任务中心干预模式也需要经过一系列的阶段，逐步实现目标。一般来说，这个过程包括以下几个阶段。

■找出目标问题

工作者在工作之初的策略是协助案主确定并界定具体的希望解决的问题，即目标问题。工作者应该协助案主以他自己的方式叙述问题，以确认潜在问题，然后工作者以案主可理解的语言描述、概述案主的问题，寻求案主的反馈，以确认双方对问题的理解是否一致。如果发现案主的问题不合理或不可能解决，工作者应该挑战案主的问题界定，协助案主找出与案主未能实现的需要以及能够改变的条件有关的目标问题。了解该问题何时、何地发生的一些细节，再以书面方式明确双方所确认的问题，对问题设立基线，以备评估日后改变程度之用。

■订立契约

在界定问题后，工作者和案主双方要发展出一个口头或书面的契约，即对与案主问题有关的目标的陈述（例如案主想采用什么类型的解决方案?）并对服务时间和服务内容作出规定。契约通常规定了双方预期见面的次数，一般确定为8～12次，通常是每周1次，为期2～4个月；也可能是1周2次，为期1～3个月。

■选择及确定任务，分配任务

确定和分配任务是关键性的一步，包括界定案主做些什么来减轻他的问题，即计划任务与确定工作者和案主双方各自的职责。案主必须同意尝试去履行任务，所以，任务的计划必须是行为上清楚的、适当可以操作的。由工作者和案主双方采用头脑风暴法来想象各种选择是一个理想的过程。工作者在此过程中的角色是多样的，他或者指出不现实的任务，或者拓宽选择的范围并鼓励案主采用更有挑战性的选择。工作者不会分派任务，但他可以提出自己对任务的想法。最后工作者总结双方同意的任务计划，并表达出这样的期望：在下一次会面前案主被期待落实前一次计划的任务。

工作者在这一阶段的任务，是与案主以外的人合作协助案主；鼓励、刺激案主完成任务；在案主技巧或资源不足时，适当地教以相关技巧并提供相应的所需的资源，以协助案主完成任务。

■双方实施有关任务

在确定一个或更多的任务后，接下来就是协助案主准备完成每一项任务。工作者在这个过程中的职责是为案主的任务完成建立一种激励机制和任务完成的基本原理，以强化案主对正向结果的期望。工作者也帮助案主探索可能的障碍及克服这些障碍的途径。在工作者和案主一致同意一个总的任务后，双方就要开始头脑风暴，考虑所有的可能性，并采取行动。

在背景性的分析中，工作者帮助案主克服障碍，开发任务完成所需要的资源，在此过程中，尽管也会面临对案主不现实的期望，但还是应该特别注意案主自身的力量和资源。

在这个实施任务的过程中，如果能巧妙地推进，则这个过程会增加案主承担任务的动机，实际上也就增进了成功的概率。雷德于 1975 年发表的一个研究结果指出，当案主运用“任务实施顺序”（task implement sequence，以下简称 TIS）这个系统方法时，会比没有使用这个方法的案主更容易成功。[1]

TIS 是由一些独立的步骤所组成的，它包括了与成功改变的努力有关的主要要素。尽管雷德建议要系统地运用 TIS，但他也提醒工作者要充分灵活地运用以适应每个案例的情况。TIS 包括几个步骤，以下分别作简要说明：

（1）增进案主完成任务的承诺。工作者必须充分认识到，案主要作出改变不是一件轻松和容易的事，它常常伴随着优虑、不舒服和不确定。这一步的目的是增进案主完成任务的动机，尤其是对那些改变动机不太强的案主，这一步很关键。工作者实施这一步，应该澄清任务与案主目标之间的相关性，辨识完成任务所带来的好处。这一步的原理是，伴随着与任务相关的工作的展开，案主必须感知到获益大于成本，才可能有动力去执行任务，此处的“成本”，主要指与采取新的行为所冒的风险有关的成本（包括焦虑和恐惧）。

---

[1] Dean H Hepworth，Ronald H Roonep，Jo Ann Larsen. Direct Social Work Practice. 6th Edition. Pacific Grove，2002. 368－380.

在许多情况中，完成任务的好处是显而易见的。进行这一步骤似乎没有什么意义，例如，案主为了要得到救助款，他必须要完成面谈、了解相关信息等任务，这些案主自己会非常清楚。但有时，有些任务对案主的好处就不太明显，例如，要求案主用“三栏法”记录负面思维、辨识其扭曲之处并代之以理性想法，这种做法对最终达成克服抑郁这个目标的好处不是马上看得出来的，需要工作者耐心地解释并在过程中不断鼓励督促才可看出来。当然，辨识好处不等于忽视或无视可能的危险。工作者应该和案主一起探讨完成一个任务过程中可能的危险，并及时讨论，做相应的准备。

有时，为了增加案主改变根深蒂固的行为的动机，去创造一些即时性的明确的报酬作为激励是很重要的。给自己嘉奖（自我增强）以提高任务完成的诱因在下列两方面特别有效：

1）控制不适当行为。

2）做不喜欢的事，例如，读书、洗碗、做作业。

根据案主的具体情况设定可能的奖励，例如，去看一场电影，远足，与朋友一起下馆子美餐一顿，买一个一直想要但舍不得买的东西等。

奖励也可用于激励儿童完成任务，例如，完成家庭作业、做家务、有礼貌等。工作者可以运用行为主义原理，对孩子完成任务的努力进行符合其需要的合适的奖励。

（2）计划完成任务的细节。大多数任务里，都包含着一连串需要完成的行动，既有认知方面的次任务，也有行为方面的次任务，这需要工作者协助案主作充分的考虑和准备。例如，一个没有胆量在小组同学面前说话的学生，在做公开表达之前，需要在心理上做准备。这可能包括再次检视学习当众表达对自己能力增长的意义，提醒自己常常比他人考虑得更完备的事实，以消除不敢讲话的恐惧，回忆自己在书面表达方面的成就以鼓励自己的信心，同时默默暗示自己，人无完人，就是说错了也没有什么大不了的，再回顾工作者对自己的鼓励和支持。借由这种认知上的准备，案主比较能处理因希望完成任务而可能产生的害怕和矛盾。

有关社会工作的经验指出，谨慎地具体设定一些特别的条件对任务的完成是很重要的。例如，有时间限制时比没有时间限制时完成任务的速度要快。当然，在决定时间框架时，听取案主的看法是非常重要的，因为他们需要足够的时间完成任务。

此外，在为持续性目标选择和计划相配合的任务时，应该注意，根据案主的能力，任务由简单到复杂，循序渐进。如果能使案主从一开始就能感受到成功的希望，会使案主继续完成下面任务的动机和信心大大增加。

（3）分析并解决可能遇到的障碍。案主寻求改变时，不可避免地会遇到一些阻力。这一步就是为抵抗这些阻力而设的。若能有效运用，这一步将会是促进任务完成和加快改变速度的强有力的技术。一个人处理预期障碍的能力千差万别，有些对一般人来讲很简单的一件事，例如，向老师表达一个愿望，对某些内向或有社交恐惧症的学生来说，却可能是一个很大的挑战，会给该学生带来巨大的精神压力，甚至具有威胁性。因此，在讨论可能遇到的障碍时，工作者一定要注意保护案主的自尊心，告诉案主，他们所遇到的障碍，其实很多人也会遇到，只是方式不同而已。解决案主精神压力的技巧包括：在短时间内引出并澄清案主的优虑并给以理性的分析，示范并预演成功完成任务所要求的行为。

工作者在与案主讨论计划时，要注意观察案主非语言的线索，本书第四章中已有介绍，兹不赘述。如果在观察中发现案主有缺乏自信、烦躁不安或紧张焦虑等现象，工作者应进一步探讨其可能的原因，找出内隐的障碍。

一般来说案主的障碍主要有：社交技巧不足、误解和与完成任务有关的非理性的恐惧。工作者应该协助案主处理这些障碍，示范和行为预演可以协助案主获得必要的技巧和经验，并从中获得完成任务的勇气和信心，否则匆匆放手，让案主去完成任务是一种置案主的自尊于危险境地的不妥之举。

（4）让案主预演或实践完成任务过程中有关的行为。有些任务，对案主来讲完成起来有困难，他可能缺乏完成该任务所需要的技巧，很少或没有经历过类似的行为。这可能让案主对完成任务没有信心，可能出现担心和焦虑，这在一定程度上影响了案主改变的动机。因此，这一步旨在帮助案主获得经验并掌握有助于完成任务的行为。行为预演是指在工作者的训导下协助案主去练习新的应对模式（coping pattern）。通常当案主感觉自己还没有充分准备好去面对某些情景时，可能就要运用这种方法。当案主表现出很大的不安或觉得无法胜任时，行为预演是一个发展必要的技巧和减少行动所带来的威胁的有效方法。典型的例子包括：向一位权威人士声明自己的权利；对配偶表达被伤害或被拒绝的感受；向异性提出社交建议等。

角色扮演是行为预演最常用的模式。在案主预演某个行为前，工作者通常示范期望案主去做的行为。尤其在案主不熟悉某个必要的行为时，示范就成了使案主能够学习新的应对模式的有效途径。

在运用示范时，要求案主扮演在真实情景中让他难以面对的那个人，而且要尽可能地模仿出那个人在现实情景中预期出现的行为。这样，角色扮演可使社会工作者模拟以前困扰案主的行为，模塑出合适的反应。角色扮演以后，双方一起讨论发生了什么是会有收获的，将焦点集中于案主的反应、问题和所关心的议题上。此外，工作者向案主解释自己作出某个特定反应的原理并分享自己体会到的困难，也是有益的。工作者在扮演案主的角色后，对案主所遭遇的困难常常有一个新的领悟和更好的理解。

在完成示范练习后，工作者和案主双方交换角色，案主扮演实际的目标行为，工作者扮演案主在真实情景中要面对的重要他人。有一点很重要，即工作者的表演要尽量接近那个人的预期行为，包括声调、面部表情、姿势、遣词造句及先前案主表现出来的刺激行为。案主对工作者模拟行为的反应提供了一个提出修正建议和辨识是否需要额外练习的机会，同时也有助于鼓励案主。

示范和行为预演不限于明显的行为。案主也可以从模塑内隐的应对完成任务的认知障碍中获益。内隐的模塑包括大声地表达与明显的困难有关的想法和情感，以及用实例证明合适的应对有关成问题的（prob-lematic）想法和情感的方法。

还有一种与行为预演密切相关的形式是导引式练习，它不同于行为预演。运用这种方法作为干预模式时，工作者通过训练案主从事实际的目标行为来协助案主掌握所要达成的行为。例如，在联合婚姻治疗时，工作者可以借由指导案主处理实际的问题或冲突情景来协助案主掌握解决问题或冲突的技巧。

这个方法在促进改变时也特别有用。工作者可以观察案主现有的行为，提供立即的鼓励、赞成和修正建议。在婚姻和家庭会谈中，直接地观察行为尤其有价值，因为当不当行为出现时，提供了一个直接干预的机会。这样工作者就能够澄清什么是不对的，解释更有效的应对方法，并训练案主运用更能胜任的行为。

（5）总结任务实施计划，并表达出对案主完成任务的鼓励和期望。这最后一步包括回顾案主在完成一个任务中所要采取的各种行动。这样做的目的在于使案主能够从每一次会面中获得一种对他们将要做什么、以什么顺序做的清晰理解。为使这一步的效益最大化，工作者可以要求案主回顾他们实施这个任务的计划细节，包括应对可能遭遇的障碍的策略。在此过程中，工作者可以评估计划的某些方面是否需要进一步澄清。工作者可以这样提问："我已经同意在下周我们见面时做……你在下周前计划做什么?"通常，案主写下一个双方同意的任务清单是有效的，但也有案主宁愿只写自己的清单；或工作者可以把任务写下来，再为自己留一个副本。做完总结就可以结束会谈了，有效的结束方法是工作者表达对案主计划的同意和对他们实施计划的期待。

（6）维持焦点和连续性。任务中心系统的优点在于：透过任务完成和它系统的促进改变努力的连续性形式而将焦点集中于改变上。每次会谈都严格集中于焦点，而且其连续性从这一次维持到下一次。每一次会谈都以案主回顾完成前次承诺的任务的经验开始。这样做的目的和作用体现在三个方面：

1）工作者和案主双方能够辨识出一些案主在履行新发展的行为中可以进一步改善其有效性的方法。这种讨论还可能进一步加强案主应对问题局面时的舒适感，可以建议一些额外的活动来改进他们的技巧。

2）工作者可以借此探讨案主对自己影响他人的看法和他们完成任务时的感受。

3）工作者借此增进案主完成任务的动力。当案主报告成功时，工作者要表示出很高兴，肯定他们的优点和进展，并简要地分享自己对案主成功的欣赏。

以上是理想状态下，工作者和案主以一定顺序通过共同的努力来完成一个一个的任务，最终达成总的目标。但实际上，事情很少会如预期般顺利。案主常常因各种原因而不能完成任务或获得预期的结果。影响案主任务完成的原因及可能的对策包括以下方面：

一是任务未被很好地界定，也就是说案主实际上并不清楚自己要做什么，例如，要求一个想与孩子改善关系的母亲完成"尊重孩子的选择"这样一个任务就太笼统，她可能不清楚尊重孩子的选择与放任孩子的一切决定之间有什么区别，这就需要工作者与案主好好探讨原先孩子所不满的一些"不尊重之处"是什么，然后讨论并界定"尊重"的方式，以及孩子在什么情况下的选择是要尊重的，什么样的选择属于不合适的，家长应该如何以恰当的方式回应孩子。

二是案主可能缺乏改变的动力，出现了更多紧迫的问题，对工作者印象不佳或准备不足等。但有时，即使准备充分也有可能因为一些无法预料的因素而阻碍目标的达成。为了将挫折感减至最小，工作者不要把结果解释成失败，而是应该表示需要更多的信息和更详细的计划。负向的结果有时可以提供建设性的意义，以进一步阐明问题的动力。无论是哪种情况，只要工作者和案主都同意任务要继续下去，那么，仔细地探讨原因并解决阻碍任务完成的因素就是当务之急。如果双方不想继续这个任务，则必须把焦点转移到相关的任务上。雷德的研究证明，案主完成任务的意愿是让任务继续下去的最重要的指标。

总而言之，案主的改变是案主和工作者问题解决、目标达成和完成共同约定的任务计划的结果。许多活动是在双方正式会面以外的时间完成的，而工作者和案主会面本身主要用于检视案主每一个任务达成的情况并讨论克服困难的条件和途径。工作者在案主完成任务的过程中，承担起协助案主的任务，尤其当工作者较之于案主更容易争取得到来自系统的资源，而此资源又与任务的完成相关时，工作者的协助就更重要，但案主的主动性应该得到珍视。

■结案

结案也是一种技巧，在干预的一开始就已运用，因为在最初两次的见面中发展出的合约已经具体规定了大概的时间或结束的时间。在以后的过程中，工作者可以不断提醒案主还有多少时间余下，其用意是让案主充分利用每一次会面时间，并在会面外的时间里更加努力地投入到任务的完成中。通常在会面的开始时，双方先检视一下由上次会面至今次会面期间，双方如何履行任务，完成了什么，然后，工作者就案主的行为、处境及进展等提出意见、解释、鼓励或指导，并确定双方从今次会面至下一次会面所要完成的任务。在最后的结束时，工作者协助案主回顾完成任务过程中的进展，同时也检视问题解决上的进步。有时，案主将要独立承担的新任务也可以拿来讨论。案主目标的达成由于强调力量和能力而大大得到强化，而这些力量和能力又与未来独立完成任务明显有关。

第十一章　个案管理

个案管理模式最早出现于美国，是 20 世纪中叶以后随着一些新的案主群体的出现而作出的一种回应。这些带有一些特定问题的新案主群体的主体主要是以下几类人：老人、身体残障人士、精神疾病患者、受失功能家庭影响的儿童。这些类型的案主其实早已存在，但由于医疗技术的进步、家庭规模趋于小家庭化及家庭功能的弱化乃至恶化，使得这个人群在数量上大大扩展。他们中的有些人有严重的、长期的损伤和障碍，需要多方面的、长期的甚至终身的照顾和服务。而当时传统的应对模式，一方面，服务传递系统的条块分割、错综复杂，没有因人而异的针对性，使这些处境最艰难并且最需要服务的人得不到及时的、合适的服务，或者不会处理不同社会机构间互相冲突的服务资格的要求；另一方面，尤其在健康和心理健康领域，有些案主长期处于脆弱状态，他们的障碍和损伤用通常那些旨在修正和治愈的专业方法难以奏效，而当时的社区心理健康运动和美国全国心理健康研究所的研究证明，在社区，支持系统的运用和协调、重新依赖正式和非正式助人系统的连接是有效的。个案管理的目的是帮助案主把所需要的各种不同的资源，包括正式的和非正式的资源动员并协调起来，以协助案主获得他们所需要的服务，并进行追踪、监督，保证案主实际上得到所需要的资源和社会服务。

在美国，个案管理成为新的呼声还与管理式照顾（managed care）领域强调抑制成本有关。尽管个案管理不提供直接的健康照顾，但它可以协助人们恰当地、合适地以及经济有效地使用有限的健康照顾资源。人们认为，这一服务有助于增加成本效益、控制成本。鉴于以上原因，在 20 世纪七八十年代，个案管理模式在美国社会工作界推广开来，到 90 年代，个案管理已经成为社会工作服务领域众多任务中的一个主要任务。

第一节　个案管理的含义

■个案管理的定义

与许多其他的概念一样，个案管理也有许多不同的说法，沃莱基斯和格林（Betsy S. Vourlekis & Roberta R. Greene）在1992年出版的《社会工作个案管理》一书中认为目前人们对个案管理实务已达成一种共识——他们据此提出个案管理的定义："社会工作个案管理是人际关系的过程，奠基在个案管理者和案主（系统）之间的关系，彼此间共同发展照顾计划，以增进需要长期协助的案主之机能，并提升其支持网络，而且促进并确保连续照顾的服务范围，使之成为有效的服务。介入则反映社会工作的价值，目标在对案主能力和环境的需求之间的相互配合和改进，这些部分包括改善伴随失能或疾病而来的问题，建立支持网络，促进案主水准的服务协调，并产生系统水准的效力。"[1]同年，美国全国社会工作者协会理事会批准了新的社会工作个案管理标准，将个案管理工作描述为："一种提供服务的方法，运用这种方法，专业社会工作者评估当事人及其家庭的需要，在适当的时候安排、协调、监管、评估和争取包括多种服务的一揽子服务，满足特定当事人的多种需要。"1995年巴克主编的《社会工作词典》将个案管理定义为：代表当事人计划、寻求和监管不同社会服务机构及其员工的服务的工作。一般由一个机构主要负责当事人的工作，指定一个个案管理员，由他来协调各项服务，为当事人争取权益，有时是控制相关资源，为当事人购买服务。这一工作使机构中或不同机构的许多社会工作者能够通过团队工作协同作战，服务于一个特定当事人，以此拓展向当事人提供的所需的服务。一些当事人需要几个专业的人员、机构、健康护理设施和公共服务项目的服务，个案管理可能要监管为当事人提供服务的进展情况．典型的工作内容包括个案的认定、综合性的多维度评估和频繁的再评估。个案管理

---

[1] Betsy S Vourlekis & Roberta R Greene. 社会工作个案管理．林武雄译．台北：扬智文化事业股份有限公司，2000. 21.

运用在单一的大型机构中或是社区服务项目中，协调机构内和机构间的服务。❶

以上三种定义的描述详略各异，角度也有别，第一个定义把案主放到一定的关系（工作者与案主的合作、案主与环境系统的配合）中去考虑个案管理工作；第二个定义最为简洁，突出了工作者对整个服务的统筹；第三个定义则更多地从个案管理者具体的操作方法来解释个案管理。但无论如何定义，都从不同的侧面反映了个案管理的特点和实质：协调各种服务，满足特定案主的多种需要。

■个案管理的主要特征

沃莱基斯和格林对个案管理实务特征的概括有助于我们进一步理解个案管理的含义：

（1）是一个基于当事人与社会工作者之间的信任关系和增强案主能力关系的过程。

（2）在与处于危机边缘的人群工作时，利用社会工作的双重焦点来了解环境中的人。❷

（3）目标群体主要是一些有复杂多重的问题，很难预后的，需要以社区为本的、需要长期的照顾和多种资源的人。他们的需要包括经济、健康、医疗、社会生活和个人照顾等多个方面。

- 旨在为目标人群提供社区为本的、持续的、整合的服务。
- 尝试通过实际干预改善因疾病或功能丧失而带来的情绪问题。
- 运用社会工作牵线搭桥和维权技巧，跨越服务衔接上的障碍。
- 旨在使服务尽可能少地受制于所处的环境。

---

❶ 后两个定义转引自：欧·威廉姆·法利（O. William Farley），拉里·L. 史密斯（Larry L. Smith），斯科特·W. 博伊尔（Scott W. Boyle）. 社会工作概论. 隋玉杰等译. 北京：中国人民大学出版社，2005. 354，358.

❷ 双重视角，为英文 dual perspectives 的中译文，有不同的译法，例如，台湾许临高等译为“二元观点”，林武雄译为“双重焦点”，内地隋玉杰等译为双聚焦点。其意指工作者在评估案主时的“一个有意识的、系统的过程，在这个过程中，工作者同时察觉、理解和比较案主的家庭、社区系统和大的社会系统的价值观和态度”。该概念由道勒斯·诺顿（Dolores Norton）和马克凡特（McPhatter）分别于 20 世纪 70 年代和 90 年代发展出来。

• 在决定照顾的水平时，要求评估当事人的能力和社会支持网络的状况。

• 肯定传统社会工作中，对案主自决、个人价值和尊严以及共同负责作决定的价值理念之尊重。❶

■个案管理的主要适用范围

个案管理被普遍视为服务过程中的一个要素。它横跨公共和私人的实务领域，利用个案管理方法的场所渐渐扩大，包括学校、健康心理诊所、医院、商业界、大型保险公司以及银行的信托部门，这些地方将个案管理设定为其传统财务服务之额外项目。从社会工作专业的角度而言，个案管理与社会工作有着天然的联系。赫泼沃斯等认为所有的社会工作实务都或多或少在扮演个案管理的角色，他们运用莫尔（Moore）的话“个案管理就是新包装的旧式社会工作”来说明两者的关系，❷ 个案管理也立基于社会工作专业的价值、知识与技巧上。这个特色使个案管理成为社会工作实务必然的一部分。

社会工作者成为特别合适的个案管理者，还因为他们对社区资源的知识、他们在沟通和倡导中的技巧以及他们这个专业所秉持的目标——帮助人们获得资源；推动个人和环境中他人的互动；使组织和社会总体上能够对人们的需要作出反应。个案管理的服务与社会工作精神是吻合的。有关资源的知识，将案主和需要的资源相联系及跟踪方面的技巧，确保了案主能够及时地得到资源和服务，也就成为所有个案管理角色的共同点。

尽管从事个案管理的人不一定都是社会工作者，但个案管理确实可以并且已经广泛运用于传统社会工作者所特别关注的人群，例如，老人、出院精神病患者、有发展性障碍的儿童与成人、未婚怀孕的青少年及无家可归者等，现在也广泛地运用于对艾滋病患者及其家属的服务中。

---

❶ Betsy S Vourlekis & Roberta R Greene. 社会工作个案管理 . 林武雄译 . 台北：扬智文化事业股份有限公司，2000. 15.

❷ Dean H Hepworth，Ronald H Roonep，Jo Ann Larsen. Direct Social Work Practice. 6thEdition. Pacific Grove；Brooks/Cole，2002. 471.

总之，个案管理有着广泛的运用性，其特色理念和方法是将为案主提供支持性、持续性、有效性、有效率及合乎成本效益的服务作为预期结果，强调对案主的情况进行通盘考虑，在服务的提供中注意避免服务的分裂性、跨越服务衔接上的障碍。

第二节　个案管理的模式

个案管理有许多不同的模式。20 世纪 80 年代美国加利福尼亚大学洛杉矶儿童和家庭政策研究中心与洛杉矶心理健康部进行了一系列合作研究，旨在更好地理解个案管理是如何实施的。该部门承担了一个庞大的涉及不同地域、不同种族并涵盖在全美国都市中心区所发现的大多数问题的项目研究，其中把个案管理作为调查的优先领域。罗斯曼（Jack-Rothman）检阅了 132 篇讨论个案管理的文献，并面访了 48 名个案管理员，据此发展出了包括 15 个功能的一个建基于实证经验的个案管理模式。罗斯曼称之为“综合性的强化实务：个案管理实施模式”，该模式全面而详尽。约翰逊认为罗斯曼描述的个案管理过程模式最充分、清楚。[1] 此外，沃莱基斯和格林书中介绍的包含 8 个功能的过程模式，其实际内容与罗斯曼的十分相似，兹主要根据罗斯曼的模式并参酌沃莱基斯和格林等人的观点择要介绍如下。

■接触机构

任何个案管理的第一个目标就是确认并登记最合适的案主。一般个案管理的案主通过各种转介（机构、家庭、社区组织、警察、学校或自我转介等）而来，机构要准备接待案主。另外一种案主接触机构（access to agency）的方式是外展，即机构到社区中去寻找或鼓励潜在的案主进入服务系统，这些潜在的案主常常是最有需要的人，他们或者自己无法与机构联系（如脆弱的老人、精神病患者或无家可归者等），或者因为社会给他们的耻辱标签而使他们害怕接触机构，例如艾滋病患者。

---

[1] Louise C Johnson，Robert W McClelland & Carold D Austin. Social Work Practice—A Generalist Approach. Canadian Edition. Allyn and Bacon Canada，2000. 339.

一般而言，给案主提供接触机构的机会主要是机构或系统的职责，而不是实务工作者本人的职责。个案管理者参与这种接触，但是不直接负责。

■接案

接案包括辨识案主的问题与情景，决定案主是否符合机构规定的资格并评估其财政资源等状况。个案管理者为案主提供有关机构的服务、要求和局限等信息并请（或协助）他们填写相关表格，也可能开始一些初步的干预计划。

■评估

评估（心理的、社会的、医疗的）有助于进一步清楚了解案主社会的、心理的和身体的功能状况，可以进一步审核问题，弄清其原因和动力。对高度脆弱的案主来说，他们的需要通常是很广泛的，因而评估必须要考虑方方面面，包括家庭和以前接触的机构。同时，案主增权是社会工作的一个主要目标，所以应该鼓励案主最大限度地参与到评估的各个阶段中。

个案管理者还应该根据家庭对案主的潜在好处和它应对需要长期照顾案主的能力来仔细评估家庭。为了实现有效的评估，需要不同领域的专业人士的合作。为了应对家庭和其他动力，需要考虑留有充裕的时间运用或发展合适的评估工具。

■目标设定

目标设定即在评估的基础上设立服务目标。通常情况下，个案管理者要尝试了解案主认为需要改善的地方，并把案主的个人目标纳入自己专业目标的建构中。工作者通常需要同时决定短期目标和长期目标，例如，短期目标是处理严重的压力和安排迫在眉睫的住房需求，长期目标是增强自尊和职业目标。但是，从经验来看，现实地看到严重脆弱的案主的局限是很重要的，一个维持性的项目考虑让案主能在社区里稳定地生活或减少在医院的滞留，在许多情况下都是充分的目标。目标设定应现实可行，应该注意维持工作者的士气，避免工作倦怠。

■干预计划

至此，合乎逻辑的一步应该首先是着手制定旨在达成具体目标的干预计划，然后寻找必要的资源实施这个计划。但问题常常是，不仅服务资源常常短缺，而且服务系统也在快速变化，应接不暇。这里的方法并不总是能够达成理想的结果。因此，个案管理者常常先要决定什么是可得的资源，在此现实基础上再确定计划。

干预计划包括处遇计划（treatment planning）和服务计划：前者是指直接提供咨询和处遇的计划，后者是指把案主与正式及非正式的外在资源连接起来的计划。干预服务计划通常包括达成短期目标和长期目标的一些方法。计划与资源的辨识是密切相关的。在发展一个计划时，个案管理者必须考虑在案主和系统层面可能遇到的障碍，并筹划应对之策。研究指出，案主应该尽最大的可能参与到干预计划的制定中，因为他们常常能够精确地辨识出他们自己的需要，这样有助于获得更有效的服务结果。

■资源的辨识和编目

资源的辨识和编目是指获得相关的服务资源信息并编组方便进入的资料。工作者可以通过以下方式进行资源辨识：

（1）与机构电话联系。

（2）出席有机构代表在场的会议。

（3）非正式的网络化工作。

（4）建立个人资源档案。

（5）利用办公室的资源档案或目录。

此外，信息也可以从案主处获得。需要注意的是，由于机构政策和项目的频繁变动，信息可能不正确或过期。

有一些针对有双重诊断或难以诊断的案主（例如艾滋病加药物依赖者）的非典型服务，特别难找。个案管理者可能需要发展新的资源。

■正式连接

罗斯曼的研究表明，将案主和相关资源连接是所有个案管理中常见的活动。正式和非正式资源必须同时考虑。正式连接，即连接案主机构及项目，包括这样一些活动：澄清服务需要，把案主与机构仔细匹配，初步电话联络，让案主熟悉情况，准备文件，访问机构。工作者在此过程中要为案主提供具体的和情感的支持以推动并促成有效的连接，这时的工作者常常像个“旅行伴侣”。这需要工作者运用组织技巧（例如，谁去联系，在什么层次联系）和以社区为取向的技巧（例如，了解有什么新的资源正在开发，什么法律政策可以运用，什么基金可以利用）使服务连接尽可能完美。协助案主准备的事情包括：提供详细的信息，预料可能的困难，角色扮演合适的案主行为，给以情感支持，陪同案主前往初次接触的机构。

■非正式连接

非正式连接，即连接案主和家庭及社会网络，要画出一个自然的助人网络的范围。家人可能是重要的，但必须首先评估决定他们是否具备有益的潜力，以及他们是否能支撑这个重负。个案管理者必须确定一个时间框架，以便为自然助人者履行非正式的支持角色提供所需的必要的引导、培训和咨询。这些连接也延伸到朋友、邻里和社区群体。工作者应该注意的是，在做这些连接时要考虑种族和文化因素。

■监督

沃莱基斯和格林指出，监督对案主的服务是在案主和机构两个层面上执行的。监督的目的是评估用于维持案主生活在社区的服务提供是否合适。系统地与机构服务提供者和非正式的支持者联系是监督的关键。以下几种方法都是实施监督的途径：

（1）与相关机构电话联系。

（2）拜访。

（3）打电话给案主。

（4）让案主或提供支持的个人打电话给个案管理者。

研究表明，实施监督需要明确的和实质性的时间分配，而且还表明，会有危机情景出现，所以，个案管理者应该预料到要应对危机，因而有必要在时间安排上有一定程度的灵活性。

魏尔（Weil）等指出，监督其他机构人员的工作，是个案管理责任中比较困难的层面，因为它常常是没有行政约束力的监督，因为其他机构人员可能视个案管理者为与自己无关的外来者。鲁宾（Rubin）建议，第一手的接触（包括拜访提供案主服务的机构），是促进回应和改善关系的绝佳方式。[1]

■再评估

在提供长期的持续性照顾的情景中，循环的再评估是必要的。评估既可以是正式的也可以是非正式的，既可以是定期的也可以是持续的，评估间隔的频率也各异。再评估常常导致又回到一个新的连接、不同的干预计划或目标的修改。

有一些因素会阻碍再评估：

（1）目标不清使评估难以进行。

（2）案主拒绝提供信息或他们的进展无规律而又不确定。

（3）附属机构有时不能提供信息。

（4）工作压力和时间限制也可能产生干扰。

■结果评估

结果评估（为了结案）主要是了解目标实现的程度，一般出现于这样一种情况下：根据专业判断案主已有准备能在不需要进一步服务的情况下完全独立地生活。因为大多数需要长期照顾的脆弱案主处于持续的照顾中，这种最后的评估实际上是很少发生的。有鉴于此，如图 11－1 所示，结果评估采用虚线表示，预示着这一点难以达到。但无论如何，结果评估仍然包括在个案管理模式中，是因为有时还能运用到，不应该低估。例如在儿童福利服务中，原来依赖性强的儿童可以独立生活后就要结束服务，而老年社会工作中这一点可能较难达到。关于结案，本书第四章有较详细介绍，兹从略。

---

[1] Betsy S Vourlekis & Roberta R Greene. 社会工作个案管理. 林武雄译. 台北：扬智文化事业股份有限公司，2000. 26－27.

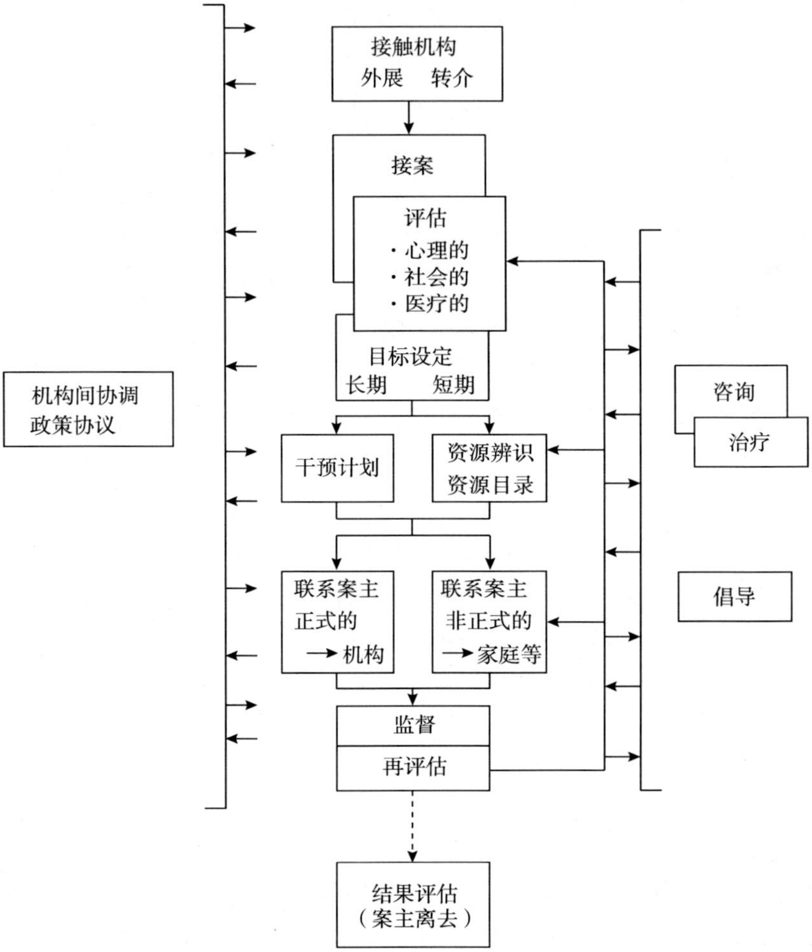

图 11－1 罗斯曼个案管理干预模式

资料来源：Jack Rothman & Jon Simon Sager，Case Management—Integrating Individualand Community Parctice. 2nd Edition. Needham Heights：Allyn & Bacon，1998. 23－31.

■机构间的协调

机构间的协调功能专事机构间关系的建立，通过组织间的正式政策或非正式协议促进机构间发展有效的互动关系。

个案管理的重要特征之一就是协调服务。协调的一个重要方面是要使有关各方都互相满意。参与的机构和个人需要相信：与其他人协调服务是有益的。这种共同获益感导向公开的交换和满意感，这是有意义的关系所必需的。约翰逊指出，阻碍协调的一个重要因素是来自不同专业背景的人士对案主、案主的需要和问题的不同看法（或视角）。[1] 例如，一个医生可能把老人脆弱的健康状况作为主要问题，一个社会工作者可能把这个人缺少支持系统作为主要议题，而老人中心主任则可能认为疏离才是主要问题。所以，社会工作者在与不同专业人士一起工作服务于特定案主时，首先要做到“理解不同”，这种理解有助于看到不同专业人士的不同能力（而不是抱怨他们的观点与自己不同），而这在发展协调关系时是十分重要的，它导向尊重和接纳。尊重和接纳其他专业的贡献是协调行动必需的组成部分。

罗斯曼的研究指出，从追求最佳效果而言，主要的服务机构应该一开始就在行政或政策层面扫除障碍。进一步而言，假如他们是建基于涉及财政报酬和权威等诸如此类的“侵入式影响”之上的互动，那么，组织间的关系就更可能产生联合。研究还指出，机构之间可以运用诸如分享有关案主信息、互相转案、共享公共设施和员工调剂等有意义的交换作为鼓励成功联合的手段。

■咨商

咨商这项功能并不像传统的治疗那样，重视内在心理层面，而是注重“此时此地”的问题解决、现实测试以及传授社会化技巧，给以诸如经济、亲职教育和就业等方面的实际帮助，也强调支持性的对案主的鼓励，例如，指出其优点，强化其自我定向上的努力。罗斯曼的研究显示，有效的咨商方法包括教以基本的生活技巧、运用角色扮演以及示范合意行为等。咨商一般是短期的，所以它可以不断地随时随地地提供。

■治疗

罗斯曼等的研究中，个案管理者的功能也包括治疗。对于其中的长期治疗者，被关注的焦点是深层的人格问题，短期治疗者被关注的焦点

[1] Louise C Johnson, Robert W McClelland & Carold D Austin. Social Work Practice—A Generalist Approach. Canadian Edition. Allyn and Bacon Canada. 2000. 336.

在于解决眼前的问题，例如，处理与室友的冲突或家庭危机等。研究中报告的活动大多属于短期性的。研究表明，家庭成员的参与有助于增进或维持案主积极的行为上的改变。此外，多数观点认为，即使在心理健康机构，治疗也应着重于现在而非过去，主要协助案主应对日常生活情景，因为他们的严重程度致使他们基本人格改变的可能性很小。

不断的研究结果证实，着眼于当下的现实问题、社会适应和将案主与社会支持连接的管理是干预最有用的形式。

对特别脆弱的案主而言，咨商和治疗在功能上是重叠的，难以严格区分。

■倡导

当案主的正当利益遭到有关机构的拒绝时，个案管理者就要考虑为案主的利益倡导，以协助案主获得必要的服务。本书将在第十二章进一步讨论，此处不作展开。

罗斯曼等认为，第 12～15 个功能属于间歇性功能（intermittent functions），它们在个案管理的系列流程中并不占有一个具体的或正式的（regular）位置，并且可能随时加入或退出整个流程。

第三节　个案管理者的基本角色

尽管个案管理者的任务和特定的角色主要取决于机构、案主问题、可得到的资源及场所等因素决定，但大多数个案管理者主要集中在以下六个角色上。

■资源协调者

作为资源协调者，个案管理者连接并混合所需要的辅助和服务，给案主以基本的和必要的支持。首先要做的是一个有关力量和可得资源的详细计划，以满足所有的需要空白而不是交叉或重复的帮助。然后，个案管理者在不同的系统之间增强这些联系和互动模式，以使它们能够高效地满足所有的需要。没有足够的协调，服务的重复甚至损害性的服务就会出现。协调确保了所有的系统一起工作以达成同一个目标。

■直接服务提供者

个案管理者以治疗者、参谋、助人者或主要代理人的身份为案主提供他们所需要的服务时，就成为直接服务提供者。无论社会工作者提供的是治疗、金钱还是信息，服务都是直接提供的。提供哪一种直接服务的模式，在程度上各有不同，但大多数个案管理者在给以诸如支持、信息或物质援助等资源时还提供直接服务。

■计划者

个案管理者作为计划者与案主一起工作，协助他们评估力量和呈现的问题，然后，发展出一个策略以满足特定的相关目标，并设计出一些由案主完成的任务来实现这些目标。当工作者帮助案主把新的行为和眼光整合到未来的计划中时，需要现实地瞄准以前负面的习惯性的行为模式。在放眼新的策略时，要充分地讨论实现目标的障碍，这些新策略将会成功运作并可以整合到未来新的应对行为中。

■监督者

个案管理者作为监督者，评估在实现目标、满足需要、完成相关任务、提供资源和完成结果方面是否有进展。社会工作者像是一个角色模特，他能够在高水平的关怀提供与同样高水平的、清晰的、现实的分析之间取得平衡。进行监督要求不时地重新评估或改变计划或目标。随着案主的成长、学习和改变，他们可能需要帮助维持一个渐进的连续的行动计划。

■支持者

个案管理者的支持者角色鼓励和增进那些旨在满足需要和发展资源的行为和任务的达成。当案主开始尝试新行为时，他可能需要鼓励和支持。那些消极地抱怨了一辈子却还是逆来顺受的案主，头几次需要帮助他们维护个人的权利。对有些案主来说，开始尝试自我肯定时可能会没有效果甚至产生尴尬。案主在其转变过程中需要支持他们继续下去，工作者也应该预料到偶然的倒退和失败。如果真的发生了，工作者就应该吸取教训，发展出一个新的策略。对一个积极而又现实和富于弹性的计划，维持一种进行中的支持是有效个案管理的关键。

■评估者

作为评估者，个案管理者为案主提供与他们的目标成就相关的反馈，辨识可能需要的额外的或不同的资源或服务。假如在整个干预过程中一直有足够的监督和支持改变的过程，那么，评估实质上是一个摘要和回顾。评估任务包括客观地评估什么有效地发挥作用了，什么还没有有效地发挥作用。工作者既要提醒案主检验那些来自过去或现在的一切无助于目标的有计划实现的行为，又要指出其已取得的成就。[1]

第四节　有关个案管理的争议

如上所述，个案管理的兴起与当时社会对服务传递的条块分割，不能满足那些存在多种困难或问题、有多种需要的弱势群体的需要有关，希望能为案主提供基于社区的持续的服务，同时，由于个案管理基础上的服务强调社区为本，可能减少依赖机构（例如医院）服务导致的高昂成本，所以也有抑制成本的动因。那么，这两个目的是否达到了呢？这是一个有争议的议题。沃莱基斯和格林的书中介绍了学者们不同的研究结果。大体上看，人们承认个案管理方法从案主的角度看，在协助其回到社区环境方面，在提供持续的乃至个别化的服务方面是有效的，但对于是否节省成本，则有不同的研究结果，例如魏思利奇和丁辛（With-eridge & Dincin）等发现个案管理可增进案主的功能，减少住院时间，因此意味着减少成本；泰斯特、克内德勒和阿尔尼斯（Test，Knoedler & Allness）等研究发现，个别化训练和采用个案管理来支持案主，在学习和整合新技巧方面是有效的，因为个案管理者能提供一个案主在尝试新经验时觉得舒适的环境，而且在成功时加以增强，不成功时可以提出其他选择，这有助于提高案主的生活质量，因此是有效的。但是，它不可能降低成本，反而可能增加照顾成本，特别是在短期内。成本的高

[1] Lambert Maguire. Clinical Social Work. Pacific Grove：Brooks/Cole，2002. 103－104.

低也视案主本身的情况而定，例如，对慢性精神疾病的案主，提供的个案管理可能是复杂而较昂贵的；对于较能自己照顾的案主，则个案管理比起医院等机构为主的照顾服务要便宜些。[1]

对于中国这样的发展中国家，社会福利制度和社会服务系统还不是很完善，个案管理对中国的社会工作者来讲似乎有点“奢侈”，但个案管理的理念和方法，特别是它强调服务的连续性及系统性理念和方法很值得中国的社会工作者借鉴。在中国，社会工作者可能无法完全运用个案管理的方法，但在有条件的机构中以及在有些情况下，尽量从案主的角度，特别是那些有多种需要的案主的角度去思考服务的提供，有时成本并不上升多少，但一定有助于提升工作者现有的服务水平，造福案主。

示例

个案管理者服务于智障者

阿原是一个介于轻度和中度智障之间的25岁青年，在一个工疗职培中心学习、生活了3年，接受了一些生活自理和职业培训，在机构李主任的辛勤奔走下，终于在纸盒厂找到了一份工作，他和家人都很兴奋。可是，好景不长，才3个星期，他就不想去上班了，因为他不能适应那里的工作和生活环境。李主任了解了一下原委，原来，阿原离开熟悉的工疗职培中心到工厂后，很是孤独，那里的同事有的常常跟他开一些善意的玩笑，逗他取乐，他觉得招架不住。路上交通也花了他不少时间，他的时间观念不强，常常迟到，雇主觉得不满，阿原也能看出来，心里不开心，生活上虽然有好心人帮他买饭，但他还是觉得一个人太闷，而且，工作单调乏味，阿原的兴奋劲很快被强烈的不适应感淹没，他不愿意再去上班了。

李主任正好在接受一个个案管理的培训，她就以阿原为例子，尝试一种新的个案管理的模式。这次她和阿原协商，争取到了一个离家比较近的工厂上班，阿原表示同意试试，李主任事先与工厂雇主进行了沟通，对阿原的情况作了详细的介绍，并有机会跟马上要与阿原在一个班

---

[1] Betsy S Vourlekis & Roberta R Greene. 社会工作个案管理. 林武雄译. 台北：扬智文化事业股份有限公司，2000. 134－148.

组的同事进行了沟通，希望他们接纳阿原，并告诉了一些如何与阿原沟通的方法，还找到一个愿意在工作上和生活上协助阿原的同事作为阿原在工厂里的支持者。李主任还与阿原一直乘坐的那班车的几个司机也打了招呼，希望他们多关心阿原，这次上班，阿原感觉不错，司机师傅对他很热情，叮嘱他过马路要小心，同事也对他比较友善，他也跟大家热热闹闹一起去食堂吃饭，针对阿原注意力不容易集中的情况，李主任也委托阿原班组同事提醒他，同时，与工厂雇主协商，允许他在连续干了1个小时后适当休息一下。在这个适应期，李主任与阿原、阿原的家人和工厂保持密切的联系，及时为阿原提供必要的支持、鼓励和帮助。经过3个月的适应，阿原开始习惯工厂的工作、生活。李主任还帮助他学习计划自己的工资用度。李主任感叹，像阿原这样的智障者，仅仅满足于安排工作还不够，还需要“送上马，扶一程”，否则，一有工作就放手不管，让阿原这样原本独立能力不是很强的人一下子陷入一个面临多种挑战的新环境，显然不可能有什么好的效果。

第十二章　发现和运用资源

社会工作的价值理念相信，有了必要的资源，案主就有成长和改变的潜力，因此，社会工作者应该致力于协助案主获得必要的资源，实现社会工作的基本使命。资源对于案主的意义几乎是不言而喻的，有些社会工作服务，几乎就是提供资源的代名词，例如社区照顾，诚如佩恩（Malcolm Payne）所说的："社区照顾就是关于资源，各种各样的资源。"❶许多处于弱势地位的案主，其困难和问题的形成常常是由于必要资源的不足或缺乏，也由于得不到及时的资源供给和服务而长期处于问题情景中。假如案主缺少实现目标所需的基本资源，社会工作价值中所强调的案主自决、增权，就是虚假的空话。库尔谢德（Veronica Coulshed）曾作过这样一个推算：假如要算一下一个社会工作者有多少时间花在与案主以外的人打交道上，那么，可以得出一个数字：大约 1/3 的时间用于与案主面对面的互动上，其余时间用于组织内部和组织之间的沟通，而这其中很大部分时间用于动员案主资源有关的事务。❷ 因此，如何协助案主去发现和利用资源就成了社会工作者最重要的任务之一。本章将就资源的概念和如何发现、利用资源以及维护案主的利益等方面作简要的讨论和说明。

第一节　资源的概念

■什么是资源

几乎所有的关于社会工作服务和方法的著作都提到"资源"一词，

❶ Malcolm Payne. Social Care in the Community. London: Macmillan Education Ltd, 1986. 1.

❷ Veronica Coulshed. Social Work Practice. 2nd. London; Macmillan Education Ltd, 1991. 62.

也都强调资源运用对于案主的意义，但令人遗憾的是，关于什么是社会工作者在助人过程中要去挖掘和利用的资源，并对此作出全面、深入的分析和探讨的著作却很少。我们认为，了解资源的内涵和外延对社会工作者发现和利用资源是非常重要的。因为它为应该在什么方面、从哪些源头去发现和寻找资源提供了一个可以努力的方向和着眼点。不过，已有学者对此作了一些努力。例如，黄维宪等认为，社会工作时常要透过许多社会资源的协同合作，才能对案主提供最完善的服务，而社会资源是“社会服务过程中可动员的一切力量，以完成助人策略目标的任务”。它包括：“①有形的物质资源，例如，人力（领袖、专家、志愿者）、物力（土地、设备、房舍、器材）、财力（金钱）；②无形的资源，例如，社会价值、意识力量、信念、专业技术、知识概念、社会关系等。”❶宋林飞和朱力等的观点与此类似，他们认为“社会工作中的资源即社会资源”，是指“一定社区中存在的有利于社会工作开展的物质和精神因素的总和”，包括人力、物力、财力等有形资源和社会成员对社会工作的参与感、责任感、荣誉感及支持、关心社会工作的良好风尚等无形资源。❷ 上面两个定义对资源的来源的界定集中于“社会资源”，对资源的内涵的界定是从资源的形态（有形、无形）来考虑的，没有涉及资源性质（如政治的或经济的资源）。

巴柳和明克（Julius R. Ballew & George Mink）认为“无论人或社会机构，可提供物资服务，以维系生活或成长发展者即称为资源”。❸ 此定义把资源仅限于物资服务，排除了其他情感和精神等方面的资源，大大缩小了资源的范围，不够全面。

伍德和霍丽斯等（Mary E. Woods & Florence Hollis）在谈到对案主基本资源可得性的评估时，列举了一些她们认为案主所必需的基本资源。❹

---

❶ 黄维宪．曾华源，王慧君．社会个案工作．台北：五南图书出版公司，1985.265.

❷ 宋林飞，朱力．社会工作概论．修订版．南京：南京大学出版社，2002.39.

❸ Julius R Ballew & George Mink. 个案管理．王阶，李开敏，陈雪真译．台北：心理出版社股份有限公司，1999.101.

❹ Mary E Woods & Florence Hollis. Casework—A Psychosocial Therapy. Fifth Edition. McGraw Hill Highter Education，2000.213.

（1）食物和良好的营养。

（2）足够的住所。

（3）医疗照顾。

（4）安全和保护。

（5）舒适的物理环境。

（6）教育。

（7）娱乐。

（8）感觉有能力、有效果且富有成效的和有意义的参与的各种机会。

（9）一种归属感或目的感（例如，觉得自己是社区的、种族群体的、宗教的或政治组织的一员等）。

很显然，伍德等对资源的看法是从案主的物质和精神及情感等需要的角度来谈的，其中关于“感觉有能力、有效果且富有成效的和有意义的参与的各种机会”这一点与社会工作专业所强调的增权有相通之处，内容比较全面且贴近时代要求。

佩恩的《社区中的社会照顾》一书，主要讨论对资源的发现和利用，他对“资源”一词的概念和内涵均没有作专门的探讨，但在谈到社区照顾“是关于各种各样的资源”时，他指出这“各种各样的资源”包括个人的、经济的、社会的和政治的资源。这是从资源的来源或性质来谈资源。如果说，“经济的、社会的和政治的”资源也可以说是广义的社会资源，因而与黄维宪和宋林飞等的定义相似的话，那么佩恩定义中的贡献在于把个人的资源列入资源范围以及把“政治的”资源充实到社会资源中。虽然如上所述，他没有对此作具体的说明，但给了社会工作者很大的启发，尤其是“政治的资源”一说，与一些比较激进的社会工作理论和实务流派似有相通之处，例如，结构社会工作学派和女性主义学派把案主问题的成因与不平等的社会和政治结构连接起来，因而反对仅仅针对个人的改变，而强调在微观、中观和宏观不同层面的干预，而且为社会工作追求的终极目标，即社会正义和公平，找到了连接点。很难想象，没有政治资源，社会工作如何实现社会公平和正义的目标。

勃鲁姆（Bernard L. Bloom）在谈到资源对缓和压力性生活事件对人的冲击力时，提到三种资源：个人资源、心理资源和社会资源。勃鲁姆对这三种资源作了简要的解释：在个人资源层次上，最普遍被研究的调节因素是应对能力、脆弱性和社交能力等；心理资源是人们用于应对来自环境的压力事件或目标时抵抗威胁的人格特征；社会资源体现于人们所处的人际网络和重要的来自家庭、朋友、邻里和志愿协会的潜在的支持源。[1]

以上不同学者对资源的不同看法，互为补充，大大丰富了社会工作者对资源的内涵和外延的认识。在此基础上，我们试着提出自己关于资源的定义：资源是指社会工作服务过程中一切有助于案主的生存和发展，促进、协助案主预防和解决问题，增进案主福利和社会功能的要素，主要包括以下三个方面：

（1）个人的资源，例如，案主的应对技巧、天赋、知识和经历等，可能由于抑郁或认知扭曲，或者因为失业或机构不能改变的规则等原因暂时被遮盖或不能被有效利用。

（2）社会的资源，例如，提供服务和物品的机构、组织和专业人士或（以及）由他们提供的人力、物力、财力等具体而有形的资源；有助于形成社会支持的社会价值、社会风尚、信念等精神资源。

（3）制度的资源，或者如伍德等说的“各种机会”，主要指弱势群体的需求和呼声能被及时听到并被及时作出回应的机制，弱势群体借此得以产生一种能参与社会生活、控制自己周围环境的能力感、希望感，例如，保障案主参与和知情的规章制度，独立的监督服务的提供并及时回应案主抱怨的制度以及保障案主采取社会行动的权利机制等。

鉴于制度资源涉及广阔而复杂的宏观层面，全面探讨制度资源不是本书的目标，此处提出这一概念，希望能起到抛砖引玉的作用。本书一直强调增权和力量取向，实际上也是对案主个人内在资源的一种重视和挖掘、利用，而协助案主从不同的角度去看待事物、重建认知，并对他们进行问题解决技巧训练、社交技巧培训，协助他们不同地去做等，也是在强化案主本身的资源。充分挖掘和利用案主的内在资源的主题贯穿于本书始终，所以本章对案主资源的发现和利用的探讨将主要集中于社会资源的发现和利用。

---

[1] Bernard L Bloom. Community Mental Health—A General Introduction. Second Edition. California：Brooks/Cole Publishing Company，1984. 274 - 276.

■资源的分类

资源可以根据不同的标准分为不同的类型。

（一）内在资源和外在资源

根据存在于案主本身还是之外来划分的，资源可以分为内在资源和外在资源。内在资源是指有助于案主解决问题的个人或家庭特质，例如，知识、应对能力、改变动机、良好的亲友关系、自信、家庭的忠诚、提供情绪支持的能力或清楚的沟通能力等。这里，家庭主要指同居的成员，扩大的家庭一般被视为重要的外在资源。外在资源是指外在于案主本身的可以提供物质或情感、精神等资源的人或机构。

（二）正式资源和非正式资源

根据资源提供者的组织化程度来划分的，资源可以分为正式资源和非正式资源。机构、组织和专业人士等都是正式资源，他们通过政策、法令提供服务，也受法规行政命令约束，这些资源的获得常常需要正式的申请和一定的程序，有时甚至是复杂的程序。一般来说，正式资源较之于非正式资源比较缺乏弹性和人性化。正式资源又可分为政府和民间组织两种资源：前者主要由税收支持，由政府人员主持，例如民政局等；后者多由募捐而来，由民间人士主持，例如慈善总会，青年会等。

非正式资源没有明文的申请条件，也无规定的程序，比较灵活、方便而富有弹性，它们存在更久，与案主的联系更深，亲戚、朋友、同事、邻里和义工[1]等即是。

资源还可以根据其形态分为有形的和无形的资源，根据其性质分为政治的、经济的和社会的资源等，兹不赘述。

■资源和社会支持

以上所述之不同的资源，给案主以不同的支持，满足案主不同的需要。有效的社会支持对减少案主的压力、协助案主应对困难、促进案主成长具有十分重要的作用。但诚如约翰逊所指出的那样，社会工作文献中很少对支持的本质是什么作出深入的探讨。支持的运用似乎只是社会

[1] 义工常常由正式机构招募，经过培训，因此，也可以说它附属于正式资源。

工作知识的实践智慧领域中的一个概念。

尼尔逊（Judith Nelson）把支持性程序界定为“以某种直接的方法协助案主感觉更好，更强或更舒服”。[1] 库勃（Cobb）把社会支持看作是压力性事件的缓冲剂。他把社会支持分为以下三类：一个人当他相信自己被爱并且被关心时；当他相信自己被尊重和重视时；当他相信自己属于沟通和彼此有义务的网络时——案主只要感到其中之一种，就可以说他拥有了社会支持。[2]

根据社会支持的不同功能，可以把社会支持分为以下四类，这个分类不仅有助于辨识何种支持最能满足案主的需要，而且也有助于辨识工作者愿意支持案主功能的什么方面：

（1）信息、技巧性支持：包括为案主提供方向和忠告，为其复杂或压倒性的情景提供结构，教给案主有效地应对和发挥功能的技巧，协助案主发展自我知识等。尼尔逊称之为教育。

（2）情感支持：包括使案主意识到工作者与他并肩作战，肯定他的价值，视他为一个有效的、有能力的人，给以反馈、希望，传达称赞、表扬等。尼尔逊称之为接纳。

（3）具体的、工具性的支持：例如，提供经济、食物援助和减免学费等支持。

（4）归属性支持（affilitional supports）：这个支持的重要部分是获得一些有意义的角色，案主拥有这些角色的权利和满足附属于这些角色期待的能力得到承认。

第二节　发现和利用资源的方式

■动员资源

社会工作者自己很少处于完全创造一个新资源的位置。他们的主要

---

[1] 转引自：Louise C Johnson，Robert W McClelland & Carold D Austin. Social Work Practice—A Generalist Approach. Canadian Edition. Allyn and Bacon Canada，2000. 318.

[2] Bernard L Bloom. Community Mental Health—A General Introduction. Second Edition. California：Brooks/Cole Publishing Company，1984. 281.

工作常常是“动员”（mobilising）资源，也就是激活、盘活潜在的资源，促使其积极的利用或对现有资源重新组织和重新包装，以得到更好的利用。动员资源强调的是拓宽可得的资源的范围。假如资源实际上对潜在案主是不可得的，则所谓的创造或给以服务就没有多大用处。例如，光明小学最近转走一个学生，有一个空位在那里，但进城打工者老李家的儿子还是进不了这个班，因为这所名校要收高额的赞助费才有可能进去，而这是老李不敢奢望的。所以，光明小学的这个资源虽然存在，但目前对老李的儿子来说就是不可得的。案主需要知道资源，并发现它们是可接受的，而且动员的这部分资源是可得的。动员资源包括三个不同的活动：①辨识资源；②使资源变得可用；③混合资源。兹分别作简要说明。

（一）辨识资源

每一个处于困难中的案主的周围其实都有一些可以用于他们利益的资源。工作者应该熟悉当地组织的目录册，因为从中常常可发现有用的资源。本书前面一些章节提及的使能案主和增权案主等也是资源动员的一种方式。本节主要集中于可得的外在资源——只要工作者和其他人付出一些努力，就能释放出来为案主所用的资源。

辨识资源常常意味着一种全面的、富有想象力的对各种可能性的检视。这里介绍一个有用的办法：始于案主，再渐次转到亲戚、邻里和其他非正式的助人者，再到正式的机构，再到社会工作者自己的机构，工作者最好列出一份所有的潜在资源的单子，再和案主一起辨识哪个是最可能操作的，列出物力、财力的和人力的资源是有益的，因为它们常常互动。

示例

动员资源帮助孤独老人与社会联系

王大妈是一个78岁的右腿有残障的人士，平时在家里拄个拐杖尚能走动，生活基本自理，出门就很不方便了。老伴去世后，她感觉更加远离社会，很是孤独，但又不能出门，没有现实的途径与外界做有益的接触。两个子女各忙各的，只是定期给她买好菜放入冰箱里。工作者发现，某社区的一个车棚里有一辆废旧的残疾人用的轮椅，工作者又与当地的志愿者协会联系，确认有志愿者愿意每周一次推老人出门，而附近一个修车的师傅愿意免费修理这辆轮椅，这样一来，王大妈就可以出去走走，偶尔还可以去拜访一下久未谋面的朋友，与志愿者也建立了关系。王大妈感觉生活一下子变得有希望了，她每周都盼望着那一次的出门。

亲戚和朋友也同样可以提供不同的资源。有时，亲朋可能不愿意或不能提供持续的照顾，但也同意给以应急性帮助。例如，一个单亲妈妈可能为自己十几岁的儿子生活中缺乏持续的男性角色模特而发愁，却没有想到住在附近的丈夫的舅父乐意帮助她。

同样，邻里也并非仅仅指住在家门口的人，也应该包括定期路过的人或当地商店或政府里的人，从中常可辨识出愿意提供帮助的人。有时社区里已经存在着一个单亲妈妈的互助组织，如果工作者正在为一个感觉孤独和无助的单亲妈妈服务，则可以帮助联系，使这个单亲妈妈案主得以进入自助组织。

在社会工作者机构里，有时也有一些意想不到的资源被创造出来，例如，也许一个抑郁的中年人可以在帮助社区里有需要的老人的过程中获得自我价值感和快乐；一个正在接受社区矫治的青年乐意帮助一个瘫痪的老人打扫家里卫生。

一个特别有用的策略是跟踪那些成功地在社区得到照顾而没要多少机构帮助的案主。这有时可以辨识出一些助人的人，他们可能准备把自己贡献给其他的案主。有时，工作者还可以在案主和助人者之间进行技巧交换（资源交换）的连接工作。例如，可以让一个会做衣服的老奶奶帮助一位有孩子的年轻妇女做一些孩子穿的衣服、鞋子，而年轻妇女则帮助老奶奶购物或擦窗。

（二）使资源变得可用

即使资源被辨识出来，有时还是不容易被利用。这些资源必须变得可利用才能成为真正的、现实的资源，无论是一般意义上还是对一个特定的案例，协商、支持和使能过程是使潜在资源盘活的有效技巧。兹作简要说明。

1. 协商

协商是当双方（或多方）意见、看法不一致时，为达成双方可接受的结果而进行的一种比较正式的商讨过程。这是一个既竞争又合作的过程。工作者至少要做好协商的准备工作，要弄清以下 6 点：

（1）案主，或可能是社会工作者或机构，需要什么？

（2）要协商什么资源？

（3）协商的各方是（或可能是）谁？

（4）合意的目标、至少要达到的目标是什么？对方的目标又是什么？

（5）可能涉及哪些机构？

（6）需要什么样的时间规模？如果有不止一人参加协商，则事先需要联合开会，达成内部看法上的一致。

2. 支持

在上一节中提到支持的一些不同种类，其中已包含了支持的本质，即案主意识到在一个特定的情景中随时可得到一些帮助，包括情感和物质等支持，以使案主能维持在一个适当的功能水平上。

3. 使能

使能（enabling）旨在使案主已经拥有但为情势所阻碍的技巧、能力和兴趣得以用起来。这也同样适用于同事、机构和其他人。它特别关注为案主提供一个空间，也在一定程度上协助案主在他们可能已经拥有的空间发现一个方向和焦点。它的着眼点不是增进能力，而是创造一个环境使其能力得以运用。当然，它也常常包括一些直接的鼓励、解释和教育案主的活动。详细内容请另见本书第四章社会工作者使能者角色。

为了使资源变得可利用，最重要的问题是动机。因为，通常个人或人群还需要被说服来开始和维持他们对案主的帮助，可以通过酬答促成动机，例如，给寄养父母支付津贴，或给访问邻家老人的助人者以谢礼；也可以通过鼓励和支持，通过提升保证和情感投入来促成动机。

创造动机关键的是使投入到资源提供中的人们在计划助人时担当一个真实的、满意的角色，并尽可能地确保案主提供一定程度的情感满意，案主可以通过证明有所改善或表示感谢或刺激同情，来使助人者维持助人动机。最有价值的是对提供资源的人的生活作出贡献，例如让他们感觉这种帮助的工作很有意义并且很有价值。大多数志愿的和非正式的助人者尤其欢迎社会性的刺激作用和志愿工作的兴趣。

另一使资源可得的方面是准备。一个未经训练或不熟练的人力常常可能需要培训或清楚地解释案主需要什么。在非专业人士中仔细地计划当有需要时谁做什么，这样一旦有需要则即可派上用处。

案主自己从一开始接触的各个阶段也要仔细地准备和投入。整个的选择范围和每一个选择的利弊都要讨论。假如必须要做出一个服务套餐，那么，其中的各要素都要检视并同意，直到最后列入正式的书面计划中。理想地讲，案主应该是协商和计划中的一分子。

（三）混合资源

最后也常常是最困难的方面是把资源混合起来，以互相补充并一起生效。混合这个概念是有用的，因为它并不隐含服务于案主的某一方面比另一方面更重要。可以有不同的方法去看待和检视这种混合：

（1）通过列时间表，即当一系列的服务被提供时以及当有适于混合的有用方法时会发生什么的时间表。

（2）辨识和检视关系。假如有2～3个机构或个人参与，可以制定一个明确的与同意和分担工作的人保持接触的协议。因此，工作者可以这样提问："这星期收到民政部门的消息了吗?"如果没有，检视其原因。

（3）辨识和运用触发事件。假如一个孩子在寄养家庭出现碰伤情况，工作者就要接触不同的人。这实际上是运用保护的方法。所有这些设计的价值在于，他们创造了一种帮助服务的各方和个别的助人者一起更好地工作的沟通和接触的清晰界限。[1]

■创造资源

仅仅找到更好地利用现存资源的方法可能还不够，有时还需要发现额外的资源。社会工作者常常要参与到创造一个可替代的或额外的、可能独立于机构的提供资源的基地。这个基地可能是供案主聚会的一座建

---

[1] 参考：Malcolm Payne. Social Care in the Community. London：Macmillan Education Ltd，1986. Chapter 4，Chapter 5.

筑或一个房间，可能是基于非正式基础上的由邻里和亲戚朋友提供的照顾安排，也可能是一个新的组织，例如，自助组织，或者是一个义工项目。每一个新基地都可能为案主提供一个完整的服务套餐。更有可能的是工作者在各资源间协商统合。以下主要讨论创造资源的结构性的方法，其中主要介绍两种组织：建立一个自助组织和发展一个义工项目。

（一）建立一个自助组织

工作者在自己服务的社区或机构常常会发现有一些与自己正在服务的案主有相同的困难或问题，或曾经有过类似困难和问题的人。创造一个组织特别有益的方法之一是通过帮助这些人走到一起，组成自助或互助团体，这种组织常常可以发挥神奇的助人效果。卡兹（Alfred H. Katz）分析了自助团体的共同特征，认为主要包括以下方面：[1]

（1）认知重构。

（2）学习适应技巧。

（3）提供情感支持。

（4）个人披露（宣泄情感）。

（5）社会化。

（6）一起行动。

（7）增权、自立和自尊。

由此可见，自助组织具有改变认知、互相学习、提供情感支持、信息交流以及提升自尊等多种功能，为旨在走到一起互相帮助的人提供了一个平台。参与到组织的助人者不一定是寻求帮助者，也可能是互助或自助的有同样问题的人，或曾经经历过这个问题而现在愿意帮助他人的人。

工作者在组建自助组织时，一开始最好借助机构的力量提供一些帮助，例如帮助寻找一个合适的聚会场所，对参加组织的成员进行短期的培训，提供一些必要的知识和信息，协助他们确立一些共同遵守的组织规范，例如，保密、分享，互相尊重、互相支持等，在他们互相熟悉，彼此了解后，工作者退出，使其成为真正的自助组织。

---

[1] Alfred H Katz. Self - Help in America—A Social Movement Perspective. New York: Twayne Publishers, 1993. 22 - 31.

（二）发展一个义工项目

义工，是英文 volunteer 的中文译名，又称为志愿者，从西方历史上看一直是社会服务的一个重要资源。在社会工作专业发展以前，大多数社会服务都是由义工来传递的。实际上，早期的社会工作者就是义工。即使在社会工作专业发展比较成熟的今天，义工还是社会服务的一个重要资源，在中国，近 20 年来，随着社区工作和各种志愿活动的开展，义工也已广泛活跃于扶贫、支教、救灾和社区服务等许多领域。有时人们可能认为，义工是一种免费的劳动力，可以大量增加机构的资源。这是一个认识上的误区。其实，义工虽然不拿薪水，但他们需要组织、培训以及持续的支持，可能还需要保险，他们的工作也需要检视和协调等，这些都需要机构付出一定的成本。如果义工的所为未能满足案主之所需，则不仅伤害了案主的利益，也增加了机构的支出。所以，为了有效利用义工，必须发展出一个义工项目来负责招募、筛选、工作匹配、熟悉情况、培训和监督等一系列工作。兹就以上几个方面作些简要的讨论。

（1）招募、筛选义工。从某种程度上来说，招募义工不是一件很困难的事。许多人都愿意在某个时候献身于一些带有慈善性的或社区的助人活动。一般来说，这些都可以被视为志愿活动。问题在于，要招募并维持在工作中能有效发挥作用的义工，则是一件远比仅仅找到义工难得多的事。有一个简易的方法可以减少招募时的盲目性，即在招募广告中运用工作描述法，义工候选人可以通过所描述的资格选出，并与工作所要求的条件相匹配。招募时应该具体说明义工工作的目标、工作所需要的时间、责任的限制以及负责任的界限等。这样，工作描述就成为一个用于招募、选择和安置、计划培训义工的有用工具。

工作者在报名的人选中有目的地选取几个候选人，根据机构的要求，再进行面试或笔试等最后的筛选，当然，对义工的要求因任务的不同而有各不相同的标准，没有统一的规定。对一些暂时未能选中而愿意在以后机构有需要时提供帮助的潜在义工，机构最好有一份备忘录，以备下次有需要时合适者能及时得到使用。

以下示例即义工工作描述。

示例

【岗位】 张老师热线咨询员（1名）。

【时间】 至少1年（2007年7月～2008年7月）。

【顾问】 莲花区青少年维权项目李主任。

【目的】 为遇到情感或人际困惑的初中生提供热线咨询。

【主要责任】 解答初中生所面临的情感或人际困惑；对一些问题比较严重的学生，及时告知项目主任，以便项目组为当事人提供咨询以外所需的服务。

【义工向谁负责】 莲花区青少年维权项目李主任。

【时间要求】 每周六下午2：00～5：30；参加岗前24个小时的培训课程；每月1次向项目主任汇报所了解的学生情况。

【资格要求】 年龄在22～65岁之间，性别不限，有兴趣与中学生沟通，拥有心理学或社会工作专业文凭，最主要的是具有良好的与中学生沟通的能力，愿意参加培训课程，有经验者优先！

【建议培训】 咨询员培训课程：8月20日～8月22日，上午8：00～12：00；下午1：30～5：30。

【培训地点】 莲花区社区服务中心6楼会议室。

莲花区青少年维权项目
联系人：王先生
联系电话：××××××××
2007年5月20日

（2）有效安置义工。对于一个新义工，社会工作者或机构最容易犯的错误可能是未能“人尽其才”或“人尽其用”。让一个很能干的人去干一些琐碎的活，或让很多人去干实际上只要几个人就能做好的工作，都是不适当的安置。良好的义工安置应满足基本的标准：把有希望的候选人与工作要求相匹配。根据时间要求来安排很容易，但根据工作内容又稍稍有点挑战。这样的挑战有利于个人成长，也有助于维持义工的热情。人们常常从完成一些直到尝试了才知道自己能做的事情中获得巨大

的满足。

良好的义工安置也要求有一个对义工积极分子的备忘系统，义工登记表就是一种记录义工积极分子的兴趣、经历、资格和可辨析的事实等信息的表格。这种记录的复杂性因参与者的不同而各异，但都为迅速地找出那些有能力和特别兴趣的人提供了机会。工作者应该定期回顾这个记录系统并及时更新记录。义工登记表样式如下所示。

义工登记表

姓名：	性别：	登记日期：
地址：		
电话：		
家庭成员：		
学历：		
工作经历：		
特别的资格或证书（例如“家庭治疗培训班”证书）：		
义工经历： 事件： 培训（内容及时数）： 日期： 小时数：		
兴趣和嗜好：		
有空的时间，偏好的时间：		
感兴趣的义工工作： ①倾向于服务的年龄群体： ②向于服务的性别群体： ③倾向于提供的帮助（例如，家务劳动、筹款、学业辅导、心理咨询等）：		
义工签名：		年 月 日

（3）入门、介绍和培训。最初的对义工的培训是很重要的。这种培训包括提供有关机构、机构的服务以及义工将要接触的人等方面的信息。重点的的指导应该放在他们所需要完成的任务上。对于一些复杂的任务则需要一些深度培训。无论是什么样的任务，培训者都要传达出任务与机构整个目标之间的关系，强调义工所做对机构实现目标的意义，

表达对义工奉献的欣赏。此外，机构的政策、规章和伦理等也应包括在内。总之，通过介绍和培训，义工要了解机构及其政策、规范，特别是对自己做什么以及怎么做有一个清楚的了解，同时，也应该了解对一些应得的花费（例如，午餐、交通或补贴等）、接触机构员工和有关他们的意外保险等方面的实际安排。他们也应该得到一种授权和身份卡以表示他们的行为所代表的机构。需要指出的是，对义工的培训应该是持续的，也就是说，随着工作的推进，义工可能需要不断的、不同的培训。

（4）管理和监督。义工虽然不拿薪水，但既然已纳入机构对案主的正式服务计划，则对义工的要求不能因为他们是非正式员工而有所降低，与对正式员工的要求一样，也需要对他们的工作进行监督和管理。在管理和监督的过程中，下面的做法是有用的，即把焦点集中于案主的问题或他们的需要和应对之道上，而不是宽泛的策略上；对义工做得好或做得不好的事给以具体的反馈，而不是集中于义工的个人发展上。同时，要确保机构系统支持义工的工作。在个人层面上，要表现出对义工的关心和对他们观点的尊重，相信他们的工作，帮助他们获得新的技巧。此外，定期召集义工介绍和汇报工作情况也是一个有效的管理和监督办法。这一类工作常常需要机构派出专家进行专门的组织和管理工作。❶

第三节 为案主的利益倡导和辩护

社会工作专业有着悠久的为案主的利益倡导和社会行动的光荣传统。以 19 世纪末睦邻组织运动为代表的一派致力于改革社会弊端，促进弱势群体福利的倡导和社会行动，导致许多进步的立法、政策及实务的产生，被穆勒列（Bob Mullaly）称为进步的传统，以后随着 20 世纪 60 年代民权运动的兴起，为弱势群体利益的倡导和社会行动一直没有停歇过。但许多学者也承认，在当代社会工作著作中，倡导不是一个经常出现的议题，穆勒列与海尼斯和米克尔森（Haynes & Mickelson）等更

❶ 参考：Harriet H Naylor. Volunteers Today—Finding，Training and Working With Them. New York：Association Press，1967.

指出，这个时代的社会工作教育和实务把工作重心放在“改造人”或“责备穷人”方面。[1] 可见倡导尽管是社会工作者的一个基本义务，但在权力不平等日趋严重的当代社会，这不是一件容易的事情。

■倡导的概念

为了案主的利益而倡导，这是社会工作学者的共识，概念的分歧主要在于工作者是代表案主倡导还是在代表案主倡导的同时也强调增权原则，即尽可能地与案主一起倡导，以便协助案主获得未来应对他们自己的问题时所需要的经验和自信。我们认为这要视具体情况而定，有时一个处于危机境地的儿童或失去行动能力的案主，他需要工作者代表他们去争取应得的资源或服务，当然，我们也坚信，在任何情况下，只要有可能就应当鼓励案主参与到争取自己权益的行动中。赫波沃斯等将倡导界定为一个影响和发起变迁的过程，这个过程包括与案主一起或代表案主：①获得未被提供的服务或资源；②修正或影响那些对案主产生负面影响的政策、程序或实务；③促进能提供案主必需的资源或服务的立法或政策的制定。[2] 这个定义是从倡导所合意的、具体的结果来提出的。比尔·李（Bill Lee）的定义则突出了倡导中隐含的冲突性。他把倡导界定为：代表个人、家庭或群体的利益，对有权力的（公共的或私人的）机构采取行动，以便为他们得到（或维持）让他们得以满足合法需要的资源或权利，而这些需要已经遭到拒绝或取消的威胁。[3] 两个定义，从不同的侧重点说明了倡导的内涵和本质：都是为了争取或维护案主本来应该得到的资源或权利。

根据社会工作者所服务的案主的数量，倡导分为两个不同而又相关的类型：①个案倡导（case advocacy）；②阶级倡导（class advocacy）。

---

[1] Bob Mullaly. Structural Social Work—Ideology, Theory, and Practice. 2nd. Ontario: Oxford University Press, 1997. 23-24.

另请见：Dean H Hepworth, Ronald H Roonep, Jo Ann Larsen. Direct Social Work Prac-tice. 6th Edition. Pacific Grove, 2002. 448-449.

[2] Dean H Hepworth, Ronald H Roonep, Jo Ann Larsen. Direct Social Work Practice. 6th Edition. Pacific Grove, 2002. 449-450.

[3] Bill Lee. Case Advocacy—A Principles and Practice Guide for Social Workers and Other Community Activists. Ontario: Nu-Spin Publishing, 2001. 11.

前者是指为个人或家庭倡导，确保他们所应得的资源或服务，倡导者例如律师，他接手案主的一个特别的问题，为案主利益争辩；后者是为一个感到受到不公平对待或感到非常脆弱的群体倡导，以促进影响他们的相关政策或法律的改变，因为群体倡导的规模相对较大，所以，它本质上是一种社会行动。两种倡导互相关联。个案倡导可能惠及处于同样情况下的其他人。阶级倡导可能成为个案倡导的延伸。例如，大学生孙志刚因为没有随身携带身份证明而被广州市的收容所非法拘禁，最后不幸丧命[1]，这本来是一个个案，但由于引起社会对收容制度的广泛批评、质疑，从而促使这一制度的取缔。随着这一制度的取缔，受惠面是一个类似孙志刚这样的所谓“外来人员”的群体。这个例子虽然不是很贴切(因为它不是社会工作者在倡导)，但其意义类似个案倡导。下文将主要探讨个案倡导。

■工作者在个案倡导中的主要任务

工作者在个案倡导中的主要任务如下：

• 鼓励或支持案主。当情况发展到这样一种地步，即一个人感到他在获得一些对权利的承认时必须要寻求协助时，这就是一个严重的情况。去追踪这个问题需要勇气和能量。这个人可能很需要得到这样一个信念：他是正确的，机构不是不可战胜的。所以，工作者的支持和鼓励是十分重要的。

• 对案主的特定情形作研究。

• 向案主通报代表他所要采取的行动。

• 增权——为案主提供信息以便万一将来发生争端时，他处在自我辩护的有利地位。

---

[1] 孙志刚，1976年出生于湖北黄冈，2001年毕业于武汉科技学院艺术系，后在广州某服装公司任平面设计师。2003年3月17日晚，因缺少暂住证，走在路上的孙志刚被警察送到广州市“三无”人员遣送中转站收容，次日，被收容站送往一家收容人员救治站，受到工作人员和其他被收容人员的野蛮殴打，不幸于3月20日死于该救助站。此事被称为“孙志刚事件”。“孙志刚事件”直接导致国务院颁布于1982年5月12日的《城市流浪乞讨人员收容遣送办法》的废止，实施了21年的收容制度退出历史舞台。

• 整个人或必要的机构参与到检视和回应对情景中的问题作出反应的过程中。

■个案倡导的计划策略

工作者如果在倡导过程中注意运用一些策略，将会使倡导工作更有成效。比尔·李提出以下建议：

（1）建构历史。弄清楚需要倡导干预的情景和事件的来龙去脉。这需要对与当事人正面临哪一类冲突情景的理解联系起来，其中包括一些重要的议题：

• 这个问题已经存在的时间。

• 什么东西，在什么时候已经说过、拒绝过或允诺过。

• 谁，在什么时候卷入到这个事情中？

• 确认这一切是确凿的、清楚的、有案可据的。

（2）了解正要打交道的机构，其中包括以下方面：

• 使命（mandate）。这个机构所声称的目标是什么？

• 有什么特别的法律或法规规范它提供服务（或产品）的类型或运作的方式？

• 组织结构——该机构管理其事务和与消费者/案主互动的资源范围、程序是什么？换言之，谁管理什么，这个“指挥链”是什么？

• 该机构在社区的声誉。

（3）弄清楚工作者和案主想要看到什么样的结果。这包括一些原则，如人道待遇，但也包括很实用和具体的议题，例如获得偿还的金钱或停止某些惩罚性的行动。

（4）清楚理解运用到情景中的有关法律、政策和法规的含义。

（5）发展出一个社会工作者和案主愿意遵守的议事日程。不要指望能严格地遵守该议事日程，但是，其中一些指导思考和辩论的内容是很重要的。

（6）在计划和行动中尽可能多地让案主参与其中。这是很重要的，因为这是案主的经历，他们可能会有一些重要的有助于社会工作者努力实现目标的见识。而且，过程中的参与是一种增权：

• 案主是关于他们自己情景的决策中的一部分。

• 它确保了没有瞒着案主做什么，符合社会工作伦理。

• 案主能够从这个经验中学习到为他自己的利益倡导。

（7）尽可能清楚地勾勒出工作者认为可能发生什么，这样，就能够准备好其他可以替代的回应和策略。这也帮助案主或与工作者一起工作的人做好准备。在准备过程中，角色扮演是一个很不错的方法。工作者可以协助案主及其他相关人员模拟扮演一些倡导中可能遇到的重要的场面、情景，计划自己在那种情景下如何回应和行动，通过扮演让参与者能够对那种超出其平时经验的情景感到舒服、适应，而不是紧张、不安或不舒服。

（8）工作者要很清楚自己在什么地方可以妥协，什么地方不能妥协，当然，这要取决于案主需要什么以及他们说什么。

（9）假如协商不顺利，要考虑工作者希望包括进来的联盟，可能包括媒体人士、政府代表或其他有权力和信誉的人。

（10）要让工作者工作的机构或志愿者随时了解情况。因为工作者需要组织支持，否则，倡导所针对的对象可能"恶人先告状"，扰乱其工作，所以，工作者需要争取他们的支持。

（11）让与工作者一起工作的人做好准备。以下特别的几点可能是有用的：

• 帮助他们清楚了解倡导过程涉及什么。倡导情景可能很复杂，需要花一些时间，他们需要有心理准备。

• 帮助他们清楚在他们寻求帮助时存在的冲突水平。

• 帮助他们清楚他们自己处理权力和冲突的方法。

• 发现他们拥有的支持。社会支持对人们能够在奋斗中坚持下去具有重要影响。[1]

工作者如果针对案主的需要、所要打交道的有关机构、部门的情况及相关的政策和行动策略与案主一起（或代表案主）进行充分的调研和准备，则会大大增加倡导的成功率，减少过程中的失误或差错。

---

[1] Bill Lee. Case Advocacy—A Principles and Practice Guide for Social Workers and Other Community Activists. Ontario：Nu - Spin Publishing，2001. 23 - 25.

第十三章　家庭社会工作

家庭是每个人生活开始的地方，它构成了每个人身份的基础。家庭还为每个人提供了最初的团体生活经验，提供了日后成长的心理的和发展性的基础。假如家庭是稳定的、富有爱意的、支持性的，并敏感于它对成员的教育和滋养任务，那么它便是一个在人们实现个人潜能过程中的巨大的正向力量，反之，如果它是不稳定的、敌意的、忽视的甚至是虐待性的，它就可能成为儿童难以挽回的伤害之源，也可能对成人造成巨大的情感痛苦。家庭社会工作旨在为遇到困难和问题的家庭及时提供有效而适切的帮助，恢复并增进家庭的功能，使家庭成为人们健康成长和安定生活的港湾；对那些已经对成员形成破坏性影响的家庭，通过适当的干预，减轻或消除因其失功能而对家庭成员造成的负面影响。

第一节　家庭社会工作的一些基本概念

■家庭和家庭社会工作的概念

家庭社会工作以家庭为工作对象，一般认为家庭是“具有婚姻、血缘或收养关系，并且长期共同生活的群体，是人类进行自身再生产的社会单位”。科尔曼和克雷西（Coleman & Cressey）等有类似的定义：“家庭是由婚姻、祖先或者收养关系联结起来的居住在同一个家庭的人的群体。”[1]家庭可以根据其中的夫妻对数分为扩大的家庭和核心家庭两种：前者是指由 2 对或 2 对以上夫妻构成的家庭，如两代或三代同堂家庭，后者是指由已婚夫妇及未成年子女构成的家庭。

但证诸社会现实，可以发现无论是东方还是西方，现代的家庭都已

---

[1] 宋林飞．现代社会学．上海：上海人民出版社，1987.240；查尔斯·H. 扎斯特罗．社会工作实务——应用与提高．晏凤鸣等译．北京：中国人民大学出版社，2005.234－235.

呈现复杂多样性，它们有的可能无以名之，有的可能只有民间通俗的说法，但却没有法律上认可的称呼。例如，两名男同性恋者带着一个没有办理收养关系的孩子共同生活，或未婚男女长期同居并生有孩子；有的人丧偶寡居，有的人可能在网上与遥隔千里的恋人爱得死去活来，也经历着“结婚”、“生子”等“家庭生活”——按照上面的定义，它们似乎都被排斥在家庭之外，但当事人却可能感觉自己是有家的（虽然家庭与家是不同的概念）。本书无意在概念上追究下去，只是想说明，现代社会，传统意义上的家庭概念已不足以涵盖事实上已存在的多元家庭形态。那些虽然没有法律意义上的家庭之名但事实上却在“过着”家庭生活的人们，常常由于文化、习俗、偏见或歧视可能需要社会工作者给予更多的关注，例如同性恋者同居的“家庭”或未婚同居者家庭。

从我国的情况来看，核心家庭已占到家庭总数的73.3%以上。[1] 为讨论方便起见，本章所讨论的内容，实际上主要涉及核心家庭的工作。

关于家庭社会工作的概念，除了普遍承认以整个家庭为服务对象外，对服务提供者、服务对象的性质和服务内容，学者们各有看法，王思斌在总结分析了中国内地和港台地区学者对家庭社会工作的定义后指出，其中的区别在于三个方面：[2]

（1）服务的家庭是所有家庭还是问题困扰的家庭。

（2）工作者是懂得专业知识的社会工作者还是各类服务管理人员。

（3）其工作范围仅仅是心理咨询辅导还是包括了各种涉及家庭的服务。

（4）其手法是社会工作专业方法，还是多元的工作模式。

本书的观点是：家庭社会工作是指工作者运用社会工作的专业方法和技巧，协助感觉有困难和问题的家庭，通过旨在增进其社会功能的方法，挖掘家庭潜能、利用社会资源或改善其内外在环境，以达到解决或减轻家庭困难或问题，适应社会生活、提升家庭功能和福利水平的目的。

从这个定义来看，本书是在比较狭义的意义层面讨论家庭社会工作

---

[1] 曾毅，李伟，梁志武．中国家庭结构的现状、区域差异及变动趋势．社会学，1992.2.

[2] 王思斌．社会工作概论．北京：高等教育出版社，2003.215.

的。众所周知，社会工作一个很重要的功能是预防，指在问题开始发展前，为弱势者提供适时服务，以增进案主社会功能，例如，家庭计划、亲职教育、婚前和退休前的咨询服务等。从目前中国的实际情况来看，这个预防工作似乎还远没有引起有关部门的重视，而眼前已出现的大量急需帮助的家庭还未普遍得到服务，故本书暂且从狭义的角度来定义家庭社会工作。

目前，中国实际从事各类家庭服务的工作者分散于民政、社区、工会和妇联等组织机构，他们为有需要的家庭提供有偿或无偿服务，积累了许多实践经验，尤其在帮助经济生活有困难的家庭方面，取得了很大的成绩，但如果从改善家庭互动模式以及增进家庭内在功能等方面来看，很多实务工作者离专业要求尚有不小的差距。本书认为，这部分工作者的工作可以被称为家庭服务工作，但不适宜称为家庭社会工作，否则容易概念混淆。

■家庭是一个社会系统

家庭是一个社会系统，由各自独立又互相联系的家庭成员构成，具有一般系统的特征。本书前文介绍的系统理论中涉及的一些概念也可以运用于家庭系统中，用以分析家庭的互动联系、结构和功能等各个方面。诚如霍尔曼（Holman）所指出的："用一般系统的术语，家庭可以被视为一个动态的系统，在一个特定时期内，它由一个因果网络中直接或间接联系的复杂要素或成分（家庭成员）构成，他们或多或少以稳定的方式彼此联系。"[1]

当协助家庭解决问题时，把家庭看作一个系统是有益的。根据系统理论，一个系统中，所有各部分（家庭成员）与所有的其他部分（其他家庭成员）都有关系，这样，当评估家庭时，很重要的一点就是评估家庭中所有的次系统（夫妻、姐妹、亲子等关系及其互动状况），而一个成员的问题也常常被看作不仅仅是他个人的问题，而是整个家庭系统出了问题。例如，一个被父母抱怨学习不安心、行为不守规范的孩子，如

---

[1] 转引自：Kirst - Ashman & Karen Kay. Understanding Generalist Practice. Chicago：Nelson - Hall，1993. 317.

果用系统的眼光来分析，可能发现，孩子的所谓问题背后，是夫妻的严重不和与冲突，并且孩子经常被父母辱骂，父母对孩子的态度忽冷忽热，导致孩子没有安全感，孩子自尊低下，逆反心理强。由这样的分析可以看出，孩子的问题需要对整个家庭的干预予以解决。把家庭看作一个系统可以有助于全面、系统地分析问题，不仅关心单个的系统（个人），更重视系统之间的关系（家人之间的互动），并系统地解决案家的困难和问题。

示例

小林是一个35岁的焊接工，妻子小李也是一个工人，他们有一个10岁的女儿，本来一家虽不富裕，但因小李持家有方，全家也算其乐融融。可天有不测风云，小李突然查出有糖尿病和肾脏等方面的疾病，需要长期治疗。小李一下陷入混乱状态，情绪十分悲观，一度不吃不喝，甚至拒绝治疗，仿佛生活走到了尽头。小林本来有时还外出挣点外快，但妻子生病后，需要人照顾，虽说有岳母暂时帮助料理部分家务，但还是要花不少时间陪妻子看病、买药并承担一些家务，小林感到身心疲惫，有时不免对妻子、孩子发脾气，这又让妻子很不高兴，认为小林嫌弃她，小林感到很委屈。女儿本来比较活泼开朗，现在也变得沉默寡言，她担心妈妈会不会离开她但又不敢问，对爸爸也是又爱又怕，不像以前那样跟爸爸撒娇了。

由上可以看出，林家的困难和问题可能包括以下方面：

- 严重的经济压力。
- 小李的治疗和情绪问题。
- 孩子的生活和学业照顾问题及心理困惑：妈妈的病会好吗？要是没有了妈妈我怎么办？
- 小林收入减少以及因为疲于工作和照顾妻子带来的身心压力问题。
- 家庭生活的重新安排、适应问题。

综上分析可以看出，家里一人生病影响的是全家人的生活及彼此的互动关系。

显然，像小林家的问题，不仅仅是给以经济支持一项就能解决的，他们需要全面的评估和对不同系统的干预。

■一般的家庭问题和家庭社会工作的性质

家庭社会工作旨在帮助家庭解决困难或问题。所以，了解一般家庭可能遇到的困难或问题有助于社会工作者发现问题的线索或范围。扎斯特罗列出了一个家庭问题的样式清单，很有参考意义，如表 13－1 所示。[1]

表 13－1　家庭问题样式

编码	问题名称	编码	问题名称
1	离婚	16	财务管理困难
2	酒精与药物滥用	17	涉及一人或多人的严重车祸造成的伤害
3	意外怀孕	18	有严重认知障碍的孩子
4	破产	19	家庭成员一人或多人被监禁或劳教
5	贫困	20	家庭成员一人或多人强迫性赌博
6	晚期疾病	21	犯罪牺牲品
7	死亡	22	挣钱者被强制退休
8	“空巢”家庭	23	对老年亲属的照料
9	一个或多个成员的情感问题	24	孩子卷入犯罪活动
10	一个或多个成员的行为问题	25	家庭成员身患艾滋病
11	虐待孩子	26	离家出走的青少年
12	忽视孩子	27	挣钱与失业
13	性虐待	28	一个或多个成员性功能失调
14	虐待配偶	29	私通
15	虐待老人	30	不孕症

[1] 查尔斯·H. 扎斯特罗. 社会工作实务——应用与提高. 晏凤鸣等译. 北京：中国人民大学出版社，2005. 240.

扎斯特罗的问题清单几乎囊括了家庭可能出现的所有困难或问题样式。但是，根据中国的国情，还可以添加一些问题或对某些问题作些补充，例如，医疗费用没有保障问题、高昂的教育费用问题、照料没有收入的老年亲属等，当然这些问题也可归入“经济匮乏”或“生活没有安全感”等问题。此外，像涉及当今中国1亿多人口、数以万计的进城务工农民家庭的社会适应问题，也应是一个重要而急需社会关注的问题。

从理论上来说，家庭社会工作者应该回应以上所有这些问题。从微观层面来讲，工作者应该协助感觉有困难和问题的家庭成员更现实地看待问题，增权家庭，认清自己应该承担的责任或任务，学习有效沟通和解决问题的应对技巧，提升解决问题的动机和能力等；从中观和宏观层面来说，工作者应该协助家庭争取社会资源或把家庭与社会资源做有效的连接工作，或代表家庭或与家庭一起进行倡导，争取在立法或政策修改等方面取得有益于家庭的制度保障，例如，对于常年照料智障孩子或照料没有收入来源的老年亲属而又生活困难的家庭，争取制定有关法规，对这些家庭给以足以维持其生活的经济补助等。家庭社会工作者通过不同层面的干预，最终使这些家庭减轻或延缓由问题带来的对家庭成员生活和家庭功能的负面影响。

扎斯特罗将家庭社会工作分为两种主要类型：家庭内服务和家庭外服务。

（1）家庭内服务是预防性的，旨在保证家庭成员生活在一起，包括以下方面：

- 资金扶持。
- 保护服务（为保护孩子或脆弱老人免受虐待和忽视的服务）。
- 家庭维持服务（当孩子处于严重的危险尚未转移到相关的儿童照顾机构时所发生于家庭中的危机干预）。
- 家庭治疗（为了改善家庭关系所进行的深入细致的咨询或调适服务）。
- 日间照顾（为了缓解照顾者不至于因为照顾老人和孩子而出现压力过大，或者使得他们能够外出工作所提供的照顾代替服务）。
- 家庭主妇服务（为了与日间照顾相同的目的）。

• 家庭生活教育（这种教育通常由传统的家庭服务机构提供，内容包括儿童成长、做父母的技巧和沟通问题等）。

一个家庭社会工作者可能不能够提供这些服务的全部，但他必须知道教育资源在什么地方以及在家庭需要帮助时如何帮助他们获得这些资源。

（2）家庭外服务是当家庭解体时所必须提供的服务，包括抚养照顾、收养、小组之家、机构照顾（例如社区治疗中心）和司法系统服务（它为陷入法律困难的家庭成员提供另一种类型的机构照顾，如监狱照顾）。❶

很显然，基于中国目前的国情，中国的社会工作机构很难有像扎斯特罗所提到的那么丰富、全面的有针对性的服务，但这两种类型的服务为我国丰富家庭社会工作服务的内容和拓宽服务范围提供了方向和借鉴，而且，在有些地方，在有些机构，也或多或少有一些上面所提到的服务，应该也可以因地制宜，在有条件的地区和机构逐步丰富和完善家庭社会工作服务内容。

第二节　家庭社会工作与家庭治疗

在已出版的个案（社会）工作著作中，涉及有关家庭工作的部分，内容一般是介绍家庭治疗的一些模式，例如，“结构家庭疗法”、“联合家庭疗法”等，❷ 这些模式为理解作为系统的家庭提供了非常有价值的理论和方法。本书不准备作同样的介绍，一是因为这些已有的介绍已经为读者提供了比较详细的资料，读者可以从中了解家庭治疗的一些理论和方法；二是本书认为家庭社会工作并不等同于家庭治疗，两者有联系

---

❶ 查尔斯·H. 扎斯特罗．社会工作实务——应用与提高．晏凤鸣等译．北京：中国人民大学出版社，2005. 238.

❷ 例如：翟进，张曙．个案社会工作．北京：社会科学出版社，2001；张雄．个案社会工作．上海：华东理工大学，2003；许莉娅主编．个案工作．北京：高等教育出版社，2004。有关“家庭治疗，的更多介绍，可参见：Michael P Nichols，Richard C Schwartz. 家庭治疗基础．林丹华等译．北京：中国轻工业出版社，2005；Alan S Gurman & Neil S Jacobson. Clinical Handbook of Couple Therapy. 3rd Edition. The Guilford Press，. 2002；Irene Goldenberg & Herbert Goldenberg．家族治疗理论与技术．翁树澍，王大维译．台北：扬智文化，1999.

但也有区别，这是本书想要强调的一个概念。扎斯特罗认为，家庭治疗“严格地来讲，它是比较广泛的小组治疗类型的集合，这些小组治疗的目的是帮助日常生活中出现的互动、行为和情绪问题。这些问题包括婚姻冲突、亲子互动问题、沟通问题、与祖辈或者其他亲属间的冲突”。[1]许莉娅认为：“家庭治疗法以整个家庭为治疗单位，通过改变家庭的结构与交往方式以发挥家庭的功能，从而使个别家庭成员的问题真正得到解决。”[2]由这些定义可以看出，家庭治疗一般处理家庭内部的互动问题，这些问题确实是社会工作者应该处理的重要内容，而且，家庭治疗的许多方法可以运用到家庭社会工作中，或者可以说，家庭治疗是家庭社会工作的一个部分，但如果仅仅局限于案主（家庭）内部的问题，似乎就没有回应社会工作中“社会”的一面。本书认为，家庭社会工作者除了要处理家庭互动中出现的问题，协助改变家庭的看法，改善家庭的结构等方面外，在当今这样一个由于社会权力分配严重不公平、社会资源配置不合理的社会，许多家庭问题，例如贫困、家庭暴力、药物滥用、儿童厌学等都或多或少与社会大的环境有关，与有关社会制度、政策中的某些不适当安排或缺位有关，因此，作为家庭社会工作者，除了要在微观层面进行家庭辅导、治疗外，也应该同时注意在社会层面协同有关家庭争取更多的社会资源，改变或确立一些政策以使它们更有利于困难或有问题的家庭恢复功能。例如，本书作者曾和学生在某市残联对前来办残疾证并愿意接受采访的 10 个家庭进行调查，这些家庭长期照顾（2～15 年）家里有严重残疾并丧失劳动能力的亲属，大部分经济上陷于贫困，照顾者体力上过度透支，多种疾病缠身，情绪上也长期处于比较低落的状态，而且由于传统观念的影响，承担主要照顾责任的绝大部分为女性，她们靠着责任心维持着对亲属的照顾，但内心极度疲惫，家庭关系也不是很和睦，有的因此而离婚。像这些家庭仅凭他们本身，实际上已不足以应对困难及由此带来的问题，急需社会正式资源和非正式资源的支持，例如，建立社区福利性日托中心，为长期照顾家庭成员

---

[1] 查尔斯·H. 扎斯特罗．社会工作实务——应用与提高．晏凤鸣等译．北京：中国人民大学出版社，2005.248.

[2] 许莉娅主编．个案工作．北京：高等教育出版社，2004.187.

的照顾者提供休养生息性照顾[1]，提供经济上的支持等，家庭社会工作者应当花更多的精力努力为家庭创造一个有利于家庭健康发展和维持的制度机制。

第三节　家庭社会工作的过程

如上所述，家庭社会工作内容林林总总，由于基础理论不同、干预目标不同，对于家庭的干预可以有许多不同的模式和途径。本书第四章“个案社会工作的基本过程”也可以作为家庭社会工作过程的重要参考，例如，关系建立、评估、计划、干预和结案等也是家庭社会工作的过程，其中的一些技巧和方法或原则，例如强调案主的参与，建立良好的关系，澄清角色和期待、计划的制定原则等也同样适用于对家庭的工作。不过，由于家庭是一个团体，也是一个系统，工作者面对的不是一个案主，而是全体家庭成员，成员之间还有互动，并且不当的互动会产生破坏性的结果，因此，家庭社会工作过程与个人社会工作过程又有一些不同，下文将参考家庭治疗和其他社会工作中运用的一些有用方法，就这些方面稍作展开。

■建立关系

在关系建立阶段，工作者与家庭建立关系，协助家庭成员走到一起，明确目标，评估家庭形势，奠定日后干预基调的关键时期。下面是工作者和家庭成员要做的几个方面的工作：

（1）尊重每个家庭成员。家庭困难或问题的产生，常常被认为是由于某个人的原因，例如丈夫外遇，孩子“不听话”等，这些被认为是困难和问题根源的人，常常可能成为家庭抱怨的对象或被认为是应该干预

[1] 作者注：休养生息性照顾，英文名为 respite care，是一种暂时性的代替他人履行对其家人的居家照顾责任的关怀行为，例如，每隔几周到那些有智力障碍的成年孩子的家里帮忙，或让孩子到有关设施中住上几天，旨在给那些常年实施照顾的家人以喘息的机会，以尽可能减少他们的紧张度，从而使他们自己也能有一些其他的兴趣或照顾一下个人的一些需求，同时，也让被照顾者能免于机构照顾。在美国和加拿大等社会工作发展比较早的国家，都有这样的照顾提供。

的对象。社会工作者应当尊重每一个家庭成员，其中包括真诚地为每个人提供表达他们自己的机会，礼貌地、支持性地对待所有成员。即使原有的家庭规则忽视或贬低个别成员的观点，7 岁的女儿、80 岁的爷爷甚至有外遇的丈夫都应该有平等的机会表达心声。工作者这样做的原因在于这样一个假设：一些家庭之所以出现麻烦而无力解决，除了可能缺乏必要的资源，例如经济匮乏，有时很大程度上可能与家庭成员互动不当有关。因此，工作者除了争取外部资源，通过设定尊重每个人的基调，实际上已经使家庭结构朝向更平衡的方向转变，而且，工作者的示范也包括减少某些家庭角色，例如，一个控制性、支配性的父亲可能养成了在家里发号施令的习惯，当工作者支持以前想要表达心声却只有安静听他人的份的其他家庭成员自由表达时，实际上就在抵抗这位父亲的独霸地位。

（2）争取让家庭成员都参与到问题解决过程中。家庭出现困难或问题需要全家人的理解和共同参与解决的努力。这可能不容易，因为有的成员可能觉得忙，或者认为与他们关系不大，例如丈夫认为妻子要找社会工作者纯粹是自寻烦恼，他不觉得妻子的抑郁与自己有什么关系——对此情况，工作者应强调，为了获得尽可能多的信息，至少在开始阶段，他想听听每个人的看法。如果工作者强调家人的参与对解决某个家庭成员的问题或对整个家庭功能发挥的意义，并采取非评断的尊重态度，而不是站在某一方说话，则较容易把其他人动员进来，因为大部分人所拒绝的是在探询时受到的责备。

（3）澄清角色期待。这一方面可以参考本书第四章相关内容。

■评估

家庭评估中被广泛运用而有效的评估工具是家谱图和生态图，详细内容请见本书第四章。该工具提供了关于家庭结构、家庭关系、家庭的生态环境中资源和阻力的直观信息，此处再做些补充，以进一步介绍家庭的一些动态关系和问题及需要。

（一）家庭的需要和问题

工作者要弄清以下问题：

（1）这个家庭求助的目的是什么？他们希望得到什么服务？

（2）家庭成员的需要是什么？

（3）家庭次系统（要特别关注婚姻系统、亲子系统）的需要是什么？辨识适当的家庭功能发挥所需要的资源、其他的协助或改变是什么？

（4）家庭系统的需要和问题。社会工作者既要考虑个人的需要和次系统的需要如何影响家庭系统，也要考虑来自环境的负担、期望和其他多元因素对家庭系统的影响，辨识问题和家庭系统满足这些需要的障碍。

以上述小林家的情况而言，这个家庭的需要是多方面的，工作者应该在与家庭成员协商的基础上，分清轻重缓急，分别给以回应。

（二）家庭满足需要的力量和局限

（1）这个家庭期望的服务结果是什么？

（2）与这个服务相关的家庭的想法、兴趣和计划是什么？

（3）这个家庭利用这个服务或谋求改变的动机是什么？

（4）这个家庭应对和改变的能力是什么？可能的冲击是什么？

（5）可能支持或减弱改变的对这个家庭的环境的资源、负担和冲击是什么？

（6）还有其他什么影响这个家庭系统的动机、能力或改变机会的因素吗？

（7）这个系统和环境的期望对这个家庭而言现实吗？

（8）在寻求满足需要和解决问题的时候，这个家庭的力量和局限是什么？

（三）评估家庭功能

（1）家庭的沟通模式，例如，谁说得多，谁说得少，谁跟谁说，谁遵从谁等。沟通可能是语言的也可能是非语言的，从中可透露出家庭的一些规范和权力的大小、地位的高低等信息。

（2）决策模式，例如，一般是谁提出意见，谁最后有决定权，是全家协商决定，还是某个人一人决断等。

（3）角色履行情况，例如，每个人承担什么角色，不同角色一起对家庭功能的发挥情况，是否有角色模糊不清的情况；又例如，儿子已经13岁了，母亲还代劳给他削水果，角色是否灵活以符合家庭周期或个别成员的发展变化需要等。

（4）家庭惯常的适应和应对机制，例如，家庭遇到困难时，全家是乱作一团，还是有人冷静想办法，其他人依赖这个人的办法，还是一起想办法等。

有关家庭功能的信息，有些可以通过直接询问来获得，例如，角色承担的情况；有些则需要一些技巧，通过观察分析成员间互动情况而获得，而且，观察还有助于证实直接询问所得内容是否确切。

有一些方法可以帮助工作者巧妙地观察和收集有关家庭规范和互动模式的信息。例如，工作者可以提一些与家庭价值观有关的开放性问题，然后观察家庭成员对于问题的回应和社会互动情况来评估功能的某些方面。

示例

当工作者提问“你们是否参与社区活动?”时，各人回应可能不同，工作者应该注意观察：

- 当被问到这个问题时，每个人看着谁?
- 当不同的成员回应这个问题并开始支持某人时，家庭内的次系统是什么?
- 当他们回应时，是否有人看起来愤怒、害怕、抑郁或焦虑?
- 他们在表达自己的观点前看着他人吗?
- 当他们看着不同的家庭成员时，他们的影响有所变化吗?

通过以上观察和收集家庭功能信息的相关技巧，工作者可以了解到家庭成员之间的关系和规范，例如，假如父亲开口之前谁也不说话，而且儿子说话时不安地偷眼看父亲，可能意味着父亲在家庭里比较专制。

当问及关于家务和责任的分工时，家庭成员也可能有不同的感知。工作者可以观察谁跟谁是意见一致或同盟，从中也可分辨出家庭次系统和家庭关系的性质。

（四）评估家庭周期

诚如通过了解个体身处的发展阶段可以更好地理解个别案主的需

要，对于家庭，工作者也应该了解其所处的发展阶段。家庭不是一个静态的系统，它是不断发展变化的。每个家庭都有生命周期，每个周期都必须履行一连串的发展任务，如果一个家庭不能适应发展所需要的变化，则家庭通常会出现问题。表 13－2 是家庭治疗师卡特和麦戈德里克（Betty Carter & Monica McGoldrick）发展出的一个家庭生命阶段列表，把家庭发展分为不同的阶段，同时加入了代际的视点和文化的不同模式，很有启发意义。❶

表 13－2　家庭生命周期

家庭生活阶段	情感过程的变化：关键原则	继续发展所需要的家庭状态的二次改变
离开家：单身青年人	自己承担情感和财务方面的责任	（1）把自己与原有家庭区别开。 （2）建立亲密的同伴关系。 （3）建立在工作和经济方面的独立自我
通过婚姻连接家庭：新婚夫妻	为新系统承担责任	（1）形成婚姻系统。 （2）重新调整与扩展家庭和朋友的关系，使配偶参与其中
家庭有了孩子	把新成员纳入系统中	（1）调整夫妻系统，为孩子留出空间。 （2）共同养育孩子、解决经济问题和做家务。 （3）重新调整与扩展家庭关系，纳入父母和祖父母角色
家庭有青春期孩子	增加家庭界线的灵活性，允许孩子独立，应对祖父母所出现的问题	（1）改变家长/孩子的关系，允许青少年进入或离开家庭系统。 （2）重新关注中年生活中的婚姻与事业问题。 （3）开始转向照顾老人
孩子长大，离开家庭	家庭系统留有多个进口和出口	（1）重新协商作为两人世界的夫妻系统。 （2）与已经长大的孩子建立成人-成人关系。 （3）重新调整人际关系，准备纳入孩子的配偶、孙子、孙女

❶ Michael P Nichols，Richard C Schwartz. 家庭治疗基础．林丹华等译．北京：中国轻工业出版社，2005. 80.

续表

家庭生活阶段	情感过程的变化：关键原则	继续发展所需要的家庭状态的二次改变
生命后期的家庭生活	接受代际角色的改变	（1）在体力下降的时候保持自己或配偶的功能和兴趣：挖掘新的家庭和社会角色。 （2）培养中间一代人中的核心角色。 （3）在系统中为上一代人的智慧与经验留出空间，支持上一代人，不要忽视他们的功能。 （4）应对失去配偶、兄弟姐妹和其他朋友，为死亡做好准备

需要说明的是，上表所指的家庭很明显是目前占主流的一种家庭形式：结婚、生子、两代或两代以上人同居，其实家庭没有固定或标准的生命周期，因为家庭有各种不同的形式——核心家庭、单亲家庭、同性恋家庭、继父母家庭等，而且，各种不同文化和种族背景的群体，在各个阶段也会有不同的标准。不过，上述家庭生命周期的讨论和分析，还是有助于帮助许多家庭更清楚地看清家庭的问题所在，并作相应的调整。

■计划

本书第四章所提到的关于计划的制定适用于家庭工作的计划。所不同者，是在考虑计划时，要考虑家庭所有成员未被满足的需要、对实现目标和欲实施的行动的意见和看法，以及他们在履行计划所确定的目标时各自应该承担的责任。

■干预

干预是社会工作者在带来系统意义上的变化过程中的一种有目的的、目标取向的服务活动。这个阶段的主要目的是实施计划，及时调整计划中不合适的部分。工作者或者协助家庭争取外部资源，或者协助改变家庭的看法和结构，使家庭遇到的困难和问题成为全家关心并共同投入努力去解决的要务。很重要的一点是，工作者应当协助家庭避免责备单个的家庭成员，然后慢慢地引导家庭成员现实地面对家庭的问题，各自承担解决问题所应负的责任。最重要的是，工作者要协助家庭创造一种安全的氛围，尊重每个人说话的权利，使家庭成员意识到只有每个人的权利、需要和看法得到尊重，家庭的问题才有可能解决。对于实施过程中家庭成员的进步，工作者应该及时作出反馈以起到鼓励和增强作用。本书前面几章介绍的一些方法、技巧也适用于帮助家庭成员获得新视角、新行为及解决困难所需的资源。

■监督和评估

改变是一个进行中的过程，需要持续的努力。如果工作者处理的是长期的、根深蒂固的家庭沟通模式，则改变就更不容易。所以，当家庭成员学习或尝试新的行为时，工作者要给以鼓励和支持。如果在一开始工作者和家庭的契约中所订立的目标是清楚的、可观察的行为上的改变，那么，监督就比较容易了。例如，如果订立契约时，父亲同意听到儿子有不同意见时，先倾听，然后再提出自己的看法，而不是像以往那样拒绝听儿子说话并骂骂咧咧，那么，这个监督和评估就很容易了，只要请家庭成员议论一下这个情况是否发生即可。但如果当时用了一个行为上不是很精确的改变目标描述，例如，只是说父亲要“改善对儿子的态度”，那么，即使不是不可能，评估也变得有点麻烦。

此外，工作者在协助家庭成员改变的时候，最好鼓励渐进式的改变，这样容易成功。如果检查评估中发现有人进步了，工作者应该给以鼓励和增强。

■结案

家庭干预的这个阶段，如本书第四章中的“结案”部分所提到的，是回顾的过程，工作者和案家一起回顾共同走过的历程，肯定他们已经取得的进步，总结未来需要做的一切。对采取简短干预方式的家庭工作，一般进行 8～12 次会面，最后 2 次需要作结案的讨论。但正如本书第四章所提到的，结案从一开始就要准备了，例如在订立契约时，就应该商定双方会面的次数，并在以后适时提醒，以便案主早做准备。

主要参考文献

1 ［美］O. 威廉姆·法利（O. William Farley），拉里·L. 史密斯（Larry L. Smith），斯科特·W. 博伊尔（Scott W. Boyle）. 社会工作概论. 隋玉杰等译. 北京：中国人民大学出版社，2005

2 ［美］Michael P Nichols，Richard C Schwartz. 家庭治疗基础. 林丹华等译. 北京：中国轻工业出版社，2005

3 查尔斯·H. 扎斯特罗. 社会工作实务——应用与提高. 晏凤鸣等译. 北京：中国人民大学出版社，2005

4 Payne. 现代社会工作理论. 何雪松等译. 上海：华东理工大学出版社，2005

5 张文霞，朱冬亮. 家庭社会工作. 北京：社会科学文献出版社，2005

6 Dnnis Saleebey. 优势视角——社会工作实践的新模式. 李亚文，杜立婕译. 上海：华东理工大学出版社，2004

7 许莉娅主编. 个案工作. 北京：高等教育出版社，2004

8 ［美］RA 巴伦 &D 伯恩. 社会心理学. 黄敏儿，王飞雪等译. 上海：华东师范大学出版社，2004

9 谢秀芬. 社会个案工作——理论与技巧. 台北：双页书廊有限公司，2003

10 宋林飞，朱力. 社会工作概论. 修订版. 南京：南京大学出版社，2002

11 翟进，张曙. 个案社会工作. 北京：社会科学文献出版社，2001

12 Benyamin Chetkow - Yanoov. 社会工作实务——系统取向. 江佩玲等译. 台北：五南图书出版公司，2001

13 罗伯特·墨顿. 社会研究与社会政策. 林聚任等译. 北京：生活·读书·新知三联书店，2001

14 潘淑满. 个案社会工作. 台北：心理出版社股份有限公司，2000

15 ［美］Betsy S Vourlekis，Roberta R Greene. 社会工作个案管理，林武雄译. 台北：扬智文化事业股份有限公司，2000

16 R G Miltenberger. 行为矫正的原理与方法. 胡佩诚等译. 北京：中国轻工业出版社，2000

17 张雄. 个案社会工作. 上海：华东理工大学出版社，1999

18 ［美］Irene Goldenberg，Herbert Goldenberg. 家族治疗理论与技术. 翁树澍，

王大维译．台北：扬智文化，1999
19 ［美］Julius R Ballew，George Mink. 个案管理．王玠，李开敏，陈雪真合译．台北：心理出版社股份有限公司，1999
20 ［美］Dean H Hepworth，Ronald H Roonep，Jo Ann Larsen. 社会工作直接服务．许临高主编．台北：洪叶文化，1999
21 王思斌．社会工作概论．北京：高等教育出版社，1999
22 林孟平．辅导与心理治疗．香港：商务印书馆，1997
23 隋玉杰．社会工作——理论、方法与实务．北京：中国社会科学出版社，1996
24 詹姆斯·O. 卢格．人生发展心理学．陈德民等译．上海：学林出版社，1996
25 高刘宝慈等合著．个案工作理论及案例．香港：集贤社，1995
26 武自珍．外遇处置与理情疗法．台北：力行书局有限公司，1994
27 赫根汉．人格心理学．作家出版社—海南人民出版社，1988
28 ［美］Abraham Maslow. 动机与人格．许金声等译．北京：华夏出版社，1987
29 黄维宪，曾华源，王慧君．社会个案工作．台北：五南图书出版公司，1985
30 Alfred Kadushin. 社会工作会谈．张隆顺译．台北：桂冠图书股份有限公司，1985
31 黄惠惠．助人历程与技巧．台北：张老师出版社，1985
32 蔡汉贤主编．个案工作原理与实例研析．台北：台北市社会福利学会印行，1979
33 Alfred H Katz. Self - Help in America—A Social Movement Perspective. NewYork：Twayne Publishers，1993
34 Bianca Cody Murphy & Carolyn Dillon. Interviewing in Action—Relationship，Process，And Change. Second Edition. Pacific Grove：Brooks/ Cole，2003
35 Bill Lee. Case Advocacy—A Principles and Practice Guide for Social Workers and Other Community Activists. Ontario：Nu - Spin Publishing，2001
36 Beulah R Compton & Burt Galaway. Social Work Process. Pacific Grove：Brooks/ Cole，1999
37 Ben Carniol. Case Critical. 4th. Toronto：Between the Lines，2000
38 Craig Winston LeCroy. Case Studies in Social Work Practice. 2nd. Pacific Grove：Brooks/Cole Publishing Company，1999
39 Bob Mullaly. Structural Social Work—Ideology，Theory，and Practice. 2nd. Ontario：Oxford University Press，1997
40 Carol H Meyer. The Foundation of Social Work Practice. NASW Press，1995
41 Bernard L Bloom. Community Mental Health—A General Introduction. Second

Edition. California：Brooks/Cole Publishing Company，1984

42 Dean H Hepworth，Ronald H Roonep，Jo Ann Larsen. Direct Social Work Practice. 6th Edition. Pacific Grove，2002

43 David Howe，Marian Brandon，et al. Attachment Theory，Child Maltreatment and Family Support. Mahwah：LEA，1999

44 David D Burns. The Feeling Good Handbook. Revised Edition. New York：Plume，1999

45 Elaine Norman. Resiliency Enhancement—Putting The Strength Perspective In- to Social Work Practice. New York：Columbia University Press，2000

46 Faye Mishna，Lisa Barnoff，Deborah Levine. Theoretical Foundation for Indi viduals，Families，and Groups. Toronto：Print City，2002

47 Fred Powell. The Politics of Social Work. London：Sage Publication Ltd，2001

48 Haluk Soydan. The History of Ideas In Social Work. Birmingham：Venture Press，1999

49 H Wayne Johnson. The Social Services—An Introduction. 3rd Edition. Illinois：F. E. Peacock Publishers，Inc，1990

50 Harriet H Naylor. Volunteers Today—Finding，Training and Working withThem. New York：Association Press，1967

51 Joanne C Turner & Francis J Turner. Canadian Social Welfare. Tronto Pearson Education Canada Inc，2001

52 Jack Rothman & Jon Simon Sager. Case Management—Integrating Individual and Community Parctice. 2nd Edition. Needham Heights：Allyn & Bacon，1998

53 Jerrold R Brandell. Theory and Practice in Clinical Social Work. New York：The Free Press，1997

54 Kirst-Ashman & Karen Kay. Understanding Generalist Practice Chicago：Nelson-Hall，1993

55 Lambert Maguire. Clinical Social Work. Pacific Grove：Brooks/Cole，2002

56 Louise C Johnson，Robert W McClelland & Carold D Austin. Social Work Prac－tice—A Generalist Approach. Canadian Edition. Allyn and Bacon Canada，2000

57 Linda L Klein. The Support Group Sourcebook. New York：John Wiley &Sons，Inc.，2000

58 Leon H Ginsberg. Careers In Social Work. Needham Heights，1998

59 Mary E Woods & Florence Hollis. Casework—A Psychosocial Therapy. 5th Edition. McGraw-Hill Highter Education，2000

60 Michael D Spiegler & David C Guevremont. Contemporary Behavior Therapy. 3rd. Pacific

Grove：Brooks/Cole Publishing Inc，1998

61 Malcolm Payne. Social Care in the Community. London：Macmillan Education Ltd，1986

62 Nancy Boyd Webb. Play Therapy With Children In Crisis—Individual，Group，and Family Treatment. 2nd Edition. New York：The Guildford Press，1999

63 Veronica Coulshed. Social Work Practice. 2nd. London：Macmillan Education Ltd，1991

后　　记

想着自己十年来的所有心血终于要付梓出版时，我的心情很是激动。这十年来，除繁重的授课任务之外，我还带着学生拜访了许多与社会服务有关的机构。我本来不太擅长与外界打交道，但出于一种渴望了解本土社会工作机构的愿望，我厚着脸皮求人介绍与机构领导相识，或自报家门找上门去，哪怕遭到拒绝我还是根据教学和实践的需要一家一家地打电话、一家一家地去拜访，功夫不负有心人，随着时间的推移，我认识的机构越来越多，与机构的合作也越来越多，这些机构为我们了解本土的社会工作提供了丰富的感性知识，与机构的合作成为我和我的学生专业成长和自我成长的一个过程，也更坚定我写作本书的信心。一方面，现有社会工作服务机构的许多方法和技巧实际上也与专业社会工作的方法和技巧符合，只是实际工作者没有用专业术语表达而已，实际社会工作者们在实践中创造的很多具有中国特色而又有效的一些方法和技巧，大概属于西方社会工作者所珍视的“实践智慧”，让我深受启发，尽管有些做法从专业伦理的角度可能还有待斟酌；另一方面，我也深感目前不少实际社会工作者在理念和方法上也确实需要进一步的专业训练。本书的完成，可以说是一个专业社会工作教育工作者与实际社会工作者们互动的产物，虽然限于体例、时间和作者水平，书中未能充分反映出实际工作者们的实践智慧，这是一个遗憾，但其完成得益于许许多多为中国的社会工作事业默默奉献的社会工作机构和工作者对我的大力支持和帮助，得益于关心和参与社会工作教育事业的我的领导和学生，我无法一一在此报出他们的姓名，但是，我还是要借此机会特别感谢以下机构和人士：感谢亚联董给我提供的做访问学者的机会，感谢亚联董在我回国后又给我提供的“服务—学习”方法培训机会以及对我在教学中推广运用“服务—学习”方法的资助；感谢爱德基金会多次给我的培训机会以及运用所学服务于社会的机会；感谢吴亦明教授在我与机构联络方面给予的无私帮助；感谢我可爱的学生们，特别是参与我探索性的

"服务—学习"方法实践的那些富有理想和热情的学生们，你们的支持和参与，使我对社会工作的教学和实践一直保持着激情！同时，我要感谢为本书的出版付出了真诚努力的编辑莫莉小姐，她富有人文精神的关怀、专业的指点和"温柔的催逼"终于使本书得以顺利出版。

由于本人理论修养、实践经验的不足，再加上本书运用了不少尚无译本的原版英文资料，其中的错误和不足在所难免，真心希望同行专家和读者批评指正。

杜景珍

2007年9月于南京览溪名居